中等职业教育智能财会融合教材出版工程

总主编：徐 俊

企业沙盘模拟经营

QIYE SHAPAN MONI JINGYING

王莉萍◎主编

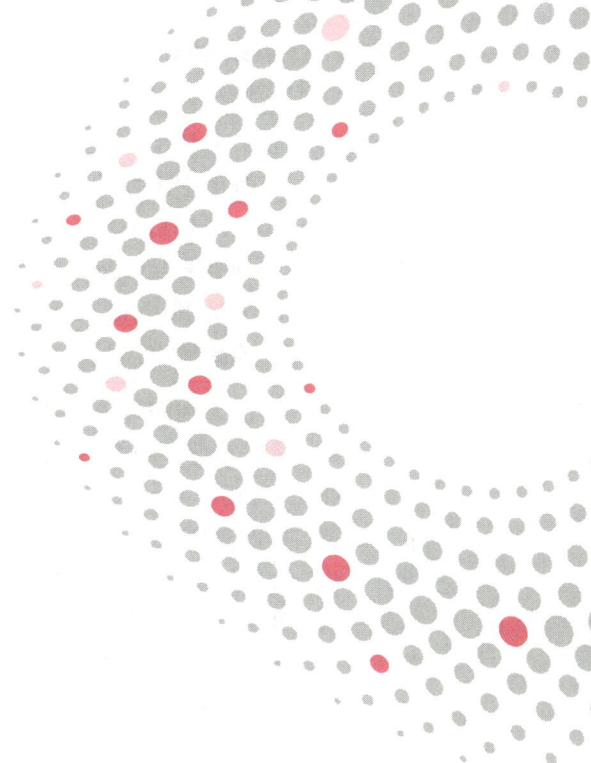

立信会计出版社
LIXIN ACCOUNTING PUBLISHING HOUSE

图书在版编目(CIP)数据

企业沙盘模拟经营 / 王莉萍主编. -- 上海 : 立信
会计出版社, 2024. 12. -- ISBN 978-7-5429-7749-6

Ⅰ. F270.7

中国国家版本馆 CIP 数据核字第 2024B01C68 号

策划编辑	华春荣	
责任编辑	方士华	
助理编辑	周　诠	
美术编辑	北京任燕飞工作室	

企业沙盘模拟经营

QIYE SHAPAN MONI JINGYING

出版发行	立信会计出版社		
地　　址	上海市中山西路 2230 号	邮政编码	200235
电　　话	(021)64411389	传　　真	(021)64411325
网　　址	www.lixinaph.com	电子邮箱	lixinaph2019@126.com
网上书店	http://lixin.jd.com		http://lxkjcbs.tmall.com
经　　销	各地新华书店		
印　　刷	浙江天地海印刷有限公司		
开　　本	787 毫米×1092 毫米	1/16	
印　　张	17.25		
字　　数	388 千字		
版　　次	2024 年 12 月第 1 版		
印　　次	2024 年 12 月第 1 次		
书　　号	ISBN 978-7-5429-7749-6/F		
定　　价	49.80 元		

如有印订差错,请与本社联系调换

随着数字经济的飞速发展，新技术层出不穷，新业态日新月异，新岗位和新规程不断涌现，为会计职业教育带来了前所未有的挑战与机遇。人工智能、大数据、云计算等新技术的广泛应用，不仅改变了企业的商业运行模式，也重塑了传统会计工作的组织和流程，逐步形成了基于数据驱动的财务全流程自动化和智能化管理服务模式。数字赋能，极大提高了会计信息质量，提高了会计工作效率，降低了会计管理成本。在这一时代背景下，中职会计事务专业也面临着转型升级的新要求。

为适应新时代中职会计人才培养的新变化，2021年，教育部发布了中职会计事务专业简介，提出了新的专业课程体系。但一直以来，相关专业教材的建设相对滞后。为此，我们组织了一批中职学校专业教师和企业会计实务专家，编写了这套中等职业教育智能财会融合教材出版工程系列教材，以满足学校全面推进专业转型和教学改革需要。本套教材力求体现以下特点：

一、系统规划统筹安排。本套教材依据新的中职会计事务专业简介和相关专业课程体系，基于新的课程标准，注意界定不同专业课程之间的内容边界，避免大量重复交叉。同时，总体采用项目化教材建设理念，创新人才培养模式和教学方法。

二、对接新岗位和新业态。本套教材从职业能力出发，适应公司独立财务核算、财务共享和财税代理服务不同管理服务模式要求，主动融入新技术、新方法、新规程，服务新型会计职业人才的培养。

三、体现业财融合和管理转型。本套教材将信息化工作环境下的业务处理流程融入会计核算过程，适应会计职能拓展要求，切实改变传统中职会计专业教材重会计核算、轻会计监督的倾向，将会计审核业务化、实操化。

四、建设立体化教材资源。本套教材基于教育信息化改革，同步推进教材在线服务平台、数字教学资源、标准化题库和数字仿真实训等资源的建设。

五、探索会计理论方法创新。本套教材从会计信息化管理手段出发，针对传统教材中基于手工操作的某些基本理论和基本方法，积极探索，试图在若干会计基础理论与方法上有所创新。

六、共建双师型教材编写团队。本套教材参编人员包括中职学校专业教师和企业会计实务专家，双师型教师占比超过80％。主编老师大多具有中职学校正高级讲师职称，并全程参与国家新一轮中职会计事务专业教学标准和专业简介课题研制，熟悉会计改革方向和学校人才培养要求。

实事求是地说，开创一种新型中职会计事务专业教材体系是一项艰巨而复杂的工程，缺乏可资借鉴的现成模式和经验成果。这套教材不可避免地会存在这样或那样的问题和不足。但时代的进步、社会的发展和企业对新型人才培养的需求，促使我们无法回避作为职业教育工作者的责任和使命。我们希望通过这套教材的推出，能够为中职会计事务专业的数字化转型升级探索一条可能路径，贡献我们的一份力量，为新型教材的建设打下一定基础。

徐　俊

为了落实 2022 年 9 月发布的《职业教育专业简介（2022 修订）》会计事务专业新的专业教学标准，加强会计事务专业实践环节的教学工作，提升学生的专业技能水平，上海商业会计学校与上海市商业学校牵头，联合用友集团旗下的新道科技股份有限公司以该公司新创业者电子沙盘系统 5.0 数智企业经营管理沙盘（标准版）为依据编写了本教材。

本教材以全国职业院校技能大赛中职组财经商贸类专业"企业沙盘模拟经营"赛项为出发点，充分考虑中职学生对本课程相关知识和技能的需求，同时兼顾中职学生的认知能力，从沙盘的起源与发展开始，融入企业认知和创新创业相关知识，借助案例分析培养学生的企业家精神和社会责任感。

本教材主要体现了以下四个特点：

1. 校企合作，产教融合

新道科技股份有限公司大力支持本教材的编写，不仅提供了教学平台和竞赛平台，而且参与了教材编写的全过程。本教材编写团队由全国财政职业教育教学指导委员会委员、"企业沙盘模拟经营"国赛一等奖指导老师、省级创新团队负责人、多次获得省级教学成果奖一等奖的教师及国家产教融合企业专家构成，根据企业实际工作和沙盘模拟经营两个维度有机融入财务思维、管理思维，校企多元合作开发教材及配套教学资源。

2. 岗课赛训，综合育人

本教材对应企业总经理、财务经理、销售经理、运营经理相关职能岗位，按照全国职业院校"企业沙盘模拟经营"赛项要求，通过"入门篇→提高篇→竞赛篇"的顺序由浅入深地编排教材内容，通过训练达到综合育人目标。本教材既弥补了中等职业学校相关领域"岗课赛训"融合教材的空缺，也满足了中等职业学校财经商贸类专业开展"模拟企业经营"实训活动的要求。

3. 课程思政，德技双修

本教材不仅向学生传授专业知识和专业技能，还注重培养学生的意志品格。在内容设计上，本教材"如盐融水"般将课程思政融入专业知识和专业技能的学习，以宣扬正确的价值观，助力学生养成良好的人格品质；将管理思维、财务思维等职业素养渗透于理论知识，助力学生从单一的"核算型"人才转变为"算管结合、算为管用"的复合型人才。

4. 资源丰富，助教助学

本教材提供丰富的图表资源，并能通过扫描教材二维码，获取动画资源、微课、平台资料、文档资源等素材,助力形成角色演绎、互动教学为一体的沉浸式教学模式;根据学生的认知习惯由浅入深地配备实训任务,提供"竞赛锦囊",助力学生"乐学、会学、善学";建成"沙盘模拟企业经营"上海市在线开放课程,游戏、视频、教学片段等多种资源与实训平台配合使用,拓宽学生学习渠道,拓展学生发展空间。

本教材可作为中等职业学校财经商贸类专业企业经营模拟综合实训教材,也可作为创新创业培训教材,还可作为企业相关人员的培训用书。

本教材由正高级讲师王莉萍担任主编,胡海梅和龚如彦担任副主编,具有多年竞赛和教学经验的讲师杨丽华、封烨、郑文康、张晴怡参与编写。王莉萍老师负责全书的顶层设计和统稿修改工作;杨丽华老师负责项目 1 至项目 3 的编写,龚如彦老师负责项目 4 和项目 5 的编写;胡海梅老师负责项目 6 的编写,郑文康老师负责项目 7 的编写,张晴怡老师负责项目 8 的编写,封烨老师负责项目 9 和项目 10 的编写。在本教材编写过程中,编者邀请了经验丰富沙盘大赛指导老师柯伟玲老师、大赛一等奖获奖选手武雯欣、叶梓睿同学和企业专家占潘卫先生分析多年大赛数据,分享沙盘常规策略,在此表示衷心感谢。

"经营市场"瞬息万变,"沙盘策略"也要随之变化,在教材编写过程中我们力求纳入尽可能多的新内容,如本教材存在不足和纰漏之处,恳请读者和广大师生批评指正。

编　者

2024 年 11 月

目录
CONTENTS

竞 赛 篇

入门篇

项目 1	初识企业沙盘模拟经营
项目 2	走进企业沙盘模拟经营
项目 3	尝试企业沙盘模拟经营

项目 1 初识企业沙盘模拟经营

项目简介

本项目是入门篇的第一部分,是学生首次接触企业沙盘模拟经营(以下简称沙盘)。本项目包括两个任务,分别是认识企业经营管理和认识企业沙盘模拟经营。通过介绍企业基础知识、ERP系统、企业经营管理等理论知识,学生能够对真实企业运营有一定的认知,也为进入企业沙盘模拟经营实训奠定了理论基础。本项目详细介绍了教材中使用的创业者5.0实训平台和配套的物理沙盘操作,为学生后续的学习做好铺垫。

项目导航

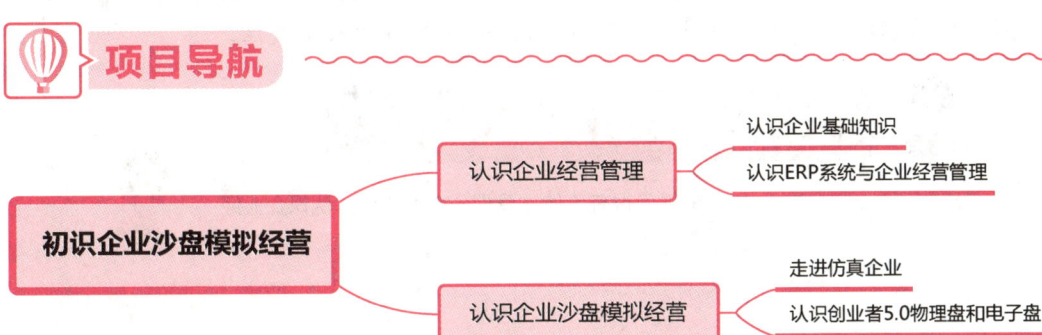

学习目标

○ 知识目标
- 列举企业的概念、特征和类型
- 熟悉ERP系统和企业经营管理的概念,并阐述两者之间的关系
- 简述仿真企业运营流程

○ 技能目标
- 通过创业者5.0物理沙盘和电子沙盘的学习,绘制仿真企业经营基本流程图

○ 素养目标
- 学习仿真企业运营流程,感受企业运营情景,培养学生的创业思维
- 在创业者5.0物理沙盘和电子沙盘学习过程中,感知企业严谨的经营流程,培养学生认真细致的工作态度

 **项目导入**

沙盘的起源和应用

沙盘，最早源于军事，是古代将帅指挥战争的用具。它是根据地形图或实地地形，按规定的比例用泥沙、兵棋等各种材料堆制而成的模型，常供研究地形、敌情、作战方案、组织协调动作和实施训练时使用。后来经过不断发展演变，有了地形沙盘、建筑模型沙盘、工业模型沙盘、企业经营沙盘等。中国历史上有记载的最早沙盘出现在东汉，据《后汉书·马援传》记载，公元 32 年，汉光武帝征讨陇西的隗嚣，召名将马援商讨进军战略。马援对陇西一带的地理情况很熟悉，就用米堆成一个与实地地形相似的模型，从战术上做了详尽的分析，这就是最早的沙盘作业。

21 世纪，随着房地产的迅速发展，建筑沙盘模型行业作为房地产配套行业迅速崛起，建筑沙盘模型已成为售楼中心必不可少的工具之一。随着城市规划、房地产业和建筑设计业的蓬勃发展，沙盘模型设计制作得到了空前的发展，沙盘模型的种类也越来越齐全，有建筑模型、数字模型、商业模型、规划模型、展馆模型、工业模型、景观模型、房地产模型、方案模型、楼盘模型、售楼处模型、电子沙盘、投影沙盘，沙盘模型行业作为一个新兴行业，为越来越多的人所关注。

 老师，企业沙盘模拟经营中的企业沙盘是怎样的？如何模拟企业经营呢？

你的提问很有价值，我们先走近企业，认识企业经营吧！

任务 1.1　认识企业经营管理

现在，越来越多的学校开展企业认知实践活动，学生通过对企业工作流程、企业文化、人才需求的学习，开阔视野；通过了解行业发展趋势，加深专业认知，为今后的专业学习打好基础。企业沙盘模拟经营课程中融入了真实企业运营流程和生产环节，学生通过本课程的学习就可以初步认识企业运营流程。在开始本课程的学习之前，让我们先来了解一下企业经营管理。

一、认识企业基础知识

企业沙盘模拟经营是基于仿真企业开展的一个实训过程，我们将模拟一个制造型企业管理的完整流程，扮演管理者和决策者，在"游戏"般的操作中感受完整的企业经营决策。在此之前，我们需要先了解一下企业基础知识，对真实企业有一定的认知。

(一) 企业的概念和特征

企业是指从事生产、流通、服务等经济活动,以产品或劳务满足社会需要,并以获取盈利为目的,依法设立,实行自主经营、自负盈亏的经济组织。企业的主要特征包括:

(1) 经济属性:企业是一个经济组织,从事生产经营活动,旨在获得并不断增加盈利。

(2) 组织属性:企业由两个及两个以上成员构成,具有明确的目标和特殊的活动。

(3) 商品属性:企业生产和销售商品或提供服务。

(4) 盈利属性:企业的目的是获得并不断增加盈利,自负盈亏是企业重要的特征。

(5) 独立属性:企业是独立的经济组织,区别于政治、社会组织和团体,也不是政府行政管理机构的附属物。

企业在经济中起着重要的作用,它们创造就业机会、提供产品和服务、促进经济增长,并对社会做出贡献。企业的规模从小型企业(如个体户、家庭经营)到大型跨国公司不等,涵盖各个行业和领域。

(二) 企业的类型

企业可以按不同的标准和特征进行分类。以下是一些常见的企业类型分类。

1. 按所有制形式分类

(1) 私营企业:由个人或私人投资者拥有和经营的企业,所有权归私人。

(2) 国有企业:由政府或政府机构拥有和经营的企业,所有权归政府。

(3) 混合所有制企业:公有资本和非公有资本组成的企业形式。

2. 按规模分类

(1) 小型企业:具有相对较小规模和员工数量的企业,通常在财务和人员规模上有限制。

(2) 中型企业:规模介于小型企业和大型企业之间,通常员工数量、资产规模和市场份额大于小型企业。

(3) 大型企业:规模庞大,拥有大量的资产、员工和市场份额的企业。

3. 按行业分类

(1) 制造业企业:从事生产和加工制造业务,涉及制造产品和物品。

(2) 服务业企业:提供各种服务,如金融、医疗、教育、旅游、咨询等。

(3) 零售业企业:主要从事商品零售活动。

(4) 农业企业:从事农业生产、农产品种植和养殖等。

4. 按法律实体形式分类

(1) 个体户:由个人独资经营的企业,个人对企业债务承担无限责任。

(2) 合伙企业:由两个或多个合伙人共同经营的企业,合伙人对企业债务承担无限责任。

(3) 有限责任公司:成立时明确了合伙人对企业债务的责任范围。

(4) 股份有限公司:股东的责任仅限于其持有的股份。

(5) 跨国企业:在多个国家开展业务和经营活动的企业,拥有全球化的运营和市场。

以上只是对企业类型的一些常见分类，实际上，企业的类型可以更具体和复杂。不同类型的企业具有不同的特征、法律要求和运营模式，需要根据具体情况进行分类和管理。

填一填 1－1

说说那些令你印象深刻的企业，并说出值得我们关注和学习的企业亮点？
请选择一家企业并将相关信息填入表1－1中，大家一起分享。

表1－1　企业认知案例分析

企业名称	
企业类型	
企业亮点	

二、认识 ERP 系统与企业经营管理

我国企业早已跨入了企业资源计划（enterprise resource planning，ERP）系统的时代，ERP 系统在整个企业经营管理过程中有着不可或缺的重要作用。接下来就让我们一起来了解一下 ERP 系统和企业经营管理。

（一）ERP 系统的概念和内容

ERP 系统是一种综合性的信息系统，用于协调和整合企业内部各个部门和业务流程。它通过集成各种关键业务功能，如财务、供应链管理、采购、销售、人力资源管理等，帮助企业实现高效的资源管理和业务运营。

ERP 系统的主要目标是通过数据共享和流程整合，提高企业内部各个部门之间的沟通和协作效率，减少数据冗余和重复工作，并提供准确的业务数据和报告，以支持管理决策的制定。

典型的 ERP 系统包括以下核心模块：

（1）财务管理：管理企业的会计和财务活动，包括总账、应收账款、应付账款、成本管理、预算等。

（2）供应链管理：跟踪和管理产品从供应商到最终客户的整个供应链过程，包括采

购、库存管理、物流和配送等。

（3）销售与客户关系管理（customer relationship management，CRM）：管理销售过程和客户关系，包括销售订单处理、销售预测、客户数据库管理等。

（4）生产与制造管理：规划和管理生产活动，包括物料需求计划、生产计划、生产进度跟踪等。

（5）人力资源管理：管理员工信息、薪资、绩效评估、培训等人力资源相关的活动。

（6）项目管理：跟踪和管理项目进度、成本、资源分配等项目管理活动。

通过 ERP 系统，企业能够整合各个业务流程和数据，实现信息共享和协同工作，提高工作效率和决策质量。它还可以帮助企业更好地应对市场竞争，优化资源配置，降低成本，提升客户满意度，实现业务的可持续增长。

（二）企业经营管理的概念和原则

企业经营管理是指对企业内部各种资源和活动进行规划、组织、指导和控制，以实现企业目标和利益最大化的过程。它涵盖了企业在各个层面和领域的管理活动，包括战略规划、组织设计、运营管理、财务管理、人力资源管理、市场营销等方面。

企业经营管理的原则包括：

（1）合法经营原则：企业的所有经营活动必须在法律规定的范围内进行，具有合法性，包括经营对象、经营方法、经营渠道等都必须符合法律规定。

（2）自主经营原则：企业在经营活动中享有自主经营权，即企业有权依法自主经营。公司制企业是法人实体，有独立的利益、独立的人格，有权独立地作出经营决策，自主决定经营内容、经营方法，组织经营活动，不受公司外部的非法干预。

（3）自负盈亏原则：企业对自主经营中所产生的经济后果自行负责。获得盈利，由企业享有；出现亏损，也由企业自行承担责任。

（4）依法接受国家宏观调控的原则：企业作为经营的个体，总是在宏观经济的环境中运作，必然要受到国家宏观调控的影响，服从于国家总的经济政策，接受国家的宏观调控。

（5）实现资产保值增值的原则：企业作为市场竞争主体，应当按照市场经济的基本规则，根据市场需求组织生产经营，降低成本，增进效益，提高劳动效率，实现资产保值增值，在经营活动中要遵循以营利为目的的原则。

综合来说，企业经营管理是一个综合性的、系统性的管理过程，涵盖了企业各个方面的活动和决策。它旨在实现企业的长期目标和利益最大化，适应变化的环境，并提高企业的竞争力和可持续发展能力。

（三）ERP 系统与企业经营管理的关系

企业经营管理和 ERP 系统之间存在密切的关系，具体体现在以下几个方面：

（1）综合管理：ERP 系统提供了一个集成的平台，可以帮助企业管理者全面了解企业。它提供实时的数据和报表，使管理者能够快速准确地获取企业的运营状况，从而做出明智的决策。

（2）流程优化：ERP 系统可以帮助企业优化和自动化业务流程。它整合了企业不同部门的数据及其业务流程，使信息传递和协作更加高效。通过自动化和标准化，ERP

系统可以减少重复工作、降低错误率,提高工作效率和质量。

(3)数据集中化:ERP 系统将企业各个部门和业务功能的数据集中存储在一个数据库。这使得企业的数据更加一致和可靠,并且方便进行数据分析和报告。管理者可以通过 ERP 系统进行数据挖掘和业务分析,深入了解企业的运营情况和趋势,为决策提供有力支持。

(4)资源协调:ERP 系统有助于企业统一管理和协调资源的分配和使用。通过 ERP 系统,企业可以更好地规划和控制物资、人力资源、设备和资金的运用,确保资源的高效利用,降低成本并提高生产效率。

(5)绩效评估:ERP 系统提供了企业绩效评估的工具和指标。它可以跟踪和记录关键绩效指标(key performance indicator,KPI),帮助管理者评估企业的业绩、成本和效益。通过 ERP 系统,管理者可以及时了解企业的绩效状况,并采取必要的措施进行改进和优化。

综上所述,ERP 系统在企业经营管理中起到了重要的作用,它提供了一种集成的管理平台,帮助企业实现信息化、流程优化和资源协调,从而提升企业的管理效能和竞争力。

填一填 1-2

学习了这么久,让我们通过一个小游戏放松一下大脑吧。

请完成表 1-2 思无定式游戏表格。

表 1-2 思无定式游戏表格

题目	回答 1	回答 2	回答 3
如果公司开会,你买了 5 杯咖啡,可是来了 6 位领导,你该怎么办?			
如果领导问你:你觉得王总和李总谁更厉害,你该如何回答?			

任务 1.2 认识企业沙盘模拟经营

"什么是沙盘?沙盘有沙吗?"相信这是刚刚接触沙盘的学生脑海中蹦出的首要问题。这其实是一个直击大脑的灵魂拷问,因为无法用一句简单的话概括沙盘。本教材所指的沙盘是企业沙盘模拟经营的简称。沙盘是一门商科类的实训课程,通过对企业的经营和运作过程进行简化与还原，以达到一个加深学科理解、培养商业思维的目的。

一、走进仿真企业

仿真企业是指以真实企业为蓝本，通过建立一个模拟的商业环境和运营模型，模拟真实企业的经营活动、业务流程和管理决策的组织。企业沙盘模拟经营就是基于仿真企业下的实训课程，本课程所使用的仿真企业实训平台为用友新道创业者 5.0 沙盘系统（以下简称创业者 5.0 沙盘）。

（一）企业沙盘模拟经营的概念

企业经营模拟沙盘是讲授企业经营管理的实训课程，采用的是一种全新的体验式授课方法。企业经营模拟沙盘训练课程以企业经营活动为主线，将企业的物流、生产、财务、运营、营销规划的结构及流程全部展示在沙盘上（图 1-1），将复杂、抽象的财经商贸及管理理论知识以最直观的方式呈现。学生以总经理、财务经理、销售经理、运营经理等身份体验企业经营过程，通过观察思考、协同操练、决策规划、经营体验来学习财经商贸及企业经营管理知识和技能，培养企业经营过程的各种工作技能、综合能力以及团队协作精神。

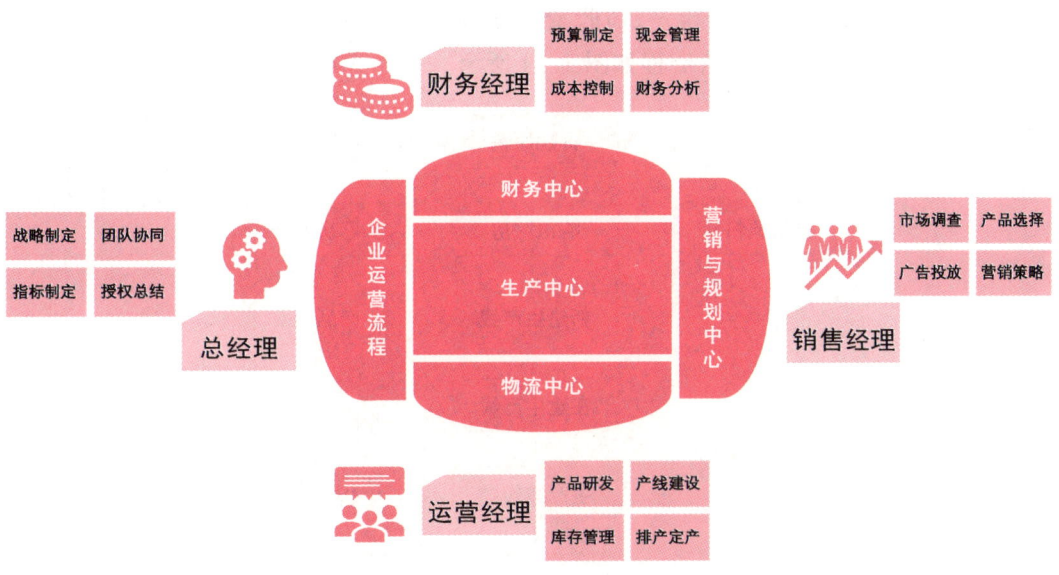

图 1-1　企业经营模拟沙盘

（二）企业沙盘模拟经营的运营流程

1. 年度运营总流程

创业者 5.0 沙盘模拟运营企业经营 4～6 个年度，每个年度分设 4 个季度运行。全年总体运营流程如图 1-2 所示。

2. 年初运营流程

年初企业运营过程包括年度规划会、投放广告、支付广告费、支付所得税、参加订货会、长期贷款，如图 1-3 所示。

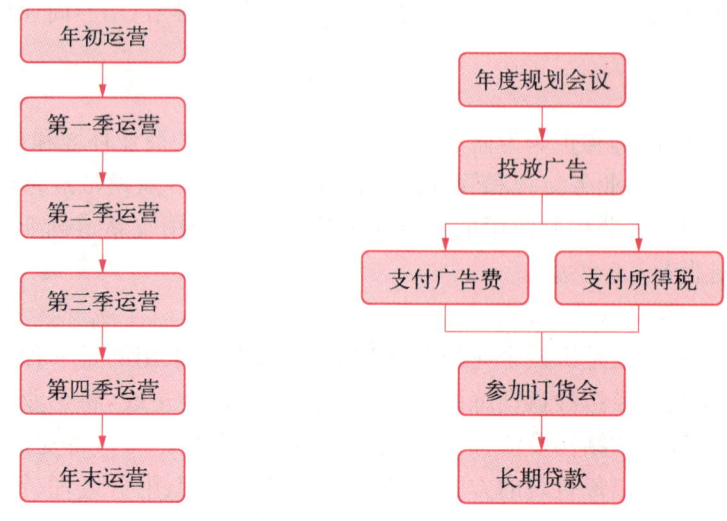

图 1‐2　全年总体运营流程　　　　　图 1‐3　年初运营流程

3. 每季度运营流程

每季度运营流程包括申请短贷、更新原材料、订购原料、购租厂房、新建在建生产线、生产线转产和出售、开始生产、应收款更新、按订单交货、厂房处理、产品研发、ISO开拓、市场开拓。每季度运营流程如图 1‐4 所示。

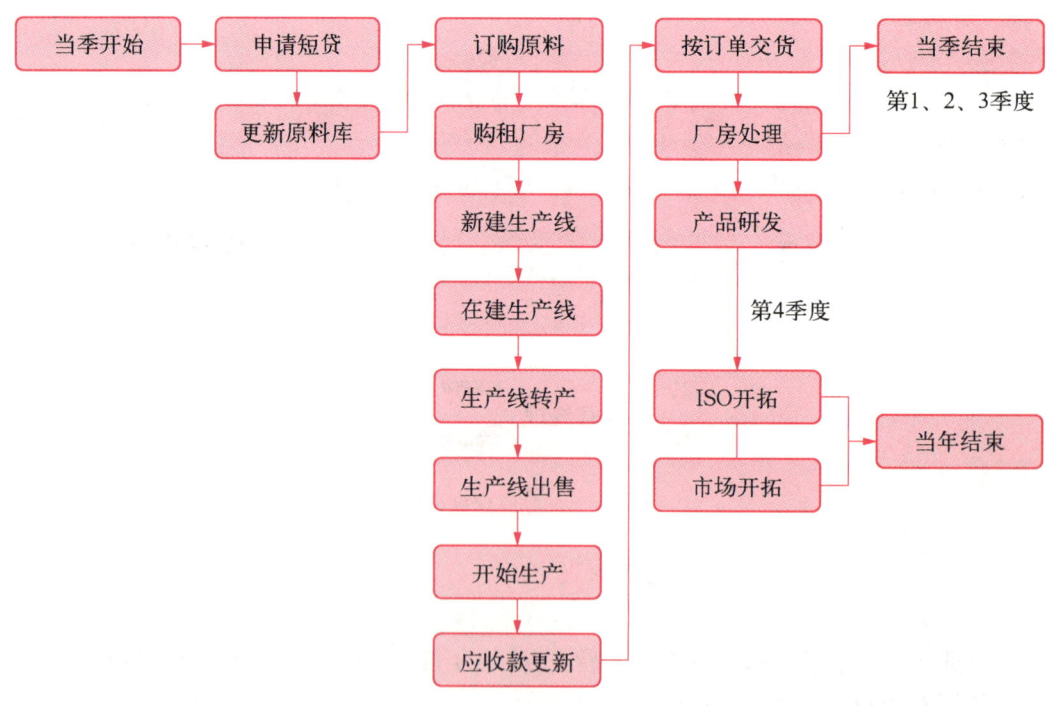

图 1‐4　每季度运营流程

4. 年末操作流程

年末操作流程主要包含填写报表和投放广告,如图 1‐5 所示。

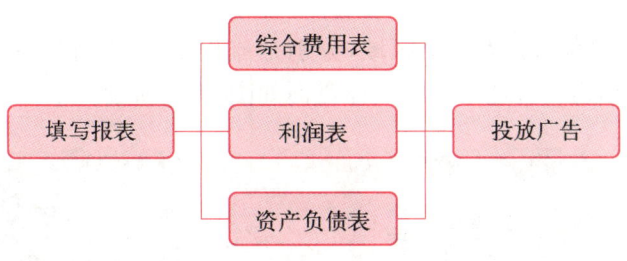

图 1-5　年末操作流程

5. 流程外运营操作

除上述运营操作外，企业随时可进行流程外运营操作，如图 1-6 所示。

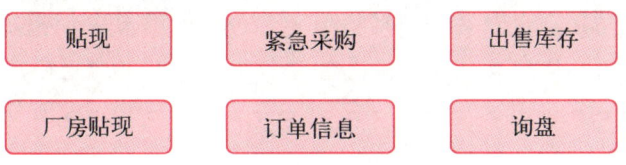

图 1-6　流程外运营操作

为保证企业按规则经营，系统限制了各组企业在参加竞单会过程中进行紧急采购和询盘操作。

画一画 1-1

请结合专业知识和上述学习内容，在下方绘制出你所理解的企业经营的过程。

二、认识创业者 5.0 物理沙盘和电子沙盘

市面上企业沙盘模拟经营的实训平台有很多，本教材所有的实训操作均以用友新道创业者 5.0 系统为例。该系统除了线上运营的电子沙盘，还配套了同步操作的物理沙盘和教具。学习本任务内容时，可同步对照项目 2 中的任务 2.3 分析经营规则。

1-2 微课
物理沙盘介绍

（一）创业者 5.0 物理沙盘

创业者 5.0 物理沙盘分为沙盘盘面和沙盘教具两部分。

1. 物理沙盘盘面说明

创业者 5.0 物理盘面分为 5 个区域,分别是流程中心、财务管理中心、营销规划中心、生产管理中心和物料管理中心。具体盘面如图 1-7 所示。

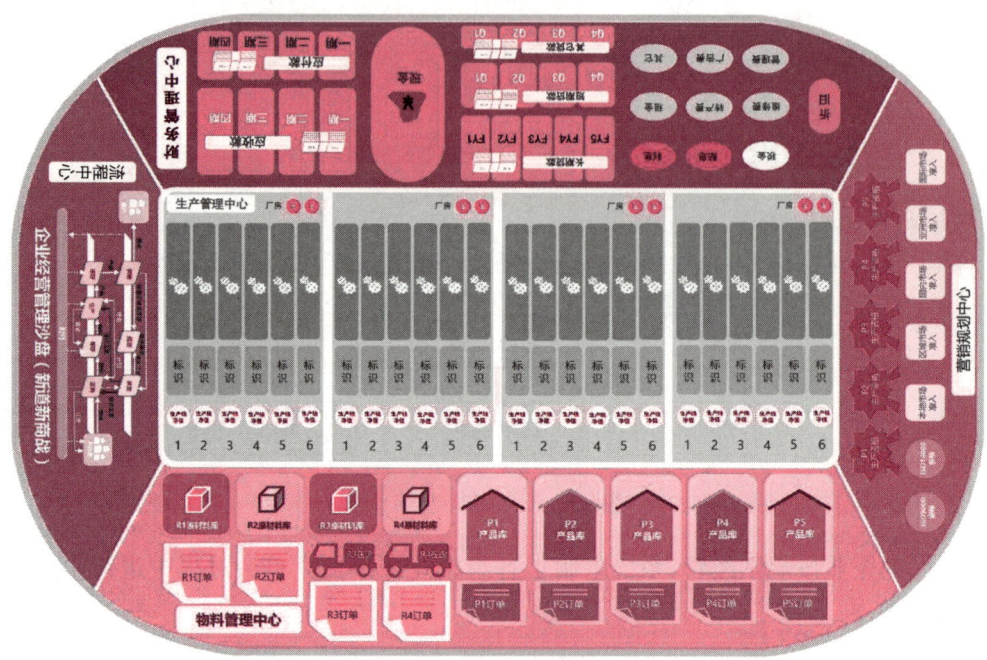

图 1-7 创业者 5.0 物理沙盘盘面

2. 物理沙盘教具说明

物理沙盘配套的教具有空桶、灰色币、彩色币、生产线卡牌、生产标识牌、产品研发卡牌、市场开拓卡牌。

空桶、灰色币、彩色币使用方法具体如图 1-8 所示。

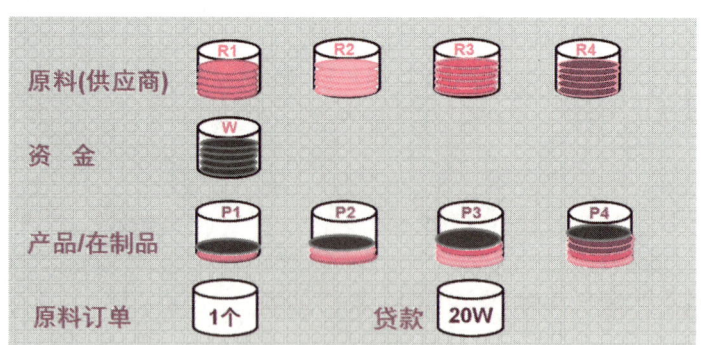

图 1-8 空桶、灰色币和彩色币使用方法

在企业沙盘模拟经营中,字符即沙盘语言:R 代表原材料,通常有 4 种原材料,分别用 R1、R2、R3、R4 来表示;P 代表产品,通常有 4 种产品,分别用 P1、P2、P3、P4 来表示;W 表示万元。

连一连 1-1

通过刚才的学习，相信你对物理沙盘已经有了一定的了解，让我们一起来完成下面的连一连，请将对应的道具和用途连起来。

空桶　　　　　　　　　　　　原材料

灰色币　　　　　　　　　　　贷款金额

彩色币　　　　　　　　　　　产品

本地市场卡牌　　　　　　　　原材料订单

空桶＋彩色币＋灰色币　　　　市场资格准入

现金

（二）创业者 5.0 电子沙盘

创业者 5.0 电子沙盘的操作分为教师端操作和学生端操作两部分，本教材主要介绍学生端操作部分，按照每年操作流程的顺序进行介绍。

1-3 微课
电子沙盘
教师端
操作流程

1. 年初运营操作

（1）年度规划会。年度规划会在每运营年度开始时召开，在系统中无需操作。年度规划会一般由团队的总经理主持召开，会同团队中的采购、生产、销售等负责人一起进行全年的市场预测分析、广告投放、订单选取、产能扩张、产能安排、材料订购、订单交货、产品研发、市场开拓、筹资管理和现金控制等方面的分析和决策，最终完成全年运营的财务预算。

（2）支付广告费和支付所得税。点击"当年结束"，系统时间切换到下一年年初，需要投放广告（图 1-9），确认投放后系统会自动扣除所投放的广告费和上年应交的所得税。

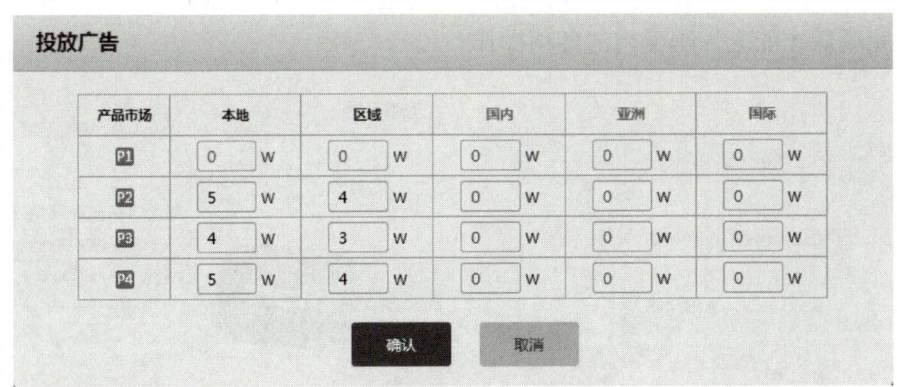

产品市场	本地	区域	国内	亚洲	国际
P1	0 W	0 W	0 W	0 W	0 W
P2	5 W	4 W	0 W	0 W	0 W
P3	4 W	3 W	0 W	0 W	0 W
P4	5 W	4 W	0 W	0 W	0 W

确认　　取消

图 1-9　"投放广告"界面

（3）参加订货会。点击主页面下方操作区中菜单"参加订货会"，当所有企业均已经完成投放广告，且教师已经启动订货会时，系统会提示正在进行选单的市场（显示为红色)、选单用户和剩余选单时间,企业选单时特别要关注上述信息。对话框左边显示某市场的选单顺序,右边显示该市场的订单列表(图1－10)。未轮到当前用户选单时,右边操作一列无法点击。当轮到当前用户选单时,操作显示"选中"按钮,点击选中,成功选单。当选单倒计时结束后用户无法选单。

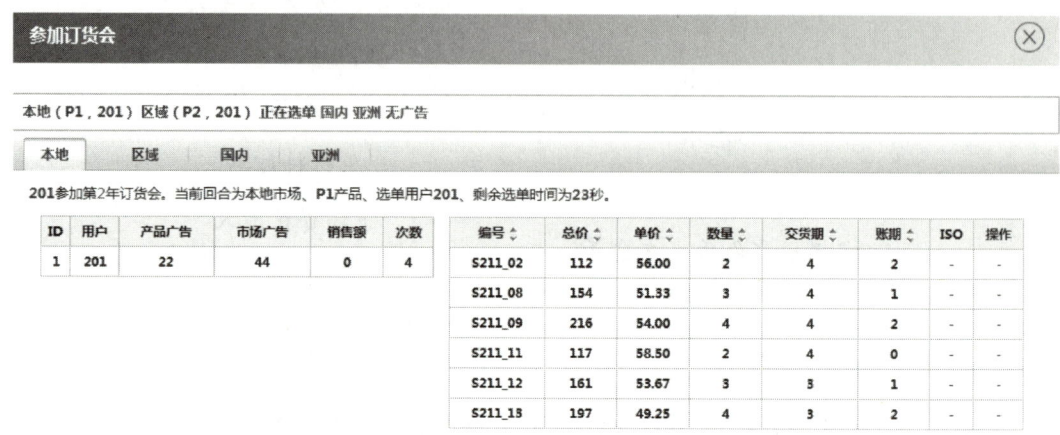

图1－10 "参加订货会"界面

（4）长期贷款。点击主页面下方操作区中菜单"申请长贷",弹出"申请长贷"对话框,如图1－11所示。弹出框中显示本企业当前时间可以贷款的最大额度,点击"需贷款年限"下拉框,选择贷款年限,在"需贷款额"录入框内输入贷款金额,点击"确认"按钮,即申请长贷成功。

需贷款年限,系统预设有1年、2年、3年、4年和5年,最大贷款额度系统设定为上年末企业所有者权益的N倍,N具体为多少,由教师在参数设置中设定。需贷款额由企业在年度规划会议中根据企业运营规划确定,但不得超过最大贷款额度。

2. 每季度运营操作

（1）当季开始。点击"当季开始"按钮,系统会弹出"当季开始"对话框(图1－12),该操作完成后才能进入季度内的各项操作。

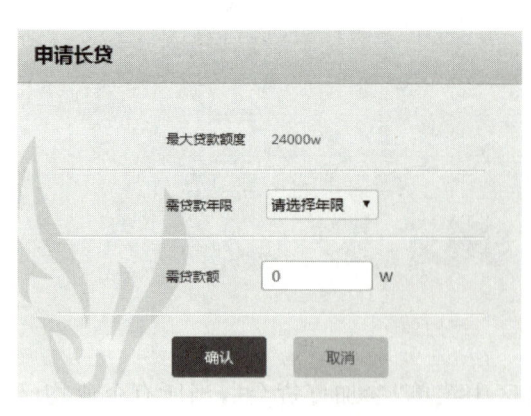

图1－11 "申请长贷"对话框

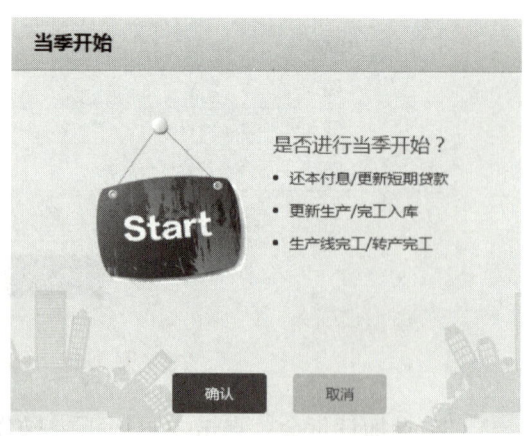

图1－12 "当季开始"对话框

　　当季开始操作时,系统会自动完成短期贷款的更新,偿还短期借款本息,检测更新生产和完工入库情况,若已完工,则完工产品会自动进入产品库,可通过查询库存信息了解入库情况、检测生产线完工和转产完工情况。

　　(2) 申请短期贷款。点击主页面下方操作区中菜单"申请短贷",弹出"申请短贷"对话框,如图 1-13 所示。在"需贷款额"后输入金额,点击"确认"按钮即短贷成功。

　　短贷期限默认为 1 年,到期一次还本付息,贷款年利率由教师在参数设置中设定,短贷申请时不得超过"申请短贷"对话框中的"最大贷款额度"。

　　(3) 更新原料库。点击主页面下方操作区中菜单"更新原料库",弹出"更新原料"对话框(图 1-14),提示当前应入库原料需支付的现金。确认金额无误后,点击"确认"按钮,系统扣除现金并增加原料库存。

图 1-13　"申请短贷"对话框　　　　　图 1-14　"更新原料"对话框

　　(4) 订购原料。点击主页面下方操作区中菜单"订购原料",弹出"订购原料"对话框(图 1-15),显示原料名称、价格以及运货周期信息,在数量一列输入需订购的原料量值,点击"确认"按钮即可。

　　(5) 购租厂房。点击主页面下方操作区中菜单"购租厂房",弹出"购租厂房"对话框(图 1-16),点击下拉框选择厂房类型,下拉框中提示每种厂房的购买价格、租用价格等。按需选择订购方式(买或租)后,点击"确认"按钮即可。

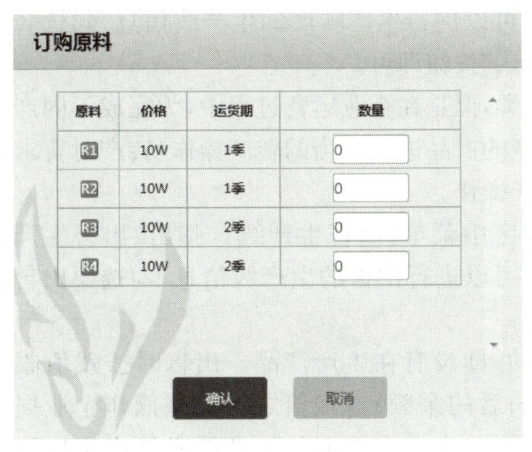

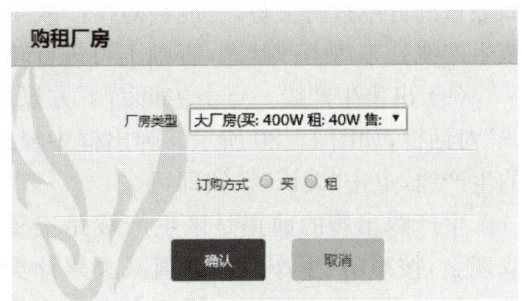

图 1-15　"订购原料"对话框　　　　　图 1-16　"购租厂房"对话框

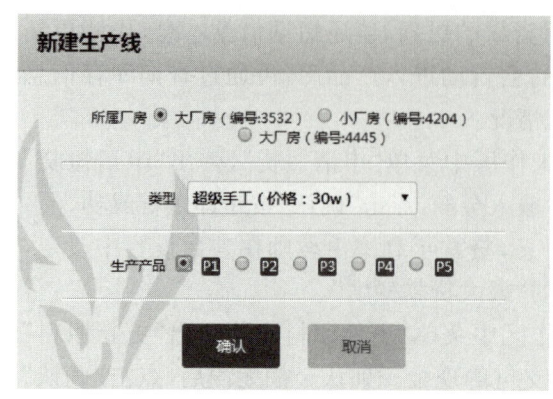

厂房类型根据需要选择,订购方式可以根据需要选择买或租。厂房每季均可购入或租入。若选择购买,则需一次性支付购买价款,无后续费用;若选择租入,则需每年支付租金,租金支付时间为租入当时以及以后每年对应季度的季末。

（6）新建生产线。点击主页面下方操作区中菜单"新建生产线",弹出"新建生产线"对话框,如图1-17所示。选择放置生产线的厂房,点击"类型"下拉框,选择要新建的生产线类型,下拉框中有生产线购买的价格信息,选择新建的生产线计划生产的产品类型后,点击"确认"按钮即可。

（7）在建生产线。点击主页面下方操作区中菜单"在建生产线",弹出"在建生产线"对话框,如图1-18所示。弹出框中显示需要继续投资建设的生产线的信息,勾选决定继续投资的生产线,点击"确认"按钮即可。

在建生产线

选择项	编号	厂房	类型	产品	累积投资	开建时间	剩余时间
☐	3572	大厂房(3532)	自动线	P1	50W	第1年1季	2季

图1-18　"在建生产线"对话框

只有处在建造期的生产线才会在此对话框中显示,该对话框中会提供处于建造期间的生产线的累计投资额、开建时间和剩余建造期。

（8）生产线转产。点击主页面下方操作区中菜单"生产线转产",弹出"生产线转产"对话框,如图1-19所示。弹出框中显示可以进行生产转产的生产线信息,勾选转产的生产线以及转线要生产的产品,点击"确认"按钮即可。

生产线建造时已经确定了生产的产品种类,但是在企业运营过程中,为完成不同产品数量的订单按时交货,可能会对生产线生产的产品进行适当的转产操作,转产时要求该生产线处于待生产状态,否则不可进行转产操作。

（9）出售生产线。点击主页面下方操作区中菜单"出售生产线",弹出"出售生产线"对话框,如图1-20所示。弹出框中显示可以进行出售的生产线信息,勾选要出售的生产线,点击"确认"按钮即可。

生产线出售的前提是该生产线是空置的,即没有在生产产品。出售时按残值收取现金,按净值(生产线的原值减去累计折旧后的余额)与残值之间的差额作企业损失。即已提足折旧的生产线不会产生出售损失,未提足折旧的生产线必然产生出售损失。

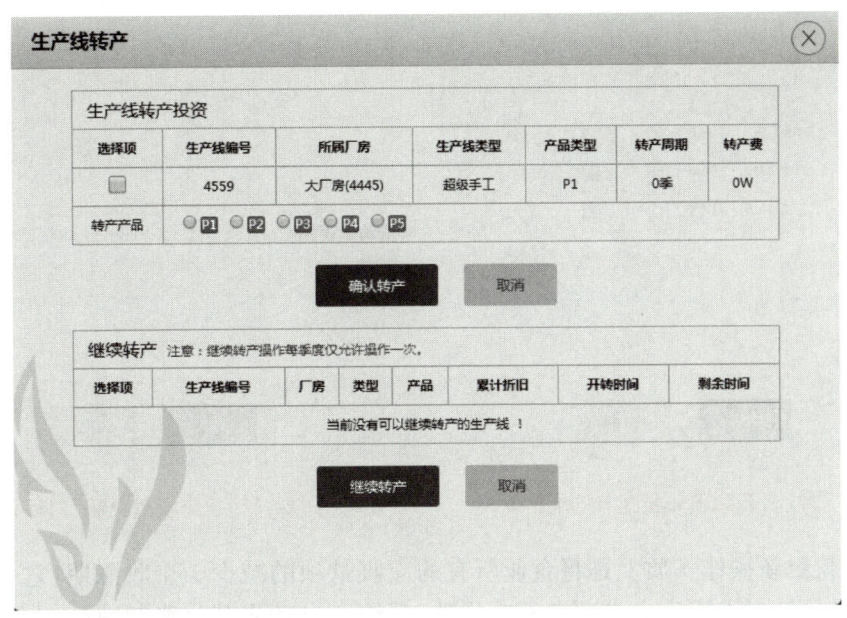

图 1‑19　"生产线转产"对话框

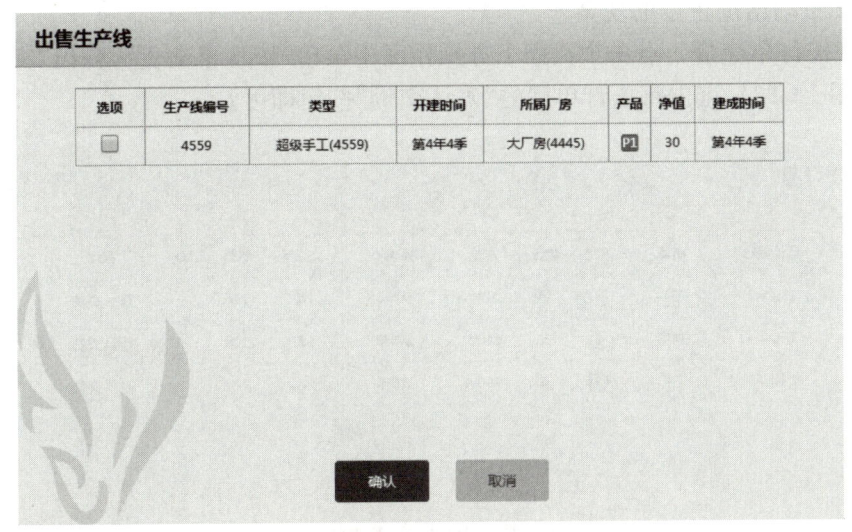

图 1‑20　"出售生产线"对话框

（10）开始生产。点击主页面下方操作区中菜单"开始生产"，弹出"开始下一批生产"对话框，如图 1‑21 所示。弹出框中显示可以进行生产的生产线信息，勾选要投产的生产线，点击"确认"按钮即可。

开始下一批生产时应具备相应的生产线空闲、产品研发完成、生产原料充足、投产用的现金足够四个条件，缺一不可。开始下一批生产操作时，系统会自动从原材料仓库领用相应的原材料，并从现金处扣除用于生产的人工费用。

（11）应收款更新。点击主页面下方操作区中菜单"应收款更新"，弹出"应收款更新"对话框（图 1‑22），点击"确认"按钮即可。

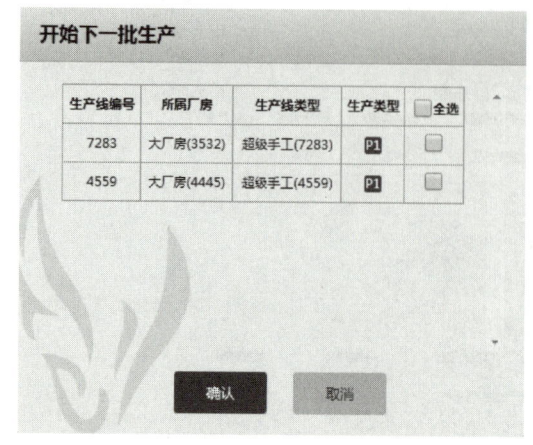

开始下一批生产
生产线编号 所属厂房 生产线类型 生产类型 全选
7283 大厂房(3532) 超级手工(7283) P1
4559 大厂房(4445) 超级手工(4559) P1
确认
取消

图 1－21 “开始下一批生产”对话框

应收款更新
收现 金额（1期） 0W
确认
取消

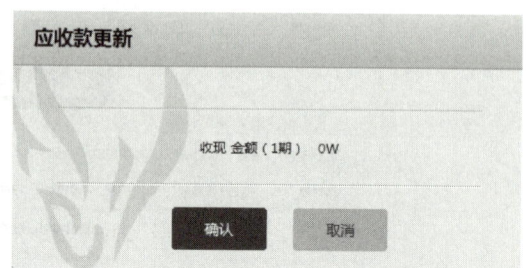

图 1－22 “应收款更新”对话框

应收款更新操作实质上是将企业所有的应收款项的减少 1 个收账期，它分为两个种情况，一是针对本季度尚未到期的应收款，系统会自动将其收账期减少 1 个季度，另一部分针对本季度到期的应收款，系统会自动计算并在“收现金额”框内显示，将其确认收到，系统自动增加企业的现金。

（12）按订单交货。点击主页面下方操作区中菜单“按订单交货”，弹出“交货订单”对话框（图 1－23），点击每条订单后的“确认交货”按钮即可。

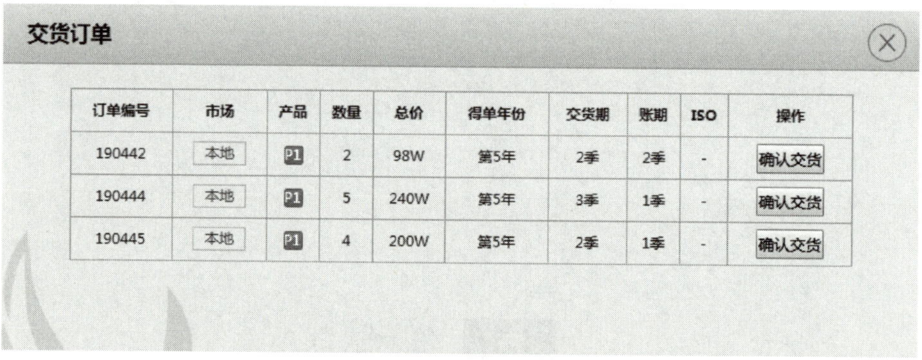

交货订单
订单编号 市场 产品 数量 总价 得单年份 交货期 账期 ISO 操作
190442 本地 P1 2 98W 第5年 2季 2季 - 确认交货
190444 本地 P1 5 240W 第5年 3季 1季 - 确认交货
190445 本地 P1 4 200W 第5年 2季 1季 - 确认交货

图 1－23 “交货订单”对话框

“交货订单”对话框中会显示年初订货会上取得的所有产品订单，该订单会提供订单销售收入总价、某订单需交的产品种类和数量、交货期限、账期等信息。点击相应订单右边的“确认交货”按钮后，若相应产品库存足够会提示交货成功，若库存不足则弹出“库存不足”的提示框。订单交货后会收取相应的现金或产生相应的应收款。

（13）厂房处理。点击主页面下方操作区中菜单“厂房处理”，弹出“厂房处理”对话框，如图 1－24 所示。选择厂房的处理方式，系统会自动显示出符合处理条件的厂房以供选择。勾选厂房，点击“确认”按钮。

厂房处理方式包括卖出（买转租）、退租、租转买三种。

卖出（买转租）操作针对原购入的厂房，实质上此操作包括两个环节，一是卖出厂

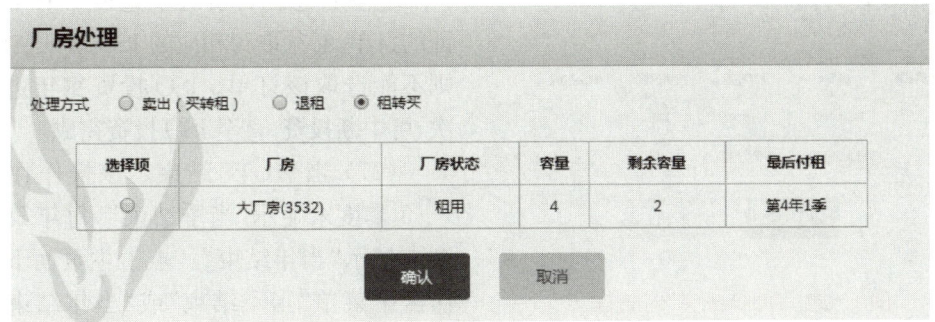

图 1 – 24 "厂房处理"对话框

房,同时将此厂房租回,卖出厂房将根据规则产生一定金额、一定账期的应收款(详见规则说明),租入厂房需支付对应的租金,这一操作无需厂房空置。

退租操作针对原租入的厂房,该操作要求厂房内无生产设备,若从上年支付租金时开始算租期未满 1 年,则无需支付退租当年的租金,反之则需支付退租当年的租金。

租转买操作针对原租入的厂房,该操作实质上包括两个环节,一是退租,二是将该厂房买入,购买厂房时需支付相应的购买价款,该操作无需厂房空置。

(14)产品研发。点击主页面下方操作区中菜单"产品研发",弹出"产品研发"对话框(图 1 – 25),勾选需要研发的产品,点击"确认"按钮。

产品研发按照季度来投资,每个季度均可操作,中间可以中断投资,直至产品研发完成,产品研发成功后方能生产相应的产品。产品研发的规则详见规则说明。

(15)市场开拓。该操作只有每年第 4 季度才出现。点击主页面下方操作区中菜单"市场开拓",弹出"市场开拓"对话框(图 1 – 26),勾选需要研发的市场,点击"确认"按钮即可。

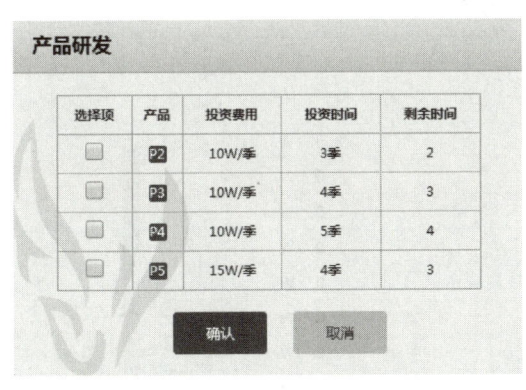

图 1 – 25 "产品研发"对话框   图 1 – 26 "市场开拓"对话框

市场开拓每年第 4 季度末可操作一次,中间可中断投资。

(16)ISO 投资。该操作只有每年第 4 季度才出现。点击主页面下方操作区中菜单"ISO 投资",弹出"ISO 投资"对话框(图 1 – 27),勾选需要投资的 ISO 资质,点击"确认"按钮即可。

图 1–27 "ISO 投资"对话框

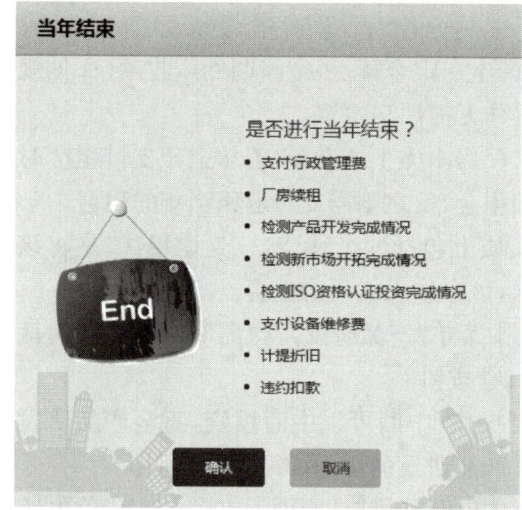

图 1–28 "当年结束"对话框

企业若想在订货会上选取带有 ISO 认证的订单,必须取得相应的 ISO 认证资格,否则不能选取该订单。ISO 投资每年进行一次,可中断投资,直至 ISO 投资完成。

（17）当季（年）结束。该操作在每年 1—3 季度末显示"当季结束",每年第 4 季度末显示"当年结束"。点击主页面下方操作区中菜单"当季结束"或"当年结束",弹出"当季结束"或"当年结束"对话框。图 1–28 是"当年结束"对话框。核对当季（年）结束需要支付或更新的事项,确认无误后,点击"确认"按钮即可。

当季结束时,系统会自动支付行政管理费、厂房续租租金,检测产品开发完成情况。

当年结束时,系统会自动支付行政管理费、厂房续租租金,检测产品开发、ISO 投资、市场开拓情况,自动支付设备维修费、计提当年折旧、扣除产品违约订单的罚款。

3. 年末运营操作——填写报表

点击主页面下方操作区中菜单"填写报表",弹出报表对话框,如图 1–29 所示。

综合费用表	利润表	资产负债表	
管理费			0 W
广告费			0 W
设备维护费			0 W
转产费			0 W
租金			0 W
市场准入开拓			0 W
ISO认证资格			0 W
产品研发费			0 W
信息费			0 W
其他			0 W
合计			0W

提交   保存

图 1–29 报表对话框

依次在综合费用表、利润表、资产负债表的编辑框内输入相应计算数值,三张表填写过程中都可点击保存,暂时保存数据。点击提交,即提交结果,系统计算数值是否正确并在教师端公告信息中显示判断结果。

4. 流程外运营操作

(1)厂房贴现。该操作随时可进行,点击主页面下方操作区中菜单"厂房贴现",弹出"厂房贴现"对话框,如图1-30所示。弹出框中显示可以贴现的厂房信息,选择某一条厂房,点击"确认"按钮。系统根据每类厂房出售价格贴现,如果有生产线扣除该厂房的租金,保证厂房继续经营。

厂房贴现操作实质上是将厂房卖出(买转租)产生的应收款直接贴现取得现金。它与厂房处理中的卖出(买转租)的区别就在于,"卖出(买转租)"操作时产生的应收款并未直接贴现,而厂房贴现则直接将卖出(买转租)产生的应收款同时贴现。

(2)紧急采购。该操作随时可进行,点击主页面下方操作区中菜单"紧急采购",弹出"紧急采购"对话框,如图1-31所示。对话框中显示当前企业的原料、产品的库存数量以及紧急采购价格,在订购量一列输入数值后,点击"确认采购"按钮即可。

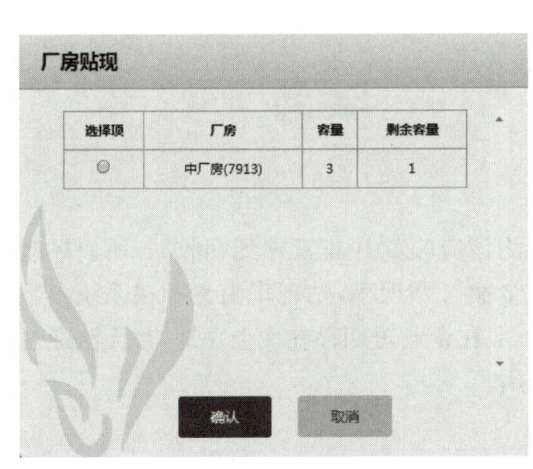

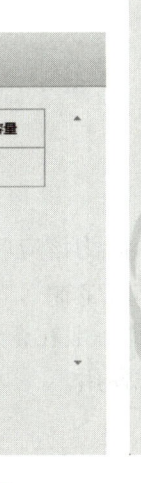

图 1-30　"厂房贴现"对话框　　　　**图 1-31　"紧急采购"对话框**

紧急采购是为了解决材料或产品临时短缺而出现的,企业原材料订购不足影响生产或其他原因导致产品未能按时生产出来,均可能造成产品订单不能按时交货,从而导致订单违约,失去该订单收入并支付违约损失。为避免该损失,企业可通过紧急采购少量的短缺原材料或产品,从而满足生产或交货的需要,促使产品订单按时交货,由此取得相应的销售利润。紧急采购价格一般比正常的采购价要高很多,具体由教师在参数设置中设定。操作时既可以紧急采购原材料,也可以紧急采购库存产品。

(3)出售库存。该操作随时可进行,点击主页面下方操作区中菜单"出售库存",弹出"出售库存"对话框,如图1-32所示。对话框中显示当前企业的原料、产品的库存数量以及出售价格,在出售数量一列输入数值后,点击"出售产品"即可。

企业一般只有在资金极度短缺时才会考虑出售库存。库存出售一般会在成本的基础上打折销售,出售价由教师/裁判在参数设置中设定。

(4)贴现。此操作随时可进行,点击主页面下方操作区中菜单"贴现",弹出"贴现"对话框,如图1-33所示。弹出框中显示可以贴现的应收款金额,选好贴现期,在贴现额一列输入要贴现的金额后,点击"确认"按钮,系统根据不同贴现期扣除不同贴息,将贴现金额加入现金。

图1-32 "出售库存"对话框

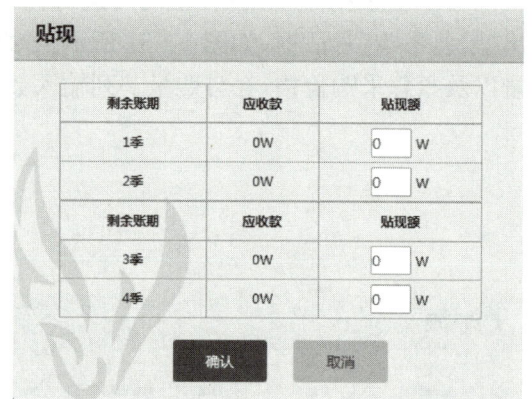

图1-33 "贴现"对话框

贴现是指提前收回未到期的应收款。因为该应收款并非正常到期收回,所以贴现时需支付相应的贴现利息。贴现利息=贴现金额×贴现率,贴现率由教师在系统参数中设定,相关规定详见规则说明。这一操作一般在企业短期存在现金短缺,且无法通过成本更低的正常贷款取得现金流时才考虑使用。

练一练1-1

学完了电子沙盘的操作,让我们根据表1-3中的数据,在电子沙盘里面进行第1年的操作吧。

表1-3 企业初始年基础数据

初始资金	80W
融资情况	无长期贷款;第2、3、4季度各贷20W短期贷款
原材料	第3季度订2个R3原材料订单,第4季度订4个R1、2个R2原材料订单

	续　表
厂房	第1季度买一个大厂房
生产线	第1季度新建2条P3柔性线,以后每个季度再建生产线,直到完工;第2季度开始新建两条P2自动线,以后每个季度再建生产线,直到完工
产品研发	第1季度开始研发P3,第3季度开始同步研发P1
市场开拓	进行本地、区域、国内、亚洲、国际5个市场开拓
其余操作按系统默认进行	

1-4平台资料
电子盘操作练习的
规则

1-5平台资料
电子盘操作练习
订单方案

1-6微课
电子沙盘
操作解析

 **项目小结**

　　祝贺大家完成了本项目的学习,通过学习,同学们对企业基础知识有了一定认知。在走进仿真企业了解经营流程后,我们学习了创业者5.0物理沙盘和电子沙盘的操作,打开了企业沙盘模拟经营的大门,期待大家在沙盘世界大展身手!

测　一　测

一、单项选择题

1. 企业的主要目标是(　　　)。

　　A. 盈利目标　　　　B. 合作目标　　　　C. 雇佣目标　　　　D. 独立目标

2. 由政府或政府机构拥有和经营的所有权归政府的企业是(　　　)。

　　A. 私营企业　　　　　　　　　　B. 国有企业

　　C. 混合所有制企业　　　　　　　D. 制造业企业

3. 在企业沙盘模拟经营中,每个季度都可以进行操作的流程是(　　　)。

　　A. 投放广告　　　B. 申请长贷　　　　C. 申请短贷　　　D. 市场开拓

4. 在企业沙盘模拟经营中,(　　　)操作是流程外运营操作。

　　A. 填写报表　　　B. 更新应收款　　　C. 厂房处理　　　D. 厂房贴现

5. 在企业沙盘模拟经营中,(　　　)操作在更新应收款之后。

　　A. 更新原料库　　B. 产品研发　　　　C. 新建生产线　　D. 开始生产

6. 在企业沙盘模拟经营中,(　　　)操作是年末经营操作。

A. 申请短贷　　　　B. 申请长贷　　　　C. 市场开拓　　　　D. 贴现

7. 在企业沙盘模拟经营中,(　　)操作是年初经营操作。

A. 申请短贷　　　　B. 申请长贷　　　　C. 市场开拓　　　　D. 贴现

二、多项选择题

1. 企业的主要特征包括(　　　　)。

A. 经济属性　　　　B. 商品属性　　　　C. 盈利属性　　　　D. 独立属性

2. 按照所有制形式分类,企业可以分为(　　　　)。

A. 私营企业　　　　　　　　　　　　B. 小型企业

C. 混合所有制企　　　　　　　　　　D. 服务业企业

3. 典型的 ERP 系统包括的核心模块有(　　　　)。

A. 财务管理　　　　　　　　　　　　B. 供应链管理

C. 生产与制造管理　　　　　　　　　D. 项目管理

4. 企业经营管理和 ERP 之间存在密切的关系,具体表现在(　　　　)方面。

A. 流程优化　　　　B. 数据集中化　　　C. 资源协调　　　　D. 绩效评估

5. 在企业沙盘模拟经营中,年末运营操作要填写的报表有(　　　　)。

A. 现金流量表　　　B. 综合费用表　　　C. 利润表　　　　　D. 资产负债表

6. 在企业沙盘模拟经营中,属于流程外运营操作的有(　　　　)。

A. 贴现　　　　　　B. 更新应收款　　　C. 紧急采购　　　　D. 下原材料订单

7. 创业者 5.0 物理沙盘设有(　　　　)区域。

A. 财务管理中心　　B. 营销规划中心　　C. 生产管理中心　　D. 物料管理中心

三、判断题

1. ERP 是一种综合性的管理软件系统,用于协调和整合企业内部各个部门和业务
流程。　　　　　　　　　　　　　　　　　　　　　　　　　　　　　(　　)

2. 企业类型按规模分类,可以分为小型、中型和大型企业。　　　　　　　(　　)

3. 在企业沙盘模拟经营中,长期贷款可以每个季度初申请。　　　　　　　(　　)

4. 创业者 5.0 物理沙盘道具中,空桶可以代表原材料订单,一个空桶代表一个订单。

　　　　　　　　　　　　　　　　　　　　　　　　　　　　　　　　(　　)

5. 在企业沙盘模拟经营中,厂房处理和厂房贴现的作用是一样的。　　　　(　　)

6. 在企业沙盘模拟经营中,出售库存可以随时操作,且按原价进行。　　　　(　　)

评　一　评

请填写表 1-4 项目 1 学习评价表。

表 1-4　项目 1 学习评价表

项目名称	评价指标	权重	评价方式		得分
			自评	互评	
初识企业沙盘模拟经营	能列举企业的概念、特征和类型	10	✓		
	能概述 ERP 和企业经营管理的概念	10	✓		
	能阐述 ERP 和企业经营管理的关系	10	✓		
	能进行企业认知案例分享	20		✓	
	能简述仿真企业运营流程	20		✓	
	熟悉创业者 5.0 物理沙盘的操作流程	15		✓	
	熟悉创业者 5.0 电子沙盘的操作流程	15		✓	
合计		100	—	—	

学习体会：

教师评语：

项目 2 走进企业沙盘模拟经营

项目简介

本项目是入门篇的第二部分,学生在初识企业经营管理的基础上,进一步深入认知企业沙盘模拟经营并走进沙盘模拟实训。本项目分为三个任务,分别是认识企业经营岗位职责、组建企业沙盘模拟经营团队和分析经营规则。项目主要介绍了沙盘模拟所涉及的总经理、财务经理、销售经理、运营经理四个岗位在真实企业环境和在沙盘对抗中的主要职责。学生通过自我认知测试,在组建企业沙盘模拟经营团队时选择适合自己的岗位。没有规则,不成方圆,本项目将沙盘经营规则进行细分,便于学生理解掌握,为后续模拟经营打下坚实的基础。

项目导航

- 走进企业沙盘模拟经营
  - 认识企业经营岗位职责
    - 认识总经理职责
    - 认识财务经理职责
    - 认识销售经理职责
    - 认识运营经理职责
  - 组建企业沙盘模拟经营团队
    - 认识自我
    - 组建团队
    - 建设团队
  - 分析经营规则
    - 分析原材料采购与产品生产规则
    - 分析产品研发规则
    - 分析厂房规则
    - 分析生产线规则
    - 分析市场划分与准入规则
    - 分析广告投放与订单获取规则
    - 分析融资贷款与资金贴现规则
    - 分析紧急采购与费用规则

学习目标

○ **知识目标**

● 列举企业经营过程中所设置的总经理、财务经理、销售经理、运营经理岗位职责

● 概述组建企业沙盘模拟经营团队的方法和意义

● 解释企业沙盘模拟经营的各项规则

○ **技能目标**

● 通过岗位职责学习和自我认知测试,制定适合自己岗位角色的个人简历

● 通过竞选总经理、招聘员工和破冰游戏,组建企业沙盘模拟经营团队

○ **素养目标**

● 模拟成为企业员工,在组建公司的过程中建立责任意识,培养学生爱岗敬业的职业精神

● 通过组建企业沙盘模拟经营团队,体现团队合作精神,培养学生的团队意识

● 通过"先天特质测试",客观地认识自己,提升学生的自我认知能力

 **项目导入**

ERP 沙盘的发展、推广和应用

1978 年瑞典的 Klas Mellan 开发了沙盘模拟训练课程。这一课程在之后迅速风靡全球,甚至成为欧、美、日等发达国家和地区众多大中型企业中高层管理人员的必修课程,成为欧美工商管理硕士的核心课程,成为世界 500 强企业中高层管理人员经营管理能力培训的首选课程。

目前,ERP 沙盘在全球范围内以多种形式推广到很多领域,不仅涵盖生产经营型企业,还深入高等学府、职业院校以及一些培训机构;不仅涉及生产、经营、贸易、管理的过程和方法,还囊括了教学、培训、比赛的形式和平台软件。

20 世纪 80 年代初期,沙盘模拟训练课程被引入国内,率先在企业的中高层管理人员培训中使用并快速拓展到大学、职业院校。北京大学、清华大学、浙江大学、中国人民大学、上海交通大学等高等院校先后将系列沙盘模拟培训课程纳入其管理课程的教学计划之中。

21 世纪初,一些具有战略远见的软件公司将沙盘实训引入我国高校的 ERP 教学实践中,而后国内一些知名软件厂商也开始积极探索,推出相应的 ERP 沙盘模拟工具。截至 2023 年,这些软件公司连续多年积极支持并参与了多届全国大学生和中职生 ERP 沙盘对抗赛。学生在竞赛过程中拓宽了视野,提升了能力,为之后的就业夯实基础。

老师，学习了沙盘的发展、推广和应用，我想尝试总经理岗位，这个岗位太酷了！

企业像一个大型设备，要让这个设备高效运作，需要每个部件"齐心协力"。企业设置的不同岗位有各自的权责，通过团队协作，才能取得更优秀的业绩。大家一起继续学习，看看哪个岗位更适合自己吧！

任务 2.1　认识企业经营岗位职责

企业经营岗位职责包括制定企业战略规划、管理企业运营、协调资源配置、开拓市场和拓展业务渠道等。企业经营者需要具备丰富的管理经验和领导才能，善于制定决策方案、协调资源和团队，具备市场洞察力和战略眼光，能够领导企业走向成功和持续发展。在企业沙盘模拟经营中，我们将岗位分为总经理、财务经理、销售经理、运营经理。

一、认识总经理职责

总经理是企业团队的建立者和激励者，是企业整体发展战略的制定者，是企业资产投资的决策者，是企业生产经营的设计者，是企业其他职能部门决策的参与者和制定者。下面让我们分别了解一下企业和沙盘对抗中总经理的职责。

（一）企业中总经理的职责

（1）组织实施公司年度经营计划和投资方案。

（2）主持公司的日常生产经营管理，组织实施并反馈董事会决议。

（3）拟定设置、调整或撤销公司内部管理机构的具体方案。

（4）拟订公司的基本管理制度和具体规章。

（5）聘任或解聘除应由董事会聘任或解聘以外的管理人员和工作人员。

（6）依有关规章制度决定对公司职工的奖惩、升级、加薪及辞退。

（7）在职责范围内，对外代表公司处理业务。

（二）沙盘对抗中总经理的职责

ERP沙盘是从现实企业中抽象出来的理想化、具体化和简单化的模拟对抗，它和《中华人民共和国公司法》规定的各职位的职责不尽相同。总经理是总顾问和各职位人员的联络员，是团队各项工作的组织者和领导者。总顾问通常由指导老师扮演，其余角色由学生扮演。

首先，对于团队建设，总经理需要知人善任，选择能够胜任相关职位的专业人才，建立起目标明确、相互信任、相互支持、技能互补的一种有默契和效率的团队。在整个运营过程中，总经理应能及时纠正团队内的错误，压力大时缓解气氛，必要时发起"建设性"的争吵。团队团结的关键就在于总经理的组织能力和沟通能力。

其次，在实战对抗中，总经理要召集各职位人员，共同出谋划策、制定企业发展战略、选择执行方案、分配运营任务并组织实施。总经理并不具体负责某个职能部门的运营，但他又完全参与各部门的运营工作。他与销售经理合作，分析市场，在不同的市场安排不同的产品组合，制定不同的广告策略；与财务经理共同制定企业的长短期贷款策略；同时，还需要同运营经理一起，共同保证企业的正常生产，给市场和财务提供更多的灵活度。当然，沙盘对抗赛是脑力和体力的对抗，总经理的职责远不止这些，在比赛的紧要关头，总经理还要与对手、裁判沟通……

最后，在比赛过程中，总经理还起到监督管理和观察对手的作用，为本组赢得最有利的竞争环境。

综上所述，总经理主要负责以下事项：发展战略制定、竞争格局分析、经营指标确定、业务策略制定、全面预算管理、团队协同管理、授权与总结管理。

二、认识财务经理职责

财务状况是企业的命脉，企业的经营发展和日常生产都是以财务状况允许为前提的，对于一个企业的财务经理来说，不仅要进行简单的记账，更要进行资金的预算和控制。下面让我们分别了解一下企业和沙盘对抗中财务经理的职责。

（一）企业财务经理的职责

（1）在董事会和总经理领导下，总管公司预算、会计、报表工作。

（2）负责制订公司利润计划、资本投资、财务规划、销售前景、开支预算或成本标准。

（3）制订和管理税收政策方案及程序。

（4）建立健全公司内部核算的组织、指导和数据管理体系，建立健全核算和财务管理的规章制度。

（5）组织公司有关部门开展经济活动分析，组织编制公司财务计划、成本计划，努力降低成本、增收节支、提高效益。

（6）监督公司遵守国家财经法规、纪律以及董事会决议。

（二）沙盘对抗中财务经理的职责

在企业模拟经营中，所有者权益为负的企业将被迫宣布破产，现金断流的企业则直接退出比赛。因此，在沙盘对抗赛中，财务经理的首要任务就是实现对所有者权益的控制和保证现金流的正常运转。

首先，财务经理要参与企业总体发展战略的制定，并依据这一发展战略，估计各年及各经营时期现金总量的需求，制订出相应长短期贷款方案；其次，对各年的财务进行全面预算，保证现金流的通畅，并实现对成本的全面控制，以降低企业的经营风险和经营成本；再次，在各年的实际经营中，进行现金流经营流程的登记工作；最后，还需要填制订单登记表、综合费用表、资产负债表和利润表。

每年的实际销售额是不确定的，甚至会与预算有很大差异，这就要求财务经理在预算时要充分考虑各种情况，并根据具体情况及时调整资金的使用。另外，沙盘对抗赛中绝大多数企业都是负债经营，且长期贷款和短期贷款各有利弊，贷款时期不同对现金流的影响也不相同。利息支出将直接导致企业利润减少,从而影响权益,而权益又决定下一年贷款额度。需注意的是,新创业者电子沙盘系统 5.0 数智企业经营管理沙盘(标准版)所指的"权益"对应资产负债表中"所有者权益",下文不再赘述。每一年选完订单,财务经理就应准确制作出资产负债表,并结合生产情况设计交货时间,从而编制出现金流量表,进而安排是否进行贷款以及贷款额度和形式。此外,为了有更好的财务状况,财务经理会对生产线和厂房的投资、市场开拓、产品研发和 ISO 认证等情况与相应负责人协商,参与战略管理。

财务经理主要负责以下事项:提供财务报表、日常现金管理、企业融资策略制定、成本费用控制、财务分析与协助决策。

三、认识销售经理职责

销售经理主要是为企业制定短期、长期战略规划及实施策略,组织新老产品的成功上市销售,为企业打造一支高效、稳定销售团队。众所周知,企业的利润来自"开源"和"节流"两个方面。成本控制的作用在于"节流",而销售经理的作用则是通过拓展销售业务实现"开源"。如若企业无法实现"开源",就算成本控制为零也没有利润源。下面让我们分别了解一下企业和沙盘对抗中销售经理的职责。

(一) 企业销售经理的职责

(1)完成公司年度营销目标及其他任务。

(2)有独立的销售渠道,具有良好的市场拓展能力。

(3)负责销售部门内部的管理及建设。

(4)进行市场调查以及寻找新市场机会。

(5)制订新项目市场推广方案。

(6)成熟项目的营销组织、协调和销售绩效理。

(7)销售队伍的建设与培养等。

(二) 沙盘对抗中销售经理的职责

销售经理必须要做好各市场总需求及产品价格走势的分析、研究,估计出企业各年的销售量;据此参与制定企业的总战略;参与制定与市场需求相应且与企业能力相应的投资策略;从而制定企业的销售策略。销售经理还需依据企业的销售目标、市场的供给状况,制定相应的广告策略及市场订单的选择策略;制订企业市场开拓和 ISO 认证等无形资产的投资方案;按既定的预算进行交货,并进行收款或者填写应收账款单据;向财务申请支付与市场相关的现金等。

销售经理主要负责以下事项:市场调查分析、市场进入策略、品种发展策略、广告宣传策略和制订销售计划。

四、认识运营经理职责

运营经理拥有丰富的生产管理协调经验,熟悉所在行业的生产过程,熟悉原材料的供应渠道,熟悉生产规程以及质量标准,具备良好的生产经营管理理念。他们负责参与制定公司发展战略与年度经营计划,主持制订、调整年度生产计划及预算,计划并指导与生产、工厂管理、原材料供应及质量相关的工作。下面让我们分别了解一下企业和沙盘对抗中运营经理的职责。

(一) 运营经理的职责

(1) 保证本单位安全生产投入的有效实施。

(2) 督促、检查本单位的安全生产工作,及时消除生产安全事故隐患。

(3) 建立、健全本单位安全生产责任制。

(4) 组织制定本单位安全生产规章制度和操作规程。

(5) 组织制定并实施本单位的生产安全事故应急救援预案。

(6) 及时、如实报告生产安全事故。

(二) 沙盘对抗中运营经理的职责

运营经理必须按照企业的战略规划,安排产能大、效率高的生产线来生产企业决策中的主打产品,同时还要使生产线的建成与产品研发同步,合理安排生产线,尽量减少维修费和折旧费用。柔性生产线无疑是对运营经理的计算能力的考验,运营经理需要计算原材料采购数据,否则就有可能面对巧妇难为无米之炊的窘境。同时,运营经理要结合原材料的库存和在途情况以及生产线结构分析下一年的产出情况,向销售经理提供准确的产能数据,以便于选择订单。运营经理还要向财务经理提供生产所需原材料采购费用、加工费、维修费、折旧费等数据,为财务预算做准备。

运营经理主要负责以下事项:产品研发管理、管理体系认证、固定资产投资、生产计划编制、成品库存管理和产品外协管理。

连一连 2 - 1

通过以上的学习,相信你对沙盘对抗中的各岗位已经有了一定的了解,让我们一起来完成下面的连一连,请将岗位和对应的职责连起来。

总经理	产品研发
财务经理	进行融资
销售经理	开拓市场
运营经理	战略制定
	采购材料
	编制报表
	排产定产

任务 2.2　组建企业沙盘模拟经营团队

企业沙盘模拟经营是一个团队项目,需要 4 人成立一家公司,分别担任总经理、财务经理、销售经理和运营经理,共同完成 4～6 年企业模拟经营。沙盘实训需要团队成员之间通力协作,因此在开始实训前,挑选合适的企业岗位,组建一个和谐的经营团队是我们首先面临的挑战。经过上一个任务的学习,学生对企业岗位有了认知,本任务的实施则先通过"先天特质测试"进行自我性格认知,从而选择适合自己的企业岗位,完成团队的组建。

一、认识自我

(一)先天特质测试规则

根据表 2-1 先天特质测试量表,填写分值,按个人的特质符合程度从 1～5 打分,规则如下:"绝对不是"打 1 分,"不是"打 2 分,"有时候是有时候不是"打 3 分,"是"打 4 分,"绝对是"打 5 分。

填写方法:每一格都向自己提问并打分,如第 1 格,问自己:"我是不是一个值得信赖的人?"如自己的回答是"绝对是",打 5 分;如"是",打 4 分;如"有时候是有时候不是",打 3 分,以此类推。30 道题全部打完分之后,按照表格下方的要求,把对应题号里给自己打的分数加起来,算出五种动物的得分。

注意事项:填写时不是根据别人眼中的你来判断,而是根据个人主观意识进行判断。

填一填 2-1

请将个人所测分值填写在表 2-1 每个选项的括号中。

表 2-1　先天特质测试量表

① 值得信赖的 ( )	② 个性温和 ( )	③ 有活力 ( )	④ 善解人意 ( )	⑤ 独立 ( )
⑥ 受人爱戴 ( )	⑦ 做事认真正直 ( )	⑧ 富有同情心 ( )	⑨ 有说服力 ( )	⑩ 大胆 ( )
⑪ 精确 ( )	⑫ 适应能力强 ( )	⑬ 组织能力好 ( )	⑭ 积极主动 ( )	⑮ 害羞 ( )
⑯ 强势 ( )	⑰ 镇定 ( )	⑱ 勇于学习 ( )	⑲ 反应快 ( )	⑳ 外向 ( )
㉑ 注意细节 ( )	㉒ 爱说话 ( )	㉓ 协调能力好 ( )	㉔ 勤劳 ( )	㉕ 慷慨 ( )
㉖ 小心翼翼 ( )	㉗ 令人愉快 ( )	㉘ 传统 ( )	㉙ 亲切 ( )	㉚ 工作有效率 ( )

（二）测试解析

把第 5、10、14、18、24、30 题的分加起来，是你的"老虎"分数：_____；

把第 3、6、13、20、22、29 题的分加起来是你的"海豚"分数：_____；

把第 2、8、15、17、25、28 题的分加起来是你的"企鹅"分数：_____；

把第 1、7、11、16、21、26 题的分加起来是你的"蜜蜂"分数：_____；

把第 4、9、12、19、23、27 题的分加起来是你的"八爪鱼"分数：_____。

假若你有某一项分数远远高于其他四项，你就是典型的该种动物属性，假若你有某两项分数大大超过其他三项，你是这两种动物的综合；假若你各项分数都比较接近，恭喜你，你是一个面面俱到近似完美性格的人；假若你有某一项分数特别偏低，想提高自己就需要在那一种动物属性的加强上下功夫了。根据个人所测得分值，结合表 2-2，进行分析。

表 2-2　先天特质测试解析表

类型	个性特点	优点	缺点
老虎型	有自信，够权威，决断力高，竞争性强，胸怀大志，喜欢评估。企图心强烈，喜欢冒险，个性积极，有对抗性	善于控制局面并能果断地作出决定；有这一类型工作方式的人成就非凡	当感到压力时，这类人就会过于重视完成工作速度，而容易忽视细节，他们可能不顾自己和别人的情感。由于他们要求过高，加之好胜的天性，有时会成为工作狂
海豚型	很热心，够乐观，口才流畅，好交朋友，风度翩翩，诚恳热心，个性乐观、表现欲强	此类型的人生性活泼，能够使人兴奋。他们工作高效，善于通过建立同盟或搞好关系来实现目标。他们很适合需要当众表现、引人注目、态度公开的工作	因其跳跃性的思考模式，常无法顾及细节以及对事情的完成执着度
企鹅型	很稳定，够敦厚，温和规律，不好冲突。强调平实，有过人的耐力，温和善良	他们对其他人的感情很敏感，这使他们能够在集体环境中左右逢源	很难坚持自己的观点，迅速做出决定。一般说来，他们不喜欢面对与同事意见不合的局面，他们不愿处理争执
蜜蜂型	很传统，注重细节，条理分明，责任感强，重视纪律。分析力强，精准度高，个性拘谨含蓄	天生就有爱找出事情真相的习性，他们有耐心仔细考察所有的细节并想出合乎逻辑的解决办法	把事实和精确置于感情之前，这会被认为是感情冷漠。在压力下，有时为了避免做出结论，他们会分析过度
八爪鱼型	博学多闻，面面俱到，做人周到，做事周密	善于在工作中调整自己的角色去适应环境，具有很好的沟通能力	从别人眼中看八爪鱼族群，会觉得他们较无个性及原则

二、组建团队

组建团队的目的在于能够更高效地实现目标,产生更优秀的工作成果。团队成员可以共同协作,分享资源和经验,分担工作负担,从而更快速地解决问题和完成任务。通过本课程的团队合作,学生可以更好地了解团队合作的重要性,提高自己的技能和知识水平,以及发现新的解决方案和创新思路。在团队中,学生可以发挥自己的长处,并通过不断地学习和实践提高自己的领导和管理能力,增强自信心。

(一)组建团队的流程

组建团队前,我们需要先了解一下流程,做好相应的准备工作,简单概括为以下几步。

1. 确定团队目标

在组建团队之前,需要明确实训的目标和任务,以便为团队成员提供明确的方向和目标。

2. 考虑团队成员的技能和特长

在选择团队成员时,需要考虑他们的技能和特长,以便在为成员分配合适的任务和角色,让每个人都能发挥自己的长处。

3. 鼓励互相了解

团队成员之间需要建立起良好的沟通和信任关系,这有助于提高团队的凝聚力和协作性。

4. 制定计划和分工

在确定团队成员后,需要制订明确的计划和分工方案,以便团队成员知道自己的任务和职责,避免工作冲突和重复。

5. 鼓励创新和反思

沙盘课程是为了让学生在实践中学习和提高技能,因此,团队应该鼓励成员提出新的想法和方法,并及时反思和调整工作计划和方法。

(二)企业沙盘模拟经营团队组建方法

企业沙盘模拟经营实训中,一个团队有 4 个成员,分别承担不同的岗位。总经理是一个团队的核心人物,我们要先确定总经理的人选,再进行其他角色的分配。

1. 总经理竞选流程

(1)学生通过自荐的方法产生总经理候选人。

(2)总经理候选人发表竞选演说。

(3)其他成员投票选出总经理。

2. 招募员工

(1)竞聘者填写个人简历。

(2)总经理面试竞聘者。

(3)达成劳动协议,总经理召开公司大会。

填一填 2-2

请完成个人简历。

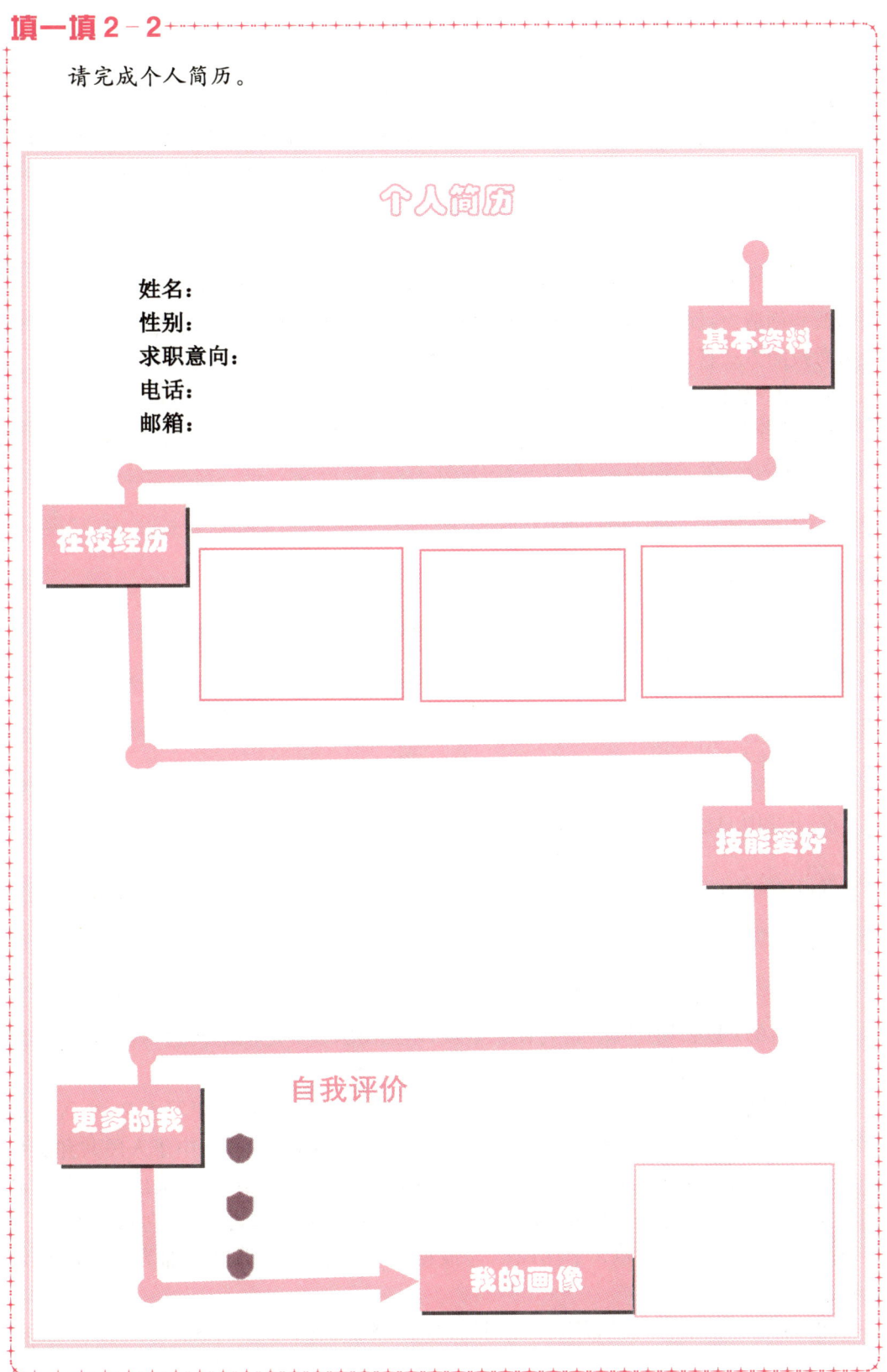

三、建设团队

虽然团队已经组建完成,但新组建的团队成员可能还不熟悉彼此的学习方法和习惯。在没有共同目标和价值观的情况下,是很难形成一个紧密的团队的。因此,应通过一些团建活动拉近成员之间的关系,给大家一个相互了解和信任的机会,从而建立起强烈的归属感和凝聚力。

（一）打造企业文化

良好的企业文化可以塑造企业品牌形象,提高员工的工作满意度和忠诚度,激励员工创新和创造力,促进团队合作和协调,增强企业的凝聚力和竞争力。我们将通过制作公司海报的方式打造企业文化,促进团队合作。

➢ 任务名称：制作公司宣传海报

➢ 任务要求：以公司为单位,制作一张 A3 大小的公司宣传海报。海报上要有公司名称、公司标志、公司口号、岗位分工。

填一填 2-3

请完成表 2-3 公司海报基本信息。

表 2-3　公司海报基本信息

我们的公司名称	
我们的标志意义	
我们的团队口号	
我们的岗位分工	

（二）破冰游戏

2-1动画资源
破冰游戏
（bingo 游戏）

游戏目的：以公司为单位进行团队游戏,增强团队成员之间的沟通与交流,培养默契度,提升团队合作能力。

游戏规则：每家公司在纸上画一个 5×5 的表格,在 25 个格子里写上 25 个国家的名称(必须是现有的国家名称,全称、简称视为同一个国家,如中国＝中华人民共和国),所有小组完成填写后由教师组织统一开始游戏,根据抽签号各组依次报出一个国家名(报完后可以将这个国家名圈出来),其他组如果也有这个国家名,则将它圈出来,当圈出来的国家名连成一条线(5 个国家名连成横线竖线斜线都可以),即为 bingo,该组获胜。

例如：第一组报"中国",第二组和第四组的格子里都写有"中国",则这三组都将"中国"圈出来,其余没有写"中国"的组这一轮没有动作。

填一填 2 - 4

请根据破冰游戏规则，完成表 2 - 4 bingo 游戏表格。

表 2 - 4　bingo 游戏表格

任务 2.3　分析经营规则

　　学习经营规则是比较枯燥的，却是必需的。只有懂得经营规则，才能在企业沙盘模拟经营中游刃有余。在学习经营规则前，必须清晰地认识到：第一，为了运营操作更简便，在模拟经营企业过程中，内、外部环境简化为一系列特定规则，与实际情况有一定差别；第二，虽然是模拟经营，但是不可将它当成简单的游戏，要将它当成真实的企业来经营；第三，要正确对待自己的角色，在一个企业中，每个人都担任着不同的角色，每个角色都有其他角色不可替代的作用，每个角色都很重要。

老师，我们要具体分析哪些经营规则呢？

我们要分析原材料采购与产品生产规则、分析产品研发规则、分析厂房规则、分析生产线规则、分析市场划分与准入规则、分析广告投放与订单获取规则、分析融资贷款与资金贴现规则、分析紧急采购与费用规则。跟着老师一步一步学吧！

一、分析原材料采购与产品生产规则

在企业沙盘模拟经营教学中,我们用字符来代表沙盘语言,如:

R 代表原材料,通常有 4 种原材料,分别用 R1、R2、R3、R4 来表示,5R1 则表示 5 个 R1 原材料;

P 代表产品,通常有 4 种产品,分别用 P1、P2、P3、P4 来表示;

W 通常代表万元,1W 表示 1 万元;

Q 代表季度,2Q 则表示 2 个季度。

下文将运用沙盘常用的术语分析原材料采购与产品生产规则。

(一)原材料采购

原材料的采购原则是 R1、R2 订货必须提前 1 个季度,R3、R4 订货必须提前 2 个季度。根据所下采购订单接收相应原材料入库,并按规定付款。原材料采购信息表如表 2-5 所示。

表 2-5　原材料采购信息表

名称	购买价格	提前期
R1	1W/个	1Q
R2	1W/个	1Q
R3	1W/个	2Q
R4	1W/个	2Q

【例 2-1】若企业第 2 季度需要领用 5R1、4R2,第 3 季度需要领用 3R1、4R2、5R3、4R4,第 4 季度需要领用 4R1、6R2、4R3、5R4,则企业第 1 季度需要订购的原材料为 5R1、4R2、5R3、4R4,第 2 季度需订购的原材料为 3R1、4R2、4R3、5R4,第 3 季度需订购的原材料为 4R1、6R2。原材料采购入库图如图 2-1 所示。

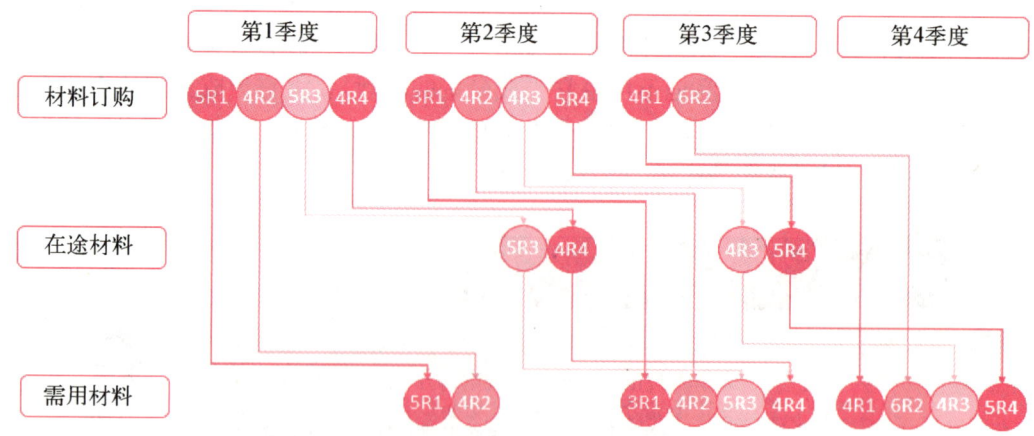

图 2-1　原材料采购入库图

练一练 2－1

若企业第 2 年第 1 季度需要领用 3R1、2R2、1R4,第 2 季度需要领用 2R1、4R2、2R3、1R4,第 3 季度需要领用 5R1、5R2、3R3、2R4,第 4 季度需要领用 4R1、5R2、1R3、5R4,则企业应如何订购原材料。请将需要订购的原材料数量填入表 2－6。

表 2－6　原材料订购表

原材料	第 1 年第 3 季度	第 1 年第 4 季度	第 2 年第 1 季度	第 2 年第 2 季度	第 2 年第 3 季度	第 2 年第 4 季度
R1						
R2						
R3						
R4						

(二) 产品生产规则

生产产品需要按照产品组成,消耗相应的原材料并且支付加工费,各种生产线所有产品加工费均为 1W。只有空闲生产线才能上线生产,一条生产线不能同时生产多个产品,生产线上的产品完工入库后,才可以生产下一个产品。上线生产产品必须要有足量对应的原材料,否则无法生产,需要停工待料。产品生产信息如表 2－7 所示。

表 2－7　产品生产信息表

名称	加工费	直接成本	产品组成
P1	1W/个	2W/个	R1
P2	1W/个	3W/个	R2＋R3
P3	1W/个	4W/个	R1＋R3＋R4
P4	1W/个	5W/个	R2＋R3＋2R4

【例 2－2】假定规则规定 P1 产品构成为 1R1＋1W,当前想在某半自动线上(详见生产线规则)生产 P1 产品,则要求该半自动线此时没有在产品,因为一条生产线同时只能生产 1 个产品,且原材料仓库需有 1 个 R1 原材料,以及 1W 的现金余额用于支付产品生产的人工费。

练一练 2－2

假设某企业在第 2 年第 1 季度需要生产 2 个 P1、2 个 P2、3 个 P3,请问需要支付多少加工费用,应该如何采购原材料?请将原材料的数量、种类和产品加工费金额填入表2-8相应空格。

表2-8　产品生产费用表

产品	原材料	加工费
2P1		
2P2		
3P3		
合计		

二、分析产品研发规则

新产品的研发与投资可以同时进行,按季度平均支付,资金短缺时,可随时中断或终止投入,但不可加速投资。企业可提前接单,但全部投资完成后才能开始生产。例如,P3产品的研发周期为4Q。企业从第1年第2季度开始研发P3,最快要到第2年第1季度才能完成研发投资,则最快要到第2年第2季度方可开始生产P3产品。这是因为研发产品这个步骤在生产产品之前。但在第2年销售订货会,企业已经可以接P3产品订单,虽然此时P3产品的研发尚未完成。研发投资计入综合费用。产品研发信息如表2-9所示。

表2-9　产品研发信息表

名称	开发费用	开发总额	开发周期
P1	1W/Q	2W	2Q
P2	1W/Q	4W	4Q
P3	2W/Q	8W	4Q
P4	3W/Q	12W	4Q

【例2-3】某企业在第1年第1季度开始同时研发P1、P2、P3产品,且中间不中断研发,则第1年第1季度需支付研发费用4W(1+1+2),第1季度无产品研发完成;第1年第2季度需支付研发费用4W(1+1+2),此时P1产品研发完成,第3季度即可生产P1产品;第1年第3季度需支付研发费用3W(1+2);第1年第4季度需支付研发费用3W(1+2),此时P2、P3产品研发完成,第2年第1季度即可生产P2、P3产品。具体研发进度如表2-10所示。

表 2 - 10　产品研发进度表

名称	第 1 年 第 1 季度	第 1 年 第 2 季度	第 1 年 第 3 季度	第 1 年 第 4 季度	第 2 年 第 1 季度
P1	1W	1W （研发完成）	可以生产		
P2	1W	1W	1W	1W （研发完成）	可以生产
P3	2W	2W	2W	2W （研发完成）	可以生产
当季投资总额	4W	4W	3W	3W	

三、分析厂房规则

　　企业购买厂房后,将购买的款项计入厂房价值处,表明该厂房的价值,厂房不提折旧;租赁厂房的租金计入综合费用的租金项;出售厂房的收入计入第 4 季度应收款,该款项不是马上能使用的现金,急需现金可以用厂房进行贴现(详见融资贷款与资金贴现规则)。如果厂房里仍有生产线,出售厂房的同时需要马上支付租金;如果没有生产线,则不用支付。厂房贴现是指将已有的厂房以买价和规则中第 4 季度的贴现率相乘得到的现金,直接计入现金,租转买是指将需要支付租金的厂房以买价购入。厂房信息如表 2 - 11 所示。

表 2 - 11　厂 房 信 息 表

厂房	买价	租金	售价	容量
大厂房	40W	4W/年	40W	4 条
中厂房	30W	3W/年	30W	3 条
小厂房	20W	2W/年	20W	2 条

　　【例 2 - 4】若企业在第 1 年第 2 季度选择购入 1 个大厂房,则在购入时一次性扣除相应的购买价款,以后不再产生相关扣款。若企业在第 1 年第 2 季度选择租入 1 个大厂房,则需在后续的每一年第 2 季度租入时支付 1 年租金,若后续在某一年的第 2 季度将厂房租转买,则不需要继续支付租金。

四、分析生产线规则

　　在企业沙盘模拟经营中,一般设置几种不同特点的生产线,如手工线、半自动线、自动线、柔性线。一般情况下,柔性线价格最贵,但是灵活程度和生产效率最高。反之,手工线价格较为便宜,生产周期较长,半自动线和自动线居中。

(一)购买生产线

所有生产线都能生产产品,每生产一个产品需要支付 1W 的加工费。

投资新生产线时按安装周期平均支付投资,全部投资到位的下一个季度方可开始生产。若生产线安装周期为无,则可以立即使用。生产线购置和安装信息如表 2-12 所示。

表 2-12　生产线购置和安装信息表

生产线	购置费	安装周期	每季度投资 (购置费/安装周期)
手工线	4W	1Q	4W
半自动线	5W	无	5W
自动线	15W	3Q	5W
柔性线	20W	4Q	5W

【例 2-5】企业如果在第 1 年第 1 季度同时建造手工线、半自动线、自动线和柔性线四条生产线,则第 1 季度新建生产线时需支付 19W,其中手工线 4W、半自动 5W、自动线 5W、柔性线 5W;第 2 季度在建生产线时需支付 10W,其中自动线 5W、柔性线 5W;第 3 季度在建生产线时需支付 10W,其中自动线 5W、柔性线 5W;第 4 季度在建生产时需支付柔性线的 5W。生产线建造过程如表 2-13 所示。

表 2-13　生产线建造信息表

生产线	第 1 年 第 1 季度	第 1 年 第 2 季度	第 1 年 第 3 季度	第 1 年 第 4 季度	第 2 年 第 1 季度	总投 资额
手工线	4W 在建	建成				4W
半自动线	5W 建成					5W
自动线	5W 在建	5W 在建	5W 在建	建成		15W
柔性线	5W 在建	5W 在建	5W 在建	5W 在建	建成	20W
当季投资总额	19W	10W	10W	5W		44W

练一练 2-3

假设某企业需要在第 2 年第 1 季度建成 2 条柔性线、2 条自动线,请问该企业每季度建造生产线的费用是多少?请将答案填入表 2-14。

表 2－14　生产线建造费用表

生产线	第1年 第1季度	第1年 第2季度	第1年 第3季度	第1年 第4季度	第2年 第1季度	总投 资额
2 条自动线					建成	
2 条柔性线					建成	
当季投资总额						

（二）生产线转产

现有生产线转产生产新产品时可能需要一定转产周期并支付一定转产费用，支付满足转产周期后方可更换产品标识，转产时生产线上不能有在产品。生产线转产信息如表 2－15 所示。

表 2－15　生产线转产信息表

生产线	总转产费	转产周期
手工线	0W	无
半自动线	1W	1Q
自动线	2W	1Q
柔性线	0W	无

【例 2－6】假定规则规定半自动转产周期为 0Q、转产费用 0W。若某半自动原定生产 P1 产品，现在需要在第 3 季度转产为 P2 产品，则转产时要求该半自动上没有在产品，且转产当季即可上线生产新的 P2 产品，无需支付转产费用。

假定规则规定自动线转产周期为 1Q，转产费用 2W。若某自动线原定生产 P1 产品，现在需要在第 3 季度转产为 P2 产品，则转产时要求该自动线上没有在产品方能转产，且需进行 1 个季度的"生产线转产"操作后，方能上线生产新的 P2 产品，且需支付相应的转产费用 2W。生产线转产进度如表 2－16 所示。

表 2－16　生产线转产进度表

生产线	第1年 第1季度	第1年 第2季度	第1年 第3季度	第1年 第4季度
半自动线			开始转产 转产完毕 0W	
自动线			开始转产 2W	转产完毕

（三）生产线维护、折旧和出售

生产线维护是指当年在建的生产线和当年出售的生产线不用交维护费。

生产线分4年计提折旧。当年建成的生产线不提折旧，当生产线净值即为残值，不再计提折旧。生产线建成的第1年不用计提折旧，以后分4年折旧完毕。

出售生产线时，如果生产线净值等于残值，将净值转换为现金；如果生产线净值大于残值，将残值的部分转换为现金，将差额部分作为费用处理，计入"综合费用—其他"。生产线净值是指生产线投资总额减去累计折旧的费用。生产线维护、折旧信息如表2-17所示。

表2-17 生产线维护、折旧信息表

生产线	购置费	维护费	折旧费	残值	建成第1年	建成第2年	建成第3年	建成第4年	建成第5年
手工线	4W	1W/年	1W	1W	0	1W	1W	1W	0
半自动线	6W	1W/年	1W	2W	0	1W	1W	1W	1W
自动线	15W	2W/年	3W	3W	0	3W	3W	3W	3W
柔性线	20W	3W/年	4W	4W	0	4W	4W	4W	4W

【例2-7】假定规则确定柔性线建设期为4Q、原值为20W、净残值4W、使用年限5年，若某企业第1年第1季度开建1条柔性线，则该生产线系第2年第1季度建成，只要该生产线处于待生产状态即可进行出售。

若建成后当年将其出售，则会收到4W现金，同时产生16W损失（原值20W-累计折旧0-净残值4W）；若建成第2年将其出售，则会收到4W现金，同时产生12W损失（原值20W-累计折旧4W-净残值4W）；以此类推。

练一练2-4

假设某企业第3年拥有4条手工线、2条自动线、2条柔性线，其中4条手工线为当年建成的生产线，其余的生产线均为以前年度建成的，请计算当年年末应计提的折旧和支付的维护费分别是多少？请将答案填入表2-18。

表2-18 生产线维护、折旧费用表

生产线	应支付的维护费	应计提的折旧
4条手工线		
2条自动线		
2条柔性线		
本年合计数		

五、分析市场划分与准入规则

不同新市场的研发投资可以同时进行,各个市场的投资额按年度平均支付,只有市场研发投资全部完成后才可投放广告获取订单。资金短缺时,可随时中断或终止投入,不可以加速投资。各个市场没有必然的联系,可以跳跃式选择要开发的市场,也可放弃某个市场。市场开拓信息如表 2-19 所示。

表 2-19 市场开拓信息表

市场	每年开拓费	开拓年限	全部开拓费用
本地	1W/年	1 年	1W
区域	1W/年	1 年	1W
国内	2W/年	1 年	2W
亚洲	1W/年	3 年	3W
国际	2W/年	2 年	4W

【例 2-8】假定规则规定本地市场、区域市场、国内市场、亚洲市场和国际市场的开拓期分别为 1 年、1 年、1 年、3 年、2 年,本地、区域和亚洲市场开拓费用均为每年 1W,国内、国际市场开拓费用为每年 2W。若企业从第 1 年年末开始开拓所有市场,且中间不中断投资,则:第 1 年需支付 7W,且当即完成本地、区域、国内市场的开拓,那么在第 2 年年初的订货会上可对本地、区域、国内市场投放广告、选取订单;第 2 年年末需支付 3W 市场开拓费用,即亚洲 1W、国际 2W 市场开拓费用,那么在第 3 年年初的订货会上可对本地、区域、国内和国际市场投放广告、选取订单;第 3 年年末需支付 1W,即亚洲 1W 市场开拓费用,那么在第 4 年年初的订货会上可对本地、区域、国内、亚洲和国际市场投放广告、选取订单。市场开拓进度如表 2-20 所示。

表 2-20 市场开拓进度表

市场	第 1 年	第 2 年	第 3 年
本地	1W 投资完成		
区域	1W 投资完成		
国内	2W 投资完成		
亚洲	1W	1W	1W 投资完成
国际	2W	2W 投资完成	
总计	7W	3W	1W

六、分析广告投放与订单获取规则

每年年初各企业的销售经理都会参加销售会议并与客户见面,根据市场地位、产品与广告投入,市场广告投入和市场需求及竞争关系,按以下顺序选择订单。

首先,按单一产品在该市场上广告投入量的多少,决定选择订单。

其次,若在同一产品上多家企业的广告投入相同,则按该市场上全部产品的广告投入量决定选单顺序。

再次,若市场的广告投入量也相同,则按上年订单销售额的排名决定顺序。

最后,若还是相同则根据投放广告的时间决定顺序。

企业要在市场获得订单至少投入 1W,订单按轮次进行选择,企业每获得一张订单广告费要增加 2W。

订单均要求在当年第 4 季度结束前交货,如果不能按时交货则取消该产品订单,且要支付相应的违约金,违约金比率由教师在系统参数中设置。

【例 2-9】 A 公司和 B 公司第 2 年本地和区域广告投放情况如表 2-21 所示,选单顺序如下:

本地市场 P1 产品,A 公司先选,B 公司后选,如果第二轮后还有多余的订单,那么 A 公司可以再选一张单,即在 1W 基础上,每加 2W,多一轮选单机会,而 B 公司不可以。

本地市场 P2 产品,A 公司先选,B 公司后选,因为 A 公司本地市场广告总额 4W,B 公司的本地市场广告总额只有 3W。

区域市场上,A 公司和 B 公司广告一模一样,且第 1 年没有销售,无销售额,因此按照广告投放的时间先后决定选单的先后。

表 2-21 广告投放情况表

市场	A 公司	B 公司
本地 P1	3W	2W
本地 P2	1W	1W
本地市场合计	4W	3W
区域 P1	2W	2W
区域 P2	1W	1W
区域市场合计	3W	3W

七、分析融资贷款与资金贴现规则

如果经营期为 5 年,长期贷款最长期限一般为 4 年,短期贷款期限为 1 年(最短为 1

个季度),长期贷款每年需还利息,短期贷款到期时还本付息,利息费用四舍五入保留到整数,计入财务费用。资金贴现在已有应收款中,按贴现率收取相应的贴息费,向上取整,也计入财务费用。融资贷款规则如表2-22所示。

表2-22　融资贷款规则表

贷款类型	贷款时间	贷款额度	年利息/贴现率	还款方式
长期贷款	每年年初	所有长贷和短贷之和不能超过上年权益的3倍	10%	年初付息 到期还本
短期贷款	每季度初		5%	到期一次还本付息
资金贴现	任何时间	视应收款额确定	10%(1账期,2账期) 12.5%(3账期,4账期)	贴现各账期分开核算,分开计息

应收账款账期是指应收账款到账时期,如1账期指的是1个季度后收回应收账款,计入现金,2账期指的是2个季度后收回应收账款,计入现金,以此类推,最长为4账期。

【例2-10】假定某企业应收款贴现率如表2-22所示,若该企业现将账期为2Q、金额为10W的应收款和账期为3Q、金额为18W应收款同时贴现,则:

贴现利息=10W×10%+18W×12.5%

　　　　=3.26W≈4W(规则规定贴现利息一律向上取整)

实收金额=10W+18W-4W=24W

贴现后收到的24W,当即增加企业现金,产生的贴现利息4W,作为财务费用入账。

若某企业上季度末应收账款有如下两笔:一笔为账期为3Q、金额为20W的应收款,另一笔为账期为1Q、金额为30W的应收款。本季度进行应收款更新时,系统会将账期为3Q、金额为20W的应收款更新为账期为2Q、金额为20W的应收款。同时系统会自动将账期为1Q、金额为30W的应收款收现(即现金增加30W)。

练一练2-5

假设某企业第2年的贷款和贴现情况如表2-23所示,请计算相应的贷款利息和贴现利息分别是多少,并填入表中的空白处。

表2-23　贷款利息、贴现利息计算表

项目	第2年第1季度	第2年第2季度	第2年第3季度	第2年第4季度
短期贷款	20W	30W	40W	25W
对应的短贷利息				
长期贷款	38W			

项目	第2年 第1季度	第2年 第2季度	第2年 第3季度	第2年 第4季度
对应的长贷利息				
贴现金额		20W(4Q)		18W(2Q)
对应的贴现利息				

注意：阴影部分无需填写。

八、分析紧急采购与费用规则

(一) 紧急采购

紧急采购是指付款即到货，一般规则下，原材料为直接成本的 2 倍，成品价格为直接成本的 3 倍，多于直接成本的支出计入损失，即综合费用的其他项。

(二) 费用规则

沙盘费用包括综合费用、折旧、税金和财务费用。

综合费用具体包括管理费用、广告费用、设备维护费、厂房租金、市场开拓费、ISO 认证费、产品研发费、信息费等。

折旧规则是当年建成的生产线不提折旧，从下一年开始计提折旧；提完折旧的生产线（净值＝残值）不再计提折旧，但可以继续使用。

税金是指企业所得税，按照税前利润乘所得税税率进行计算，计入应付税金，在下一年初投放广告时和广告费一起交纳。

财务费用是指利息和贴现利息的总和，在利润表中单列为财务费用，不计入综合费用。

练一练 2 - 6

在学习了各项规则之后，请大家对照自己的岗位，归纳整理与自己岗位密切相关的规则，填入表 2-24 中。

表 2 - 24　规 则 归 纳 表

岗位	规则
总经理	
财务经理	
销售经理	
运营经理	

项目小结

祝贺大家完成了本项目的学习,通过认识企业经营岗位职责和分析经营规则,同学们对企业沙盘模拟有了进一步的了解。现在大家已经组建了自己的公司,并且进行了分工,每家公司都有了总经理、财务经理、销售经理和运营经理。相信大家已经跃跃欲试,迫不及待想一较高下了,期待大家团队协作,完成后面的任务。

测 一 测

一、单项选择题

1. 下列市场中,(　　)不属于本次规则之内。

　　A. 本地市场　　　　B. 区域市场　　　　C. 欧洲市场　　　　D. 国际市场

2. 下列各项中,不会影响企业当年利润的是(　　)。

　　A. 紧急采购产成品　B. 紧急采购原材料　C. 出售产成品　　　D. 出售原材料

3. 以下说法中正确的是(　　)。

　　A. 产品研发只能在每年年末进行　　　　B. 长期借款只有年初才可以进行

　　C. 原材料采购得越多越安全　　　　　　D. 厂房和生产线都要计提折旧

4. 下列不属于沙盘课程中岗位角色的是(　　)。

　　A. 财务经理　　　　B. 人力总监　　　　C. 运营经理　　　　D. 销售经理

5. 下列投放的广告金额中,(　　)在第1年选单环节订单充足条件下可以参加第三轮选单。

　　A. 2W　　　　　　B. 3W　　　　　　　C. 4W　　　　　　　D. 5W

6. 如果在第1年第3季度开始建手工线,从(　　)起能使用该手工线生产产品。

　　A. 第1年第3季度　　　　　　　　　　B. 第1年第4季度

　　C. 第2年第1季度　　　　　　　　　　D. 第2年第2季度

7. 如果生产1个P1产品、1个P2产品、1个P3产品,需领用的原材料组合是(　　)。

　　A. R1+R2+R3　　　　　　　　　　　B. 2R1+R2+R3

　　C. 2R1+R2+2R3+R4　　　　　　　　D. R1+R2+2R3

8. 如果自动线在第1年第3季度开始安装,从(　　)起能使用该自动线生产产品。

　　A. 第1年第3季度　　　　　　　　　　B. 第1年第4季度

　　C. 第2年第1季度　　　　　　　　　　D. 第2年第2季度

9. 如果已建成的自动线在第2年第3季度开始转产,该自动线(　　)能继续生产产品。

　　A. 第2年第3季度　　　　　　　　　　B. 第2年第4季度

　　C. 第3年第1季度　　　　　　　　　　D. 第3年第2季度

10. 正常经营的企业每年需支付的管理费用总额是(　　)。

　　A. 1W　　　　　　B. 4W　　　　　　　C. 6W　　　　　　　D. 8W

二、多项选择题

1. 沙盘模拟中总经理的职责有(　　　　)。
   A. 管理团队协同
   B. 制定发展战略
   C. 日常现金管理
   D. 市场调查分析

2. 组建团队的流程有(　　　　)。
   A. 确定团队目标
   B. 鼓励互相了解
   C. 制订计划和分工方案
   D. 鼓励创新和反思

3. 下列选项中,产品的原材料组合正确的有(　　　　)。
   A. P1＝1R1
   B. P2＝1R1＋1R2
   C. P3＝1R2＋1R3
   D. P4＝1R1＋1R2＋1R4

4. 在沙盘模拟经营中,影响企业当年所有者权益的因素有(　　　　)。
   A. 当年销售额
   B. 当年财务费用
   C. 当年库存的原材料
   D. 当年销售产品的成本

5. 影响市场获取订单的因素有(　　　　)。
   A. 投入的广告金额
   B. 上年市场销售额
   C. 投放广告的时间
   D. 年初库存现金数

6. 本项目所涉及的规则中能使用的生产线有(　　　　)。
   A. 手工线
   B. 自动线
   C. 柔性线
   D. 租赁线

7. 在沙盘团队中的职务有(　　　　)。
   A. 财务经理
   B. 人力总监
   C. 销售经理
   D. 运营经理

8. 转产不支付转产费的生产线有(　　　　)。
   A. 手工线
   B. 自动线
   C. 柔性线
   D. 半自动线

9. 下列投放的广告金额中,在当年选单环节订单充足条件下不可以参加第三轮选单的有(　　　　)。
   A. 3W
   B. 4W
   C. 9W
   D. 5W

10. 影响企业生产线维护费的有(　　　　)。
    A. 生产线数量
    B. 生产线种类
    C. 厂房数量
    D. 广告数量

三、判断题

1. 融资贷款获得资金的来源是银行,资金贴现获得资金的来源是本公司的应收款。(　　)

2. 融资贷款的财务费用是属于当年的,资金贴现的财务费用是属于下一年的,所以融资贷款会影响当年权益,但是资金贴现不会影响当年的权益。(　　)

3. 如果企业在某个市场违约,需要在当年结束时缴纳违约金。(　　)

4. 选单的顺序是先投广告的企业先拿订单。(　　)

5. 不论是产品研发还是市场研发,都能通过多加资金加速投资。(　　)

6. 沙盘是一个人的游戏。(　　)

7. 自动线在第2年第1季度建成,该自动线第2年不用交维护费。(　　)

8. 自动线在第2年第1季度建成,该自动线第2年不用交折旧费。(　　)

9. 第 2 年第 1 季度开始投资的自动线在第 2 年第 3 季度可用于生产。　　（　　）
10. 当年的可申请贷款额度是由前一年的所有者权益乘以贷款倍数减去前一年的长期贷款金额决定的。　　（　　）

评　一　评

请填写表 2-25 项目 2 学习评价表。

表 2-25　项目 2 学习评价表

项目名称	评价指标	权重	评价方式		得分
			自评	互评	
走进企业沙盘模拟经营	能列举企业经营的各个岗位及职责	10	✓		
	能概述组建团队的方法和意义	10	✓		
	能解释企业沙盘模拟经营的各项规则	20	✓		
	完成自我认知测试，制定适合自己岗位角色的个人简历	15		✓	
	完成岗位应聘和破冰游戏，成功组建沙盘模拟经营团队	15		✓	
	在组建公司的过程中有足够的责任意识和爱岗敬业的职业精神	10		✓	
	在团队建设过程中有团队合作精神	10		✓	
	通过"先天特质测试"，客观地认识自己，提升了自我认知能力	10	✓		
合计		100	—	—	

学习体会：

教师评语：

项目 3 尝试企业沙盘模拟经营

 项目简介

　　本项目是入门篇的第三部分,在前两个项目中,学生认识了企业基本知识,学习了新道创业者5.0物理沙盘和电子沙盘,并组建了自己的企业团队,一起学习了经营规则,为沙盘实训做好了理论储备和实操准备。在本项目中,我们将跟随教师完成经营推演,和自己的小伙伴一起尝试企业沙盘模拟经营。本项目以实操为主,重点进行物理沙盘的经营推演,全面体验企业的经营流程,为后期竞赛操作积累经验。

项目导航

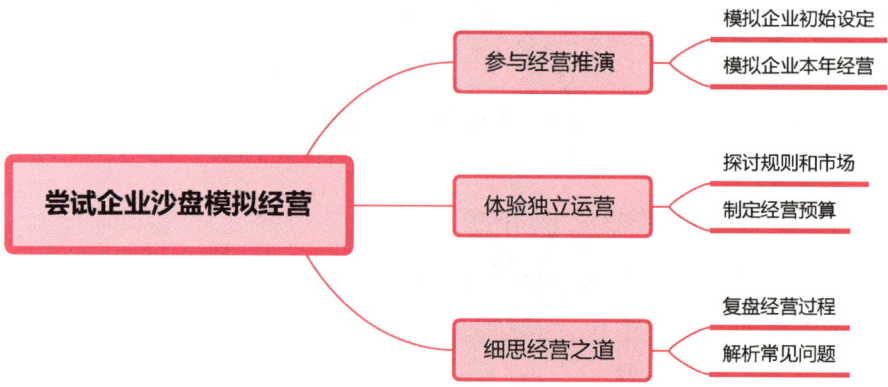

 **学习目标**

○ **知识目标**

● 简述制定企业沙盘模拟经营预算的步骤
● 概述新道创业者5.0物理沙盘的推演方法

○ **技能目标**

● 能根据本项目竞赛规则和市场预测初步制定沙盘经营预算
● 能根据预算运营表进行新道创业者5.0物理沙盘经营推演
● 能根据当年经营情况编制综合费用表、利润表和资产负债表

○ **素养目标**

● 通过制定模拟经营预算,养成勤于思考、严谨细致的工作风格

● 通过物理沙盘经营推演,培养团队默契和合作能力

● 通过复盘总结,培养学生勇敢尝试、不惧失败的竞赛精神

 **项目导入**

ERP 沙盘和《孙子兵法》

《孙子兵法》可谓是无人不知,无人不晓,它所揭示的实事求是、管控全局、预测动向、掌握情况、权衡利害、辩证分析、主动积极、扬长避短等基本原理和思想方法,是我们从事各项工作需要具备的指导原则。在 ERP 沙盘复杂多变的环境中,借助《孙子兵法》,发挥主观上的能动性,克敌制胜,稳操胜券,更是明智的选择。

一、"多算胜,少算不胜,而况于无算乎。"——《孙子兵法·始计篇》

古代兴师动众之前,通常要在庙堂上权衡利弊得失,深谋远虑则胜算大,顾虑不全则胜算小。我们在沙盘的比赛上也要综合分析各种可能的情况,分析到的情形越多,准备做得越充足,则胜算越大。沙盘可以简化为一个数学模型,怎么计算?要计算些什么?如何合理分配资源?这些都是我们要认真思考与回答的。

二、"水因地而制流,兵因敌而制胜。故兵无常势,水无常形;能因敌变化而取胜者,谓之神。"——《孙子兵法·虚实篇》

水根据地势而选择流向,用兵根据敌势而使用正确的战法,用兵没有固定的模式,水没有固定的形态,能跟随敌人变化取得胜利的,可以称之为神。要想操作沙盘达到很高的境界,就要在熟悉规则的基础上预估竞争对手的行为,同时依据规则制定出灵活合理的战术。

三、"知之者胜,不知者不胜。"——《孙子兵法·始计篇》

了解和掌握关键信息的人能够取得胜利,反之则无法取得胜利。沙盘本质上还是一场智慧的对决,关键在于你是否知道如何取得胜利,如何采取行动,如何进行计算、判断与思考。例如,对于很多的沙盘选手来说,每一年只能够根据自己的经验来对需要投放的每一个广告进行估算,而那些比较厉害的沙盘高手则可以根据综合费用表、利润表和资产负债表(简称"三表")与自己需求得出一个具体的最优化数值。也就是说我们要立足于最复杂、最困难的局面,善于抓住机会,把可能出现的各种情况想细想全。

 没有想到我们还能将"孙子兵法"运用于企业沙盘模拟经营,厉害啊!

《孙子兵法》不仅运用于沙盘,其实,在我们的学习和生活中,也可以借助《孙子兵法》的智慧来解决各种困难和问题。总而言之,我们要不断学习,才能在不同领域取胜。

任务 3.1　参与经营推演

通常在企业沙盘模拟经营中,一场新比赛的设定只有起始资金,所有的厂房、生产线、产品组成、市场选择都由我们自己来决定,因此第 1 年称为建设期,只有投入没有产出,企业呈现负利润情况。本任务将带着大家体验模拟经营,设定为一家正在经营期的企业。该企业运行状态良好,但从历年盈利来看,增长已经放缓,市场对于 P1 产品的需求量越来越少,上年度还处于亏损状态。生产设备陈旧,产品、市场单一,企业管理层长期以来墨守成规地经营,已使公司处于危险的境地,现在由你和你的团队去改变一下它的命运吧。

一、模拟企业初始状态

本次经营推演设定的是一个典型的离散制造型企业,创建已有 5 年,该企业唯一的盈利方式是销售产品。该企业专注于某行业 P 产品的生产与经营,目前生产的 P1 产品在本地知名度非常高,同时企业拥有自己的厂房,安装了一条柔性线、一条半自动线和一条全自动线。

(一) 企业初始设定

1. 财务中心的初始设定

目前企业拥有现金 40W,第 2 季度有 11W 应收款,拥有负债 60W,分别为 2 年期的长期贷款 20W 和 4 年期的长期贷款 40W。

2. 生产中心的初始设定

企业拥有一个价值 40W 大厂房,其中厂房容量为 4,目前已经使用了其中 3 个容量,分别为一条净值为 2W 的半自动线、一条净值为 9W 的全自动线和一条净值为 4W 的柔性线。生产线上都生产着 P1,且在下一季度,都生产完毕。

3. 物流中心的初始设定

企业目前有 3 个 R1 订单,预计下一季度入库。

4. 营销与规划中心的初始设定

企业目前拥有 P1 资格证与本地市场准入证。

企业初始设定在物理沙盘的摆放,如图 3-1 所示。

(二) 财务状况及经营成果

反映企业财务状况的报表是资产负债表,其编制依据为"资产＝负债＋所有者权益";反映企业经营成果的报表是利润表,其编制依据为"收入－费用＝利润"。企业沙盘模拟经营使用的报表为草表,和《企业会计准则》相关内容的规范格式略有不同,如应交税、成品等,当"应交税"仅指企业所得税时,报表项目为"应交所得税"。

企业上一年度的利润表和资产负债表(截图),如图 3-2 所示。

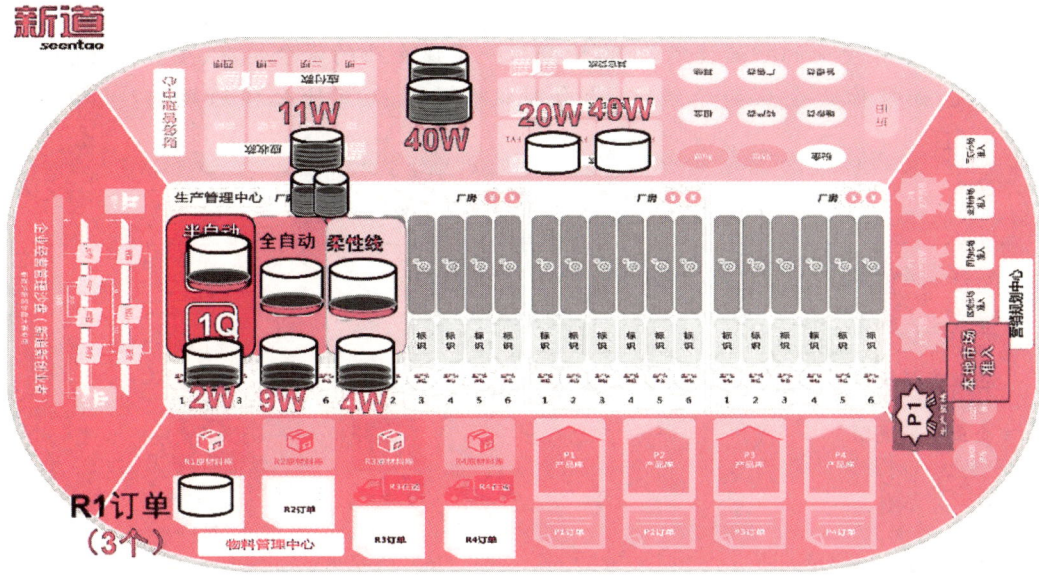

图 3–1　企业初始状态

		上年		资产		年初	负债+权益		年初
销售收入	+	0		现金	+	40	长期负债	+	60
直接成本	-	0		应收款	+	19	短期负债	+	0
毛利	=	0		在制品	+	6	应付款	+	0
综合费用	-	8		成品	+	0	应交税	+	0
折旧前利润	=	-8		原料	+	0	1年到期的长贷		
折旧	-	0		流动资产合计	=	57	负债合计		60
支付利息前利润	=	-8		*固定资产*			*权益*		
财务收入/支出	+/-	0		土地和建筑	+	40	股东资本	+	60
额外收入/支出	+/-			机器设备	+	15	利润留存	+	0
税前利润	=	-8		在建工程	+		年度净利	+	-8
所得税	-	0		固定资产合计	=	63	所有者权益	=	60
净利润	=	-8		总资产	=	120	负债+权益	=	120

图 3–2　企业上一年度的利润表和资产负债表(截图)

练一练 3–1

　　根据上述企业的初始设定情况,在新道创业者 5.0 物理沙盘面上完成摆盘。

填一填3-1

根据以上企业的初始设定状态,请分析一下该企业的资金情况、生产情况和产品情况,如果你是企业的总经理,你会对该企业未来有什么样的规划?请完成表3-1。

表3-1 企业情况分析表

企业资金情况	
企业生产情况	
企业产品情况	
企业未来规划	

二、模拟企业本年经营

现在我们已经在物理盘面上设定好了企业目前的初始状态,接下来让我们一起进行企业本年经营推演。

(一) 本年经营目标

在年初的订货会中,企业取得了一张销售订单,如图3-3所示。

本地市场

P1

6个

33W

账期:1Q

交货期:4Q

图3-3 销售订单

练一练3-2

根据图3-3销售订单,完成表3-2订单登记表。

表3-2 订单登记表

订单号	SK-01			
市场				

续　表

产品				
数量				
账期				
销售额				
成本				
毛利				

（二）本年经营流程

在开始本年经营推演之前,我们需要做几件事情:

(1) 根据已有的生产情况和获得的销售订单,安排每季度的生产情况。

练一练 3-3

根据本企业的生产线情况和获得的销售订单,完成表 3-3 生产计划表。

表 3-3　生产计划表

季度	柔性线	自动线	半自动线
1			
2			
3			
4			

(2) 根据生产计划表和已有的原材料订单和库存,安排每个季度原材料采购计划。

练一练 3-4

假设今年生产线和产品研发没有任何变化。请根据生产计划表和已有的原材料订单和库存,完成表 3-4 原材料采购计划表。

表 3 - 4　原材料采购计划表

季度	R1	R2	R3	R4
1				
2				
3				
4				

（3）完成本年现金流量预算表，如图 3 - 4 所示。

新年度规划会议	★			
参加订货会/登记销售订单	-1			
制定新年度计划	★			
支付应付税	×			
支付利息/更新长期贷款/申请长期贷款	-6			
季初现金盘点	33	26	32	25
更新短贷/支付利息/获得新贷款	×	×	×	×
原材料入库/更新原料订单	-3	-2	-3	-2
下原料订单	(2)	(3)	(2)	(x)
更新生产/完工入库	★	★	★	★
投资新生产线/变卖生产线/生产线转产	★	★	★	★
开始下一批生产	-3	-2	-3	-2
更新应收款/应收款收现	★	11	★	33
出售厂房	×	×	×	×

按订单交货	×	×	★	×
产品研发投资	×	×	×	×
支付行政管理费	-1	-1	-1	-1
现金收入合计	0	11	0	33
现金支出合计	-7	-5	-7	-5
期末现金对账	26	32	25	53
支付设备维护费				-6
支付租金/购买厂房				★
计提折旧				(4)
新市场开拓/ISO认证投资				★
结账				47

图 3 - 4　现金流量预算表

练一练 3 - 5

根据上述现金流量预算表，在新道创业者 5.0 物理盘面上完成本年经营推演。

（4）完成本年财务报表的填制，如图 3 - 5 所示。

3 - 2 微课
物理盘经营推演

		上年	本年	资产		年初	本年	负债+权益		年初	本年
销售收入	+	0	33	现金	+	40	47	长期负债	+	60	60
直接成本	-	0	12	应收款	+	19	0	短期负债	+	0	0
毛利	=	0	21	在制品	+	6	6	应付款	+	0	0
综合费用	-	8	11	成品	+	0	8	应交税	+	0	0
折旧前利润	=	-8	10	原料	+	0	0	1年到期的长贷	+		
折旧	-	0	4	流动资产合计	=	57	61	负债合计	=	60	60
支付利息前利润	=	-8	6	固定资产				权益			
财务收入/支出	+/-	0	6	土地和建筑	+	40	40	股东资本	+	60	60
额外收入/支出	+/-	0		机器设备	+	15	11	利润留存	+	0	-8
税前利润	=	-8	0	在建工程	+			年度净利	+	-8	0
所得税	-	0	0	固定资产合计	=	63	51	所有者权益	=	60	52
净利润	=	-8	0	总资产	=	120	112	负债+权益	=	120	112

图3-5　利润表和资产负债表

任务 3.2　体验独立经营

通过参与经营推演,我们对新道创业者5.0物理沙盘的操作已经非常熟悉了,但是企业经营并不是按部就班,也不是一个人的战场。要经营一家企业,我们需要在总经理的带领下,所有员工通力协作,用双创思维,站在战略管理、财务管理、运营管理、销售管理、团队管理各个角度上进行全局规划。

3-3平台资料
规则

3-4平台资料
订单方案

3-5文档资源
详单

一、探讨经营规则和市场预测

在开始一场模拟经营前,我们首先需要对经营规则和市场预测进行分析,针对不同的规则和市场,制定不同的方案和策略。这是我们的第一场独立经营,让我们先来仔细解读一下经营规则和市场预测。

(一)经营规则

1. 融资

1)长期和短期贷款信用额度

长短期贷款的总额度(包括已借但未到还款期的贷款)为上年所有者权益总计的3

倍,长期贷款、短期贷款必须为大于等于 10W 的整数。例:第 1 年所有者权益为 44W,第 1 年已借 5 年期长期贷款 57W(且未申请短期贷款),则第 2 年可贷款总额度为 75W(44×3−57)。

2) 贷款规则

(1) 长期贷款每年必须支付利息,到期归还本金。长期贷款最多可贷 4 年。

(2) 结束年时,不要求归还没有到期的各类贷款。

(3) 短期贷款年限为 1 年,如果某一季度有短期贷款需要归还,且同时还拥有贷款额度时,必须先归还到期的短期贷款,才能申请新的短期贷款。

(4) 所有的贷款不允许提前还款。

(5) 企业间不允许私自融资,只允许企业向银行申请贷款,银行不提供高利贷。

(6) 贷款利息计算时四舍五入并保留到整数。例:短期贷款 21W,则利息为 1.05W(21×5%),四舍五入,实际支付利息为 1W。

(7) 长期贷款利息是根据长期贷款的贷款总额乘以利率计算。例:第 1 年申请 54W 长期贷款,第 2 年申请 24W 长期贷款,则第 3 年所需要支付的长期贷款利息为 7.8W[(54+24)×10%],四舍五入,实际支付利息为 8W。

3) 贴现规则

应收款分季度计算贴息,向上取整。例:应收款 1 账期贴现 26W,2 账期贴现 42W,贴现息为:1 账期应收款贴息为 2.6W(26×10%),四舍五入为 3W,2 账期应收款贴息为 4.5W(42×10%),四舍五入为 5W,贴现息总额为 8W(3+5)。

4) 出售库存规则

(1) 原材料打 8 折(向下取整)出售。例:出售 2 个原材料获得 2×0.8＝1.6W≈1W。

(2) 出售产成品按产品的成本价计算。例:出售 1 个 P2 获得 3W(1×3)。融资规则表如表 3−5 所示。

表 3−5　融 资 规 则 表

贷款类型	贷款时间	贷款额度	年利息	还款方式
长期贷款	每年年初	所有长期贷款和短期贷款之和不能超过上年所有者权益的 3 倍	10%	年初付息,到期还本;
短期贷款	每季度初		5%	到期一次还本付息;
资金贴现	任何时间	视应收款额	10%(1 账期,2 账期) 12.5%(3 账期,4 账期)	贴现各账期分开核算,分开计息。
库存拍卖		原材料打 8 折,产成品按成本价		

2. 厂房

(1) 租用或购买厂房可以在任何季度进行。如果决定租用厂房或者厂房买转租,租金在开始租用的季度交付,即从现金处取等量资金,放在租金费用处。1 年租期到期时,如果决定续租,需重复以上动作。

(2)厂房租入后,1 年后可作租转买、退租等处理(例:第 1 年第 1 季度租厂房,则以后每一年的第 1 季度末"厂房处理"均可"租转买"),如果到期没有选择"租转买",系统自动做续租处理,租金在"当季结束"时和"行政管理费"一并扣除。

(3)要新建或租赁生产线,必须购买或租用厂房,没有租用或购买厂房不能新建或租赁生产线。

(4)如果厂房中没有生产线,可以选择厂房退租。

(5)厂房出售得到 4 账期的应收款,紧急情况下可进行厂房贴现(4 账期贴现),直接得到现金,如厂房中有生产线,同时要扣租金。

(6)厂房使用可以任意组合,但总数不能超过 4 个;如租 4 个小厂房或买 4 个大厂房或租 1 个大厂房、买 1 个中厂房、2 个小厂房等。厂房规则如表 3-6 所示。

表 3-6　厂房规则表

厂房	买价	租金	售价	容量
大厂房	40W	4W/年	40W	4 条
中厂房	30W	3W/年	30W	3 条
小厂房	20W	2W/年	20W	2 条

3. 生产线

(1)在"系统"中新建生产线,需先选择厂房,然后选择生产线的类型及所生产产品的类型;生产产品一经确定,本生产线所生产的产品便不能更换,如需更换,须在建成后,进行转产处理。

(2)每次操作可建一条生产线,同一季度可重复操作多次,直至生产线位置全部铺满。自动线和柔性线待最后一期投资到位后,必须到下一季度才算安装完成,允许投入使用。超级手工线当季购入当季即可使用。

(3)新建生产线一经确认,即刻进入第一期在建,当季便自动扣除现金。

(4)不论何时出售生产线,从生产线净值中取出相当于残值的部分计入现金,净值与残值之差计入损失。

(5)只有空的并且已经建成的生产线方可转产。

(6)当年建成的生产线和转产中的生产线都要交维修费;已出售的生产线和新购正在安装的生产线不缴纳维护费。

(7)生产线不允许在不同厂房移动,生产线规则如表 3-7 所示。

(8)生产线折旧(平均年限法),生产线建成当年不提折旧,当净值等于残值时生产线不再计提折旧,但可以继续使用。生产线折旧规则如表 3-8 所示。

表 3-7　生产线规则表

生产线	购置费	安装周期	生产周期	总转产费	转产周期	维修费	残值
手工线	4W	1Q	2Q	0W	无	1W/年	1W
半自动线	6W	无	2Q	1W	1Q	1W/年	2W
自动线	15W	3Q	1Q	2W	1Q	2W/年	3W
柔性线	20W	4Q	1Q	0W	无	3W/年	4W

表 3-8　生产线折旧规则表

生产线	购置费	残值	建成第1年	建成第2年	建成第3年	建成第4年	建成第5年
手工线	4W	1W	0	1W	1W	1W	0
半自动线	6W	2W	0	1W	1W	1W	1W
自动线	15W	3W	0	3W	3W	3W	3W
柔性线	20W	4W	0	4W	4W	4W	4W

4. 产品研发

要想生产某种产品,先要获得该产品的生产许可证。而要获得生产许可证,则必须经过产品研发。P1、P2、P3、P4 产品都需要研发后才能获得生产许可。研发需要分期投入研发费用。产品研发可以中断或终止,但不允许超前或集中投入。已投资的研发费不能回收。如果开发没有完成,不允许开工生产。产品规则如表 3-9 所示。

表 3-9　产品规则表

名称	开发费用	开发总额	开发周期	加工费	直接成本	产品组成
P1	1W/Q	2W	2Q	1W/个	2W/个	R1
P2	1W/Q	4W	4Q	1W/个	3W/个	R2＋R3
P3	2W/Q	8W	4Q	1W/个	4W/个	R1＋R3＋R4
P4	3W/Q	12W	4Q	1W/个	5W/个	R2＋R3＋2R4

5. 市场开拓

市场开拓,只有在第 4 季度才可以操作,投资中断已投入的资金依然有效。市场开拓规则如表 3-10 所示。

表 3 - 10　市场开拓规则表

市场	每年开拓费(W/年)	开拓年限(年)	全部开拓费用(W)
本地	1	1	1
区域	1	1	1
国内	2	1	2
亚洲	1	3	3
国际	2	2	4

6. 原材料

没有下订单的原材料不能采购入库,所有预订的原材料到期必须全额现金购买。紧急采购时,原材料是直接成本的 2 倍,即 2W/个,在利润表中,直接成本仍然按照标准成本记录,紧急采购多付出的成本计入综合费用表中的"损失"。原材料采购规则如表 3 - 11 所示。

表 3 - 11　原材料采购规则表

名称	购买价格(W/个)	提前期(Q)
R1	1	1
R2	1	1
R3	1	2
R4	1	2

7. 选单规则

在一个回合中,每投放 1W 广告费理论上将获得一次选单机会,此后每增加 2W 理论上多一次选单机会。例如,本地 P1 投入 3W 表示最多有两次选单机会,但是能否选到第二次取决于市场需求及竞争态势。

投放广告,只有裁判宣布的最晚时间,没有最早时间。即你在系统里当年经营结束后便可马上投下一年的广告。

选单时先以当年本市场本产品广告额投放大小顺序依次选单;如果两队本市场本产品广告额相同,则看本市场广告投放总额;如果本市场广告总额也相同,则看上年本市场销售排名;如仍无法决定,先投广告者先选单。第 1 年无订单。

选单时,各队需要关注市场的选单进展,第一个市场结束,第二个市场立即开单,选单时各队需要点击相应的市场按钮(如"本地"),某一市场选单结束,系统不会自动跳到其他市场。

出现确认框要在倒计时大于 5 秒时按下确认按钮,否则可能造成选单无效;在某细分市场(如本地 P1)有多次选单机会,只要放弃一次,则视同放弃该细分市场所有。

8. 订单交货

订单必须在规定季(即订单中的交货期)交货或提前交货,应收账期从交货季开始算起。

9. 取整规则(均保留到整数)

(1) 违约金(分别计算)扣除——四舍五入。

(2) 库存拍卖所得现金——向下取整。

(3) 贴现费用——向上取整。

(4) 扣税——四舍五入。

(5) 长短贷利息——四舍五入。

10. 关于违约问题

所有订单要求在本年度内完成(按订单上的产品数量和交货期交货)。如果订单没有完成,则视为违约订单,按下列条款加以处罚:

(1) 分别按违约订单销售额的 20%(四舍五入,每张订单违约金分别计算)计算违约金,并在当年第 4 季度结束后扣除,违约金计入"损失"。

(2) 违约订单一律收回,不用再交货。

11. 重要参数

每市场每产品选单时第一个队选单时间为 65 秒,自第二个队起,选单时间设为 50 秒;初始资金为 80W;本局无 ISO,经营 5 年;信息费 1W/次/队,即交 1W 可以查看一队企业信息,交费企业以 EXCEL 表格形式获得被查看企业详细信息。重要参数如表 3 - 12 所示。

表 3 - 12　重 要 参 数 表

初始现金(股东资本)	80W	管理费	1W/Q
长期贷款利率	10%	短期贷款利率	5%
贷款额倍数	3 倍	最大长贷年限	4 年
贴现率(1,2 期)	10%	贴现率(3,4 期)	12.5%
库存折价率(原料)	80%	库存折价率(产品)	100%
紧急采购倍数(原料)	2 倍	紧急采购倍数(产品)	3 倍
所得税率	25%	违约扣款百分比	20%
最小得单广告额	1W	信息费	1W
订货会选单时间	50 秒	订单首选补时	15 秒

订单会市场同开数量	1 个	厂房数量	4 个
市场老大	无	竞拍	无

12. 竞赛排名

比赛结果以参加比赛各队的第 5 年结束后的最终所有者权益进行评判，分数高者为优胜。

如果出现最终所有者权益相等的情况，则比较第 5 年的年度净利润，年度净利润高者排名靠前，如果还相等，则先完成第 5 年经营的组排名在前。

13. 破产处理

当参赛队权益为负或现金断流时（所有者权益和现金可以为零），企业破产。所有者权益为负是指当年结束系统生成生成资产负债表时所有者权益为负，现金断流是指所有者权益和现金为零。

参赛队破产后，教师进行融资后可以继续比赛。破产组下一年开始每年广告总额不超过 6W。

（二）市场预测

市场预测为参赛队伍提供 1～5 年内所有市场、所有产品的市场数量需求，市场的销售均价，以及每种产品在不同年度、不同市场内订单数量的预测。

表 3-13 至表 3-15 为本场比赛的市场预测，该市场预测建议 6～8 家企业进行模拟经营，可根据实际情况做增减。

表 3-13　市　场　均　价　　　　　单位：W

年份	产品	本地市场	区域市场	国内市场	亚洲市场	国际市场
第 2 年	P1	5.5	5	5.5		
第 2 年	P2		7	7.2		
第 2 年	P3	9	8.8			
第 2 年	P4		10.5	10.3		
第 3 年	P1	5	4.8	5.1		5.3
第 3 年	P2		6.8	7		7.2
第 3 年	P3	8.6	8.8			9.1
第 3 年	P4		10.5	10.5		
第 4 年	P1		4.8	4.4		4.3
第 4 年	P2	6.8	6.6		6.6	

年份	产品	本地市场	区域市场	国内市场	亚洲市场	国际市场
第4年	P3	8.3	8.5			8.4
第4年	P4		9	9.3	9.4	
第5年	P1	5	5.3	5	5.5	6
第5年	P2	6.6	6.8	6.7	6.5	7
第5年	P3	8.3	8.4	8.6	8.7	9
第5年	P4	9.6	9.7	9.5	9.8	10

表 3-14　需　求　量　　　　　　　　单位：个

年份	产品	本地市场	区域市场	国内市场	亚洲市场	国际市场
第2年	P1	12	11	10		
第2年	P2		22	10		
第2年	P3	13	11			
第2年	P4		11	8		
第3年	P1	11	12	10		10
第3年	P2		15	12		10
第3年	P3	12	11			10
第3年	P4		14	10		
第4年	P1		13	20		16
第4年	P2	15	13		10	
第4年	P3	12	11			10
第4年	P4		9	9	9	
第5年	P1	14	13	12	15	9
第5年	P2	11	10	11	12	9
第5年	P3	10	11	10	9	9
第5年	P4	6	7	6	7	8

表 3 - 15　订 单 数　　　　　　　　　　　　单位：个

年份	产品	本地	区域	国内	亚洲	国际
第 2 年	P1	4	4	4		
第 2 年	P2		7	4		
第 2 年	P3	5	5			
第 2 年	P4		4	4		
第 3 年	P1	4	4	4		4
第 3 年	P2		6	4		4
第 3 年	P3	4	4			4
第 3 年	P4		6	4		
第 4 年	P1		4	6		5
第 4 年	P2	5	4		4	
第 4 年	P3	4	4			4
第 4 年	P4		3	3	3	
第 5 年	P1	5	4	3	5	3
第 5 年	P2	4	3	4	4	3
第 5 年	P3	3	3	3	3	3
第 5 年	P4	2	3	2	3	2

二、制定经营预算

先计谋而后攻战，先知己而后料敌，周备明白则无不胜也。解读了规则和市场后，我们需要先制定经营预算，打有准备的仗。请大家在表 3 - 16 至表 3 - 40 中制定本场比赛的经营预算。

表 3-16　第 1 年经营流程表

顺序	经营流程	运营记录		
年 初	新年度规划会议			
	广告投放			
	参加订货会选订单/登记订单			
	支付应付税			
	支付长贷利息			
	更新长期贷款/长期贷款还款			
	申请长期贷款			
1	季初盘点（请填余额）			
2	更新短期贷款/短期贷款还本付息			
3	申请短期贷款			
4	原材料入库/更新原料订单			
5	下原料订单			
6	购买/租用——厂房			
7	更新生产/完工入库			
8	新建/在建/转产/变卖——生产线			
9	紧急采购（随时进行）			
10	开始下一批生产			
11	更新应收款/应收款收现			
12	按订单交货			
13	产品研发投资			
14	厂房——出售（买转租）/退租/租转买			
15	新市场开拓/ISO资格投资			
16	支付管理费/更新厂房租金			
17	出售库存			
18	厂房贴现			
19	应收款贴现			
20	季末收入合计			
21	季末支出合计			
22	季末数额对账[(1)+(20)-(21)]			
年 末	缴纳违约订单罚款			
	支付设备维护费			
	计提折旧			
	结账			

表 3–17　订单登记表

订单号								合计
市场								
产品								
数量								
账期								
销售额								
成本								
毛利								
未售								

表 3–18　综合费用表

项目	金额
管理费	
广告费	
设备维护费	
其他损失	
转产费	
厂房租金	
新市场开拓	
ISO 资格认证	
产品研发	
信息费	
合计	

表 3–19　利润表

项目	金额
销售收入	
直接成本	
毛利	
综合费用	
折旧前利润	
折旧	
支付利息前利润	
财务费用	
税前利润	
所得税	
年度净利润	

表 3–20　资产负债表

项目	期初	期末	项目	期初	期末
现金			长期负债		
应收款			短期负债		
在制品			应交所得税		
产成品			——		
原材料			——		
流动资产合计			负债合计		
厂房			股东资本		
生产线			利润留存		
在建工程			年度净利		
固定资产合计			所有者权益合计		
资产总计			负债和所有者权益总计		

表 3 - 21　第 2 年经营流程表

顺序	经营流程	运营记录			
年 初	新年度规划会议				
	广告投放				
	参加订货会选订单/登记订单				
	支付应付税				
	支付长贷利息				
	更新长期贷款/长期贷款还款				
	申请长期贷款				
1	季初盘点(请填余额)				
2	更新短期贷款/短期贷款还本付息				
3	申请短期贷款				
4	原材料入库/更新原料订单				
5	下原料订单				
6	购买/租用——厂房				
7	更新生产/完工入库				
8	新建/在建/转产/变卖——生产线				
9	紧急采购(随时进行)				
10	开始下一批生产				
11	更新应收款/应收款收现				
12	按订单交货				
13	产品研发投资				
14	厂房——出售(买转租)/退租/租转买				
15	新市场开拓/ISO 资格投资				
16	支付管理费/更新厂房租金				
17	出售库存				
18	厂房贴现				
19	应收款贴现				
20	季末收入合计				
21	季末支出合计				
22	季末数额对账[(1)+(20)-(21)]				
年 末	缴纳违约订单罚款				
	支付设备维护费				
	计提折旧				
	结账				

表 3–22　订单登记表

订单号								合计
市场								
产品								
数量								
账期								
销售额								
成本								
毛利								
未售								

表 3–23　综合费用表

项目	金额
管理费	
广告费	
设备维护费	
其他损失	
转产费	
厂房租金	
新市场开拓	
ISO 资格认证	
产品研发	
信息费	
合计	

表 3–24　利润表

项目	金额
销售收入	
直接成本	
毛利	
综合费用	
折旧前利润	
折旧	
支付利息前利润	
财务费用	
税前利润	
所得税	
年度净利润	

表 3–25　资产负债表

项目	期初	期末	项目	期初	期末
现金			长期负债		
应收款			短期负债		
在制品			应交所得税		
产成品			——		
原材料			——		
流动资产合计			**负债合计**		
厂房			股东资本		
生产线			利润留存		
在建工程			年度净利		
固定资产合计			**所有者权益合计**		
资产总计			**负债和所有者权益总计**		

表 3-26　第 3 年经营流程表

顺序	经营流程	运营记录		
年 初	新年度规划会议			
	广告投放			
	参加订货会选订单/登记订单			
	支付应付税			
	支付长贷利息			
	更新长期贷款/长期贷款还款			
	申请长期贷款			
1	季初盘点(请填余额)			
2	更新短期贷款/短期贷款还本付息			
3	申请短期贷款			
4	原材料入库/更新原料订单			
5	下原料订单			
6	购买/租用——厂房			
7	更新生产/完工入库			
8	新建/在建/转产/变卖——生产线			
9	紧急采购(随时进行)			
10	开始下一批生产			
11	更新应收款/应收款收现			
12	按订单交货			
13	产品研发投资			
14	厂房——出售(买转租)/退租/租转买			
15	新市场开拓/ISO 资格投资			
16	支付管理费/更新厂房租金			
17	出售库存			
18	厂房贴现			
19	应收款贴现			
20	季末收入合计			
21	季末支出合计			
22	季末数额对账[(1)+(20)-(21)]			
年 末	缴纳违约订单罚款			
	支付设备维护费			
	计提折旧			
	结账			

表 3-27 订单登记表

订单号							合计
市场							
产品							
数量							
账期							
销售额							
成本							
毛利							
未售							

表 3-28 综合费用表

项目	金额
管理费	
广告费	
设备维护费	
其他损失	
转产费	
厂房租金	
新市场开拓	
ISO 资格认证	
产品研发	
信息费	
合计	

表 3-29 利润表

项目	金额
销售收入	
直接成本	
毛利	
综合费用	
折旧前利润	
折旧	
支付利息前利润	
财务费用	
税前利润	
所得税	
年度净利润	

表 3-30 资产负债表

项目	期初	期末	项目	期初	期末
现金			长期负债		
应收款			短期负债		
在制品			应交所得税		
产成品			——		
原材料			——		
流动资产合计			**负债合计**		
厂房			股东资本		
生产线			利润留存		
在建工程			年度净利		
固定资产合计			**所有者权益合计**		
资产总计			**负债和所有者权益总计**		

表 3-31　第 4 年经营流程表

顺序	经营流程	运营记录			
年初	新年度规划会议				
	广告投放				
	参加订货会选订单/登记订单				
	支付应付税				
	支付长贷利息				
	更新长期贷款/长期贷款还款				
	申请长期贷款				
1	季初盘点(请填余额)				
2	更新短期贷款/短期贷款还本付息				
3	申请短期贷款				
4	原材料入库/更新原料订单				
5	下原料订单				
6	购买/租用——厂房				
7	更新生产/完工入库				
8	新建/在建/转产/变卖——生产线				
9	紧急采购(随时进行)				
10	开始下一批生产				
11	更新应收款/应收款收现				
12	按订单交货				
13	产品研发投资				
14	厂房——出售(买转租)/退租/租转买				
15	新市场开拓/ISO 资格投资				
16	支付管理费/更新厂房租金				
17	出售库存				
18	厂房贴现				
19	应收款贴现				
20	季末收入合计				
21	季末支出合计				
22	季末数额对账[(1)+(20)-(21)]				
年末	缴纳违约订单罚款				
	支付设备维护费				
	计提折旧				
	结账				

表 3-32 订单登记表

订单号									合计
市场									
产品									
数量									
账期									
销售额									
成本									
毛利									
未售									

表 3-33 综合费用表

项目	金额
管理费	
广告费	
设备维护费	
其他损失	
转产费	
厂房租金	
新市场开拓	
ISO 资格认证	
产品研发	
信息费	
合计	

表 3-34 利润表

项目	金额
销售收入	
直接成本	
毛利	
综合费用	
折旧前利润	
折旧	
支付利息前利润	
财务费用	
税前利润	
所得税	
年度净利润	

表 3-35 资产负债表

项目	期初	期末	项目	期初	期末
现金			长期负债		
应收款			短期负债		
在制品			应交所得税		
产成品			——		
原材料			——		
流动资产合计			负债合计		
厂房			股东资本		
生产线			利润留存		
在建工程			年度净利		
固定资产合计			所有者权益合计		
资产总计			负债和所有者权益总计		

表 3-36　第 5 年经营流程表

顺序	经营流程	运营记录			
年初	新年度规划会议				
	广告投放				
	参加订货会选订单/登记订单				
	支付应付税				
	支付长贷利息				
	更新长期贷款/长期贷款还款				
	申请长期贷款				
1	季初盘点(请填余额)				
2	更新短期贷款/短期贷款还本付息				
3	申请短期贷款				
4	原材料入库/更新原料订单				
5	下原料订单				
6	购买/租用——厂房				
7	更新生产/完工入库				
8	新建/在建/转产/变卖——生产线				
9	紧急采购(随时进行)				
10	开始下一批生产				
11	更新应收款/应收款收现				
12	按订单交货				
13	产品研发投资				
14	厂房——出售(买转租)/退租/租转买				
15	新市场开拓/ISO 资格投资				
16	支付管理费/更新厂房租金				
17	出售库存				
18	厂房贴现				
19	应收款贴现				
20	季末收入合计				
21	季末支出合计				
22	季末数额对账[(1)+(20)-(21)]				
年末	缴纳违约订单罚款				
	支付设备维护费				
	计提折旧				
	结账				

表 3 - 37　订单登记表

订单号								合计
市场								
产品								
数量								
账期								
销售额								
成本								
毛利								
未售								

表 3 - 38　综合费用表

项目	金额
管理费	
广告费	
设备维护费	
其他损失	
转产费	
厂房租金	
新市场开拓	
ISO 资格认证	
产品研发	
信息费	
合计	

表 3 - 39　利 润 表

项目	金额
销售收入	
直接成本	
毛利	
综合费用	
折旧前利润	
折旧	
支付利息前利润	
财务费用	
税前利润	
所得税	
年度净利润	

表 3 - 40　资 产 负 债 表

项目	期初	期末	项目	期初	期末
现金			长期负债		
应收款			短期负债		
在制品			应交所得税		
产成品			——		
原材料			——		
流动资产合计			负债合计		
厂房			股东资本		
生产线			利润留存		
在建工程			年度净利		
固定资产合计			所有者权益合计		
资产总计			负债和所有者权益总计		

任务 3.3　细思经营之道

比赛的过程是热闹的,但真正的收获与提高是在比赛后的总结和交流中。经过5年的经营后,及时、认真的总结、反思是必要的。赢要知道赢在哪里,输也要知道输在哪里。只有能够挖掘出成败背后原因的人,才是真正的赢家。比赛从来都不是目的,通过比赛最大限度地发挥自己,得到最大的锻炼,才是最有价值的。

一、复盘经营过程

经过学习和比赛,同学们肯定有很多感想,也可能会有些许遗憾,因为总是匆忙行动而来不及准确运用刚学到的知识,或是想当然地认为应该怎么做而忽略了比赛的市场规则和企业运营规则,导致运营出错或比赛失利。同学们可能还有一个小小的愿望:假如可以重新⋯⋯

那么,就开动脑筋,拿起笔,在表 3-41 至表 3-43 中记录下你的反思和总结吧!

表 3-41　经营决策总结

企业成员	
第1年经营决策总结	
第2年经营决策总结	
第3年经营决策总结	
第4年经营决策总结	
第5年经营决策总结	

表 3-42　每年经营情况汇总

年度	所有者权益	广告额	毛利	当年失误扣分情况
第1年				
第2年				
第3年				

续　表

年度	所有者权益	广告额	毛利	当年失误扣分情况
第 4 年				
第 5 年				

表 3 - 43　比赛感想

_____

_____

_____

_____

_____

二、解析常见问题

在比赛过程中,是不是有很多疑问? 用什么生产线、选择什么产品、报表如何填制……别担心,一头雾水的时候,来拆开这里的锦囊吧,相信一定会对你有所帮助!

(一) 锦囊 1——如何开局

比赛开始前,要做预算,可是预算到底怎么做呢? 可以分为以下几个步骤。

1. 确定产品组合

创业者比赛中一共有 P1、P2、P3、P4 4 种产品,一般来说,第 1 年会研发 2 种左右的产品组合销售,既能满足市场平均需求,即市场组均,也不会因销售产品品种过多而导致销售压力过大。市场组均是指市场总需求量除以组数(比赛队伍数量)后得出该市场每个参赛队伍可获得的平均产品数量。

2. 确定生产线和厂房配置

确定产品组成之后,我们会选择合适的生产线和厂房,比如说做 P1 为主的企业不会选择柔性线,因为 P1 毛利低,柔性线成本高,这种组合会降低利润。生产线的数量一般会和厂房规则相匹配,比如大厂房是 4 线容量的,那么在贴合市场组均的情况下多数人会选择 4 线开局。

3. 推算方案可行性

我们可以将购租厂房、购买生产线、产品研发等费用填入运营表,推算每个季度的现金流,从而确定贷款情况。一般来说,第 1 年年末留的现金足够第 2 年投放广告即可,不需要预留过多。

但是仅仅推算第 1 年的方案是不够的,我们需要把第 2 年也推算出来,这里会遇到一个问题——还没正式选单,怎么知道账期和交货期呢? 我们一般会用市场均价进行预估,计算出第 2 年的毛利,从而推算出第 2 年的权益增减情况,这就是一份简单的预算。

我们可以初步推算出一个产品组合的利润和第 2 年的情况,重复第 2 年的方法,我们可以进而推算第 3 年,这样就可以看出一个方案的成长性。

4. 寻找更优方案

上述只是一个方案,我们可以用同样的方法,推算出其他产品组合方案的成长性和利润。最终,通过一次次推算,挑选一个执行难度相对较低、成长性相对较高的方案。

(二) 锦囊 2——如何选择生产线

了解各条生产线的优缺点,结合产品选择最适合的生产线开局,这是成功开局的必备条件之一。生产线优缺点对比如表 3 - 44 所示。

表 3 - 44　生产线优缺点对比表

生产线	优点	缺点
手工线	成本低,灵活转产,后期没费用	后期产能不足,对原材料压力大
半自动线	成本低,弹性强,没有安装周期	产能不足,转产不灵活
自动线	产量大,前期爆发力强	购置费是第二大贵,广告难
柔性线	灵活转产,产量大,不容易有库存	高额购置费,第 3 年开始折旧高

总结:生产线的选择要结合产品规划进行,一般低成本产品对应低成本线,开局的生产线种类一般不超过 2 种,数量可以结合市场预测计算出来的组均进行配置。

(三) 锦囊 3——长贷短贷如何用

要记住,任何的借款,都是为生产服务的,没有生产,借款根本没有意义。因此,不存在所谓的完美借款方案,只有适合生产的借款方案。长、短期贷款优缺点对比如表 3 - 45 所示。

表 3 - 45　长、短期贷款优缺点对比表

借款方案	优点	缺点
长期贷款	无还款压力,对现金流要求低	利息高,借款时间不灵活
短期贷款	利息低,每季度初都可以借款	1 年后还款,现金流压力大

总结:长短贷并不矛盾,可以结合起来用,一般第 1 年纯短贷,第 2 年开始逐年递进式增加长贷,在贷款使用上,有以下几个小技巧。

1. 学会利用贷款利息四舍五入的规则

(1) 长贷个位数字尽量设置为 4,如 14、24、34。

(2) 短贷十位数设置为偶数,个位数设置为 9,如 29、49、69。

2. 学会连环短贷

例如,第 1 年第 4 季度借了 29W 的短贷,那么第 2 年第 4 季度还了 30W 的短贷本金加利息以后,如果权益没有下跌,那就意味着可以继续贷款 29W,只要权益不下跌,

或者是下跌得不是很严重，就可以短贷滚短贷，我们需要做的只是适时地支付一点点利息，以及在季度初留下足够的钱还短贷本息。

(四) 锦囊 4——贴现如何用

在企业经营过程中，贷款额度用完因疏忽而未用足额度导致现金流短缺，这时候我们一定会想到通过贴现解决燃眉之急。贴现前我们需要了解贴现规则，运用适当技巧降低贴现成本。

以我们本项目的规则为例，1 账期、2 账期贴现率为 10%，也就是说贴现 10W 需要拿出 1W 来支付贴现费，现金收入只有 9W，1 账期、2 账期尽量贴 10W 的倍数，3 账期、4 账期尽量贴 8W 的倍数。

有贷款额度的情况下，优先贷款，没有贷款额度的情况下再进行贴现。1 账期、2 账期优先贴 2 账期应收款，3 账期、4 账期优先贴 4 账期应收款。

(五) 锦囊 5——如何处理报表出错

编制财务报表是财务经理必备的一项技能。我们这里讲的财务报表指的是综合费用表、利润表和资产负债表。

1. 综合费用表

综合费用表反映企业期间费用的情况，具体包括管理费用、广告费用、设备维护费、厂房租金、市场开拓费、ISO 认证费、产品研发费、信息费和其他项目。

(1) 管理费用、广告费用、厂房租金、市场开拓费、ISO 认证费、产品研发费按照实际发生数进行填写。

(2) 设备维护费，年末的时候根据生产线情况进行计算。

(3) 其他一般是指损失，包括紧急采购和违约金。

2. 利润表

利润表具体填写方法如表 3-46 所示。

表 3-46　利 润 表

项　　目	本年数
销售收入	订单表销售额相加
直接成本	订单表成本相加
毛利	销售收入——直接成本
综合费用	综合费用表合计数
折旧前利润	销售毛利——综合费用
折旧	年末根据生产线规则计算
支付利息前利润	折旧前利润——折旧
财务费用	利息＋贴息
税前利润	支付利息前利润——财务费用

项　　目	本年数
所得税	见表 3 - 47
净利润	税前利润——所得税

所得税的计算要分情况进行，具体如表 3 - 47。

表 3 - 47　所得税计算表

税前利润＜0	不需要交所得税	
税前利润＞0	上一年资产负债表中利润留存为负数	（税前利润－利润留存）×25%
	上一年资产负债表中利润留存为正数	税前利润×25%

3. 资产负债表

资产负债表具体填写方法如表 3 - 48 所示。

表 3 - 48　资产负债表

资产	期末数	负债和所有者权益	期末数
现金	企业现金结存数	长期负债	长期借款累计总额
应收款	年末应收款余额	短期负债	当年短期借款总额
在制品	在产的产品成本	应交所得税	利润表中的所得税
产成品	结存在库的完工产品总成本		
原材料	结存在库的原材料总成本		
流动资产合计	上述 5 项相加	负债合计	上述 3 项相加
厂房	购入的厂房价值	股东资本	起始注册资金
生产线	企业拥有的已经建造完成的生产线总净值	利润留存	上年利润留存＋上年年度净利
在建工程	企业拥有的在建生产线的总价值	年度净利	利润表中的净利润
固定资产合计	厂房＋生产线＋在建工程	所有者权益合计	股东资本＋利润留存＋年度净利
资产总计	流动资产合计＋固定资产合计	负债和所有者权益总计	负债合计＋所有者权益合计

⚓ 项目小结

祝贺大家完成了本项目的学习，在这个项目中，我们从"纸上谈兵"过渡到了实战演练，不管最终我们的战绩如何，作为沙盘小白，我们勇敢地迈出了第一步。在这场比赛中，我们肯定犯了不少错误，也有不少迷茫，但更多的一定是收获和进步！通过复盘反思，我们积累了不少的经验，让我们自信满满地进入提高篇的学习！

测 一 测

一、单项选择题

1. 本项目竞赛规则中，不需要安装周期的生产线是（　　）。

    A. 手工线　　　　　B. 半自动线　　　　　C. 自动线　　　　　D. 柔性线

2. 在新道创业者 5.0 物理沙盘推演中，选项（　　）是正确的。

    A. 原材料订单用空桶＋彩币表示　　　　B. 在建的生产线卡牌正面向上

    C. 长期贷款用空桶放在对应的年份表示　　D. 厂房租金放置在厂房右上角对应位置

3. 选单界面中不会出现的是（　　）。

    A. 产品数量　　　　B. 市场类别　　　　　C. 企业名称　　　　D. 企业代码

4. 不属于综合费用表填列项目的是（　　）。

    A. 管理费用　　　　B. 财务费用　　　　　C. 研发费用　　　　D. 广告费

5. 不属于手工线优点的是（　　）。

    A. 费用低　　　　　B. 灵活性高　　　　　C. 无安装周期　　　D. 产量大

6. 需要通过表内计算才能填列的是（　　）。

    A. 税前利润　　　　B. 财务费用　　　　　C. 广告费　　　　　D. 新市场开拓

7. 属于非流动资产的是（　　）。

    A. 现金　　　　　　B. 原材料　　　　　　C. 产成品　　　　　D. 在建工程

8. 属于流动资产的是（　　）。

    A. 短期借款　　　　B. 应收账款　　　　　C. 股东权益　　　　D. 厂房

9. 本项目竞赛规则中，长期贷款的利率是（　　）。

    A. 5%　　　　　　B. 10%　　　　　　　C. 8%　　　　　　　D. 12.5%

10. 本项目竞赛规则中，企业上一年建成了 1 条自动线和 1 条柔性线，那么本年需要计提的折旧是（　　）。

    A. 4W　　　　　　B. 6W　　　　　　　C. 7W　　　　　　　D. 8W

二、多项选择题

1. 本项目竞赛规则中，开拓年限为 1 年的市场有（　　）。

    A. 本地市场　　　　B. 区域市场　　　　　C. 国内市场　　　　D. 亚洲市场

2. 本项目竞赛规则中，以下生产线转产不需要费用的有（　　）。

    A. 手工线　　　　　B. 半自动线　　　　　C. 自动线　　　　　D. 柔性线

3. 以下不属于利润表填列项目的有（　　　　　）。

    A. 折旧　　　　　　B. 设备维护费　　　　C. 财务费用　　　　D. 厂房租金

4. 属于企业资金流紧张情况下融资手段的有（　　　　　）。

    A. 长期借款　　　　B. 短期借款　　　　　C. 贴现　　　　　　D. 出售库存

5. 可以直接从物理盘面上获取数据的有（　　　　　）。

    A. 现金　　　　　　B. 应收账款　　　　　C. 利润留存　　　　D. 原材料

三、判断题

1. 长期借款比短期借款好。　　　　　　　　　　　　　　　　　　　　　　（　　）

2. 在贷款和贴现中，优先选择贴现。　　　　　　　　　　　　　　　　　　（　　）

3. 所得税就是用税前利润乘以所得税税率。　　　　　　　　　　　　　　　（　　）

4. 物理沙盘推演中，任何操作可以不分先后顺序。　　　　　　　　　　　　（　　）

5. 当年的可申请贷款额度是由前一年的所有者权益乘以贷款倍数减去前一年的长期贷款和短期贷款金额。　　　　　　　　　　　　　　　　　　　　　　　　　　（　　）

6. 毛利是用销售收入减去销售成本计算得出的。　　　　　　　　　　　　　（　　）

7. 利润留存等于上一年的利润留存加上本年的年度净利。　　　　　　　　　（　　）

8. 当年建成的生产线当年不需要支付维修费。　　　　　　　　　　　　　　（　　）

9. 资产负债表填列正确后，资产等于负债加所有者权益。　　　　　　　　　（　　）

10. 财务费用就是长期借款利息加上短期借款利息。　　　　　　　　　　　（　　）

评　一　评

请填写表 3-49 项目 3 学习评价表。

表 3-49　项目 3 学习评价表

项目名称	评价指标	权重	评价方式		得分
			自评	互评	
尝试企业沙盘模拟经营	能简述制定企业沙盘模拟经营预算的步骤	10	✓		
	能概述新道创业者 5.0 物理沙盘的推演方法	10	✓		
	能根据本项目竞赛规则和市场预测初步制定沙盘经营预算	20	✓		
	能根据预算运营表进行新道创业者 5.0 物理沙盘经营推演	25		✓	
	能根据当年经营情况编制综合费用表、利润表和资产负债表	20		✓	
	能客观地进行复盘总结	15		✓	

续　表

项目名称	评价指标	权重	评价方式		得分
			自评	互评	
	合计	100	—	—	

学习体会：

教师评语：

提高篇

项目 4　　企业战略管理

项目 5　　企业财务管理

项目 6　　企业运营管理

项目 7　　企业销售管理

项目 8　　企业团队管理

项目简介

　　本项目是提高篇的第一部分,学生在入门篇的基础上,在本篇进一步思考如何更好地经营管理。本项目分为 3 个任务,分别是制定经营战略、确定企业经营定位、分析企业盈亏。本项目主要介绍企业经营战略和企业产品定位相关知识、经营中企业的利润的形成,引导学生分析自身公司环境,并制定自身企业经营规划,思考前期沙盘模拟经营的得失,寻求企业利润最大化途径,提升自身经营和管理能力。

项目导航

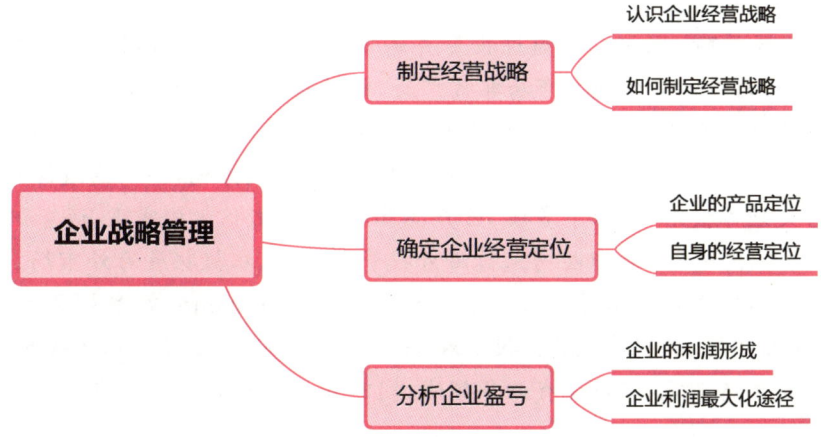

学习目标

○ 知识目标
- 解释公司战略的含义,并列举经营战略的主要内容
- 概述波特五力模型和 SWOT 分析的主要内容
- 列举企业的产品定位

○ **技能目标**

- 学会利用专业知识和管理工具,分析企业状况,制定企业经营战略
- 掌握企业利润的形成,能在模拟经营中寻求增加收入、合理控制成本的方法

○ **素养目标**

- 学习企业运营的先进管理经验,锻炼自主学习新知识和新技术的能力
- 参与企业经营管理的全过程,树立共赢理念、诚信理念、全局理念

 **项目导入**

深圳市腾讯计算机系统有限公司的经营战略

深圳市腾讯计算机系统有限公司(以下简称腾讯公司)成立于1998年,总部位于深圳。经过20多年的发展,腾讯公司已成为一家世界领先的互联网科技公司,用创新的产品和服务提升全球各地人们的生活品质。腾讯公司发行多款风靡全球的电子游戏及其他优质数字内容,为全球用户带来丰富的互动娱乐体验。腾讯公司还提供云计算、广告、金融科技等一系列企业服务,支持合作伙伴实现数字化转型,促进业务发展。

腾讯公司的总体战略是以"连接一切"为核心理念,通过互联网技术和大数据分析,构建数字化生态系统,提供社交、娱乐、金融、教育、医疗等多元化服务,打造全球领先的互联网企业。

(1)投资并购:腾讯公司通过投资并购不断扩大自身的市场份额和影响力。例如,腾讯公司在游戏领域的布局非常广泛,旗下拥有多款知名游戏,同时也通过收购或参股其他游戏公司来加强自己的竞争实力。

(2)人工智能:腾讯公司将人工智能作为重要发展方向之一,通过深度学习、自然语言处理等技术,推出了多项AI产品和服务,如微信智能客服、语音识别等。

(3)全球化布局:腾讯公司通过海外投资和合作,积极拓展海外市场。例如,腾讯公司与美国游戏公司Epic Games合作,推出了Fortnite等多款受欢迎的游戏,同时还在印度、欧洲等地进行投资和合作。总之,腾讯公司的总体战略是不断拓展数字化生态系统,深耕现有业务领域,同时积极寻求新的增长点,持续推动企业发展。

企业为什么需要制定经营战略?

根本原因是企业的资源有限,另外要注意的是经营战略没有好坏,只有适合和不适合,适合自己的战略才是好战略。

任务 4.1　制定经营战略

一、认识企业经营战略

成功的企业都有着明确的企业战略,包括产品战略、市场战略、竞争战略及财务管理战略。战略管理是企业确定使命的途径。战略管理充分考虑企业内外的人、财、物及信息等资源,根据企业内外环境设定企业的战略目标,围绕此目标设计阶段性目标及各阶段目标的执行与实现策略。同时,战略管理依靠企业内外部力量,将策略付诸实施,并在战略目标实现过程中实现动态管理控制。

总体来说,企业战略就是规划企业目标以及为达到这一目标所需资源的获得、使用和处理的方针战略。它是企业为了适应未来环境的变化、寻求长期生存和稳定发展而制定的总体性和长远性的谋略。企业要想发展,扩大规模和产能是必经之路,而扩大规模和产能必须通过固定资产投资来实现。企业要尽可能满足销售计划并达到预计的产能规模,就要考虑生产线和厂房的获得等问题,还要做好财务规划,保证企业有足够的现金支持,不能引起资金链断裂。企业要把人员分工、市场预测、产品研发、设备更新、生产线改良和企业战略结合起来,以便更好地实现组织目标。

在企业沙盘模拟经营过程中,往往会出现这样的情况。在进行战略讨论时,学生经过一番激烈的争辩之后,所谓的"战略规划"最终演变成了关于第 1 年打多少广告费的争论,这样是不可取的。在模拟经营之前,学生就应该做一个整体的企业战略规划(图4-1),即应该包括市场预测分析,进而包括财务预算、采购计划、生产计划、融资计划(包括长期贷款和短期贷款)、市场计划和竞争对手分析等。在模拟经营过程中,及时完成竞争对手分析也是十分重要的。也就是说,经营战略规划不仅要从产品研发、市场开拓、竞争对手产品种类、生产线状态、最大产能、资金状况等方面进行分析,还要对竞争对手个性、表现、风格等方面进行分析。我们只有具备全局观的战略思想,才能保证在比赛中稳步前进,遇乱不慌。

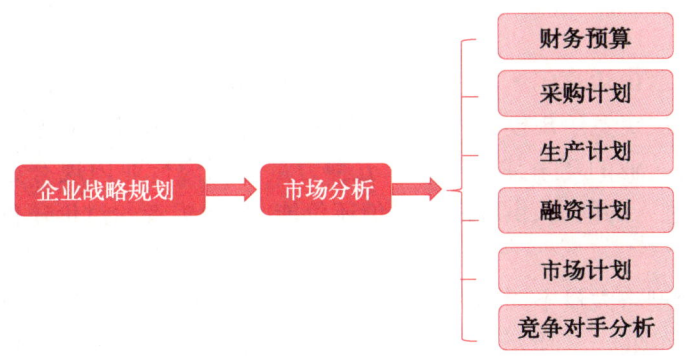

图 4-1　企业战略规划

在企业沙盘模拟经营过程中，企业管理层通过网络、经济期刊等渠道获得一定时期有关产品、价格、市场发展情况的市场预测资料，结合企业现有资源状况进行战略选择。在经营决策前，可以先思考表 4-1 中的问题。

表 4-1　在经营前先思考的问题

问题	我的回答
(1) 我们想成为什么样的公司？例如，规模如何（大公司或小公司）？生产产品如何（多品种或少品种）？市场开拓如何（许多市场或少量市场）？努力成为市场领导者还是市场追随者？为什么？	我的回答：
(2) 我们倾向于何种产品？何种市场？企业竞争在资源有限的情况下，放弃可能比不计代价地掠取更明智。那么，有限的资源是投放于重点市场、重点产品，还是全面铺开？	我的回答：
(3) 我们计划怎样拓展生产设施？有 4 种生产设施可供企业选择，每种生产设施的购置价格、生产能力、灵活性等属性各不相同。企业目前生产设施陈旧落后，若想提高生产能力，必须考虑更新设备。	我的回答：
(4) 我们计划采用怎样的融资策略？资金是企业运营的基础。企业的融资方式是多种多样的：发行股票、发行债券、银行借款、应收账款贴现等。每种融资方式的特点及适用性都有所不同，企业在制定战略时应结合企业的发展规划，做好融资规划，以保证企业的正常运营，并控制资金成本。	我的回答：

二、如何制定经营战略

（一）波特五力模型

波特五力模型由迈克尔·波特（Michael E. Porter）于 20 世纪 80 年代初提出。他认为行业中存在决定竞争规模和程度的五种力量，这五种力量综合起来影响着产业的吸引力以及现有企业的竞争战略决策。五种力量分别为行业内现有竞争者的竞争能力、潜在竞争者进入的能力、供应商的讨价还价能力、购买者的讨价还价能力和替代品的替代能力。

波特五力模型将大量不同的因素汇集在一个简便的模型中，以此分析一个行业的基本竞争态势，如图 4-2 所示。一种可行战略的提出首先应该确认并评价这五种力量，不同力量的特性和重要性因行业和企业的不同而不同。

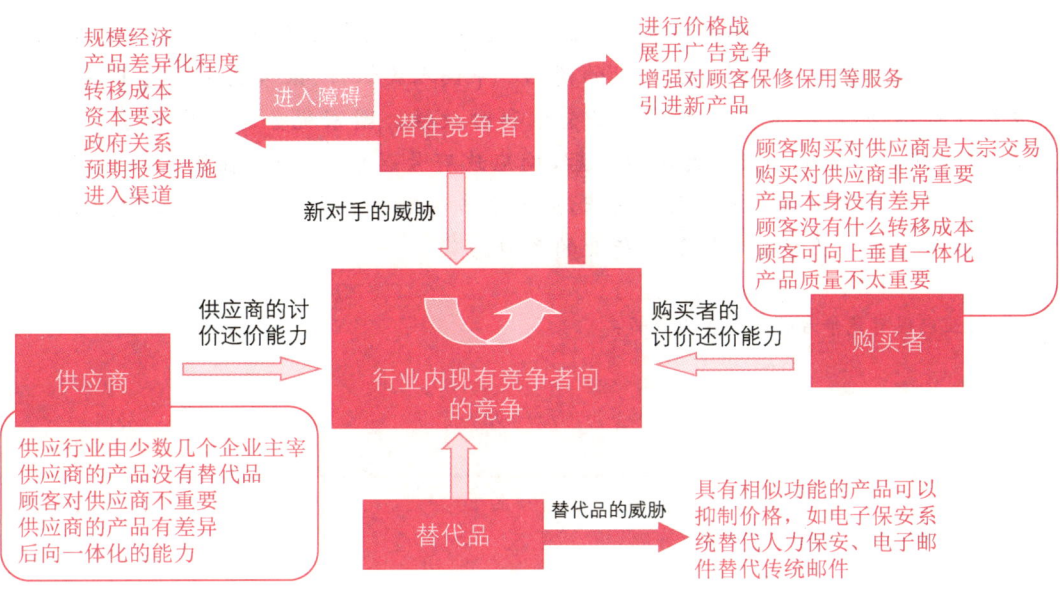

图 4-2　波特五力模型

根据波特五力模型和企业具体情况可采取如表 4-2 所示战略。

表 4-2　波特五力模型与可采取的战略

行业内的五种力量	一般战略		
	成本领先战略	产品差异化战略	集中战略
行业内现有竞争者的竞争能力	能更好地进行价格竞争	品牌忠诚度能使顾客不理睬竞争对手	竞争对手无法满足集中差异化的顾客
潜在竞争者进入的能力	具备杀价能力以防止潜在者的进入	培育顾客忠诚度以打击潜在竞争者的信心	建立核心能力以阻止潜在竞争者的进入
供应商的讨价还价议价能力	更好地抑制大卖家的议价能力	更好地将供方的涨价部分转移给顾客	进货量低,供方的议价能力就高
购买者的讨价还价能力	具备向大买家出更低价格的能力	因为选择范围小而削弱了买家的谈判能力	因为没有选择范围而使买家丧失谈判能力
替代品的替代能力	能够利用低价抵御替代品	顾客习惯了一种产品或服务降低了替代品的威胁	特殊的产品和核心能力能够降低替代品的威胁

填一填 4-1

根据下面案例,使用波特五力模型进行分析并填写。

随着信息化手段的不断发展,网上购物已成为广大年轻人青睐的购物方式,令人们足不出户就可以买到自己心仪的商品。中国人民银行、银保监会规范了第三方支付平台运作,提高了支付清算的安全性和时效性。国家税务总局出台了税收政策,对网店也要征税。张兰大学毕业后,响应政府号召自主创业,在淘宝网注册,开了一家经营服装和韩日化妆品的网店,成为众多淘宝网店商家的一员。请使用波特五力模型分析张兰经营店铺所处行业的竞争态势。

1. 行业内现有竞争者的竞争能力分析:

2. 潜在竞争者进入的能力分析:

3. 供应商的讨价还价议价能力分析:

4. 购买者的讨价还价能力分析:

5. 替代品的替代能力分析:

(二) SWOT 分析

在企业经营沙盘中,模拟企业的起始资源是比较有限的,总经理不但要和财务经理考虑如何运用有限的资金,还要做好开拓新市场、研发新产品的规划。只有全面考虑影响企业发展的内外综合因素,才能成为最后的赢家,而这些都要建立在充分了解企业内部条件与企业外部环境的基础上。

1. SWOT 分析的概念

SWOT 分析即基于内外部竞争环境和竞争条件下的态势分析,就是将与企业密切相关的内部因素的优势(strengths)、劣势(weaknesses)、外部因素的机会(opportunities)和威胁(threats)通过调查列举出来,然后用系统分析的思想,把各种因素相互匹配起来加以分析,从中得出一系列相应的结论。运用 SWOT 分析方法,我们可以对模拟企业进行全面、系统、准确的研究,从而根据研究结果制定相应的发展战略、计划及对策。SWOT 分析资源可能遇到的情况如表 4-3 所示。

表 4-3　SWOT 分析资源

	潜在外部威胁(T)	潜在外部机会(O)
外部环境	● 市场增长较慢 ● 竞争压力增大 ● 不利的政府政策 ● 新的竞争者进入行业 ● 替代产品销售额正在逐步上升 ● 用户讨价还价的能力增强 ● 用户需要与爱好逐步转变 ● 通货膨胀递增 ● 其他	● 纵向一体化 ● 市场增长迅速 ● 可以增加互补产品 ● 有进入新市场的可能 ● 有能力进入更好的企业集团 ● 在同行业竞争业绩优良 ● 扩展产品线满足用户需要 ● 其他
	潜在内部优势(S)	**潜在内部劣势(W)**
内部环境	● 产权技术 ● 成本优势 ● 竞争优势 ● 特殊能力 ● 产品创新 ● 具有规模经济 ● 良好的财务资源 ● 高素质的管理人员 ● 公认的行业领先者 ● 买主的良好印象 ● 适应力强的经营战略 ● 其他	● 竞争劣势 ● 设备老化 ● 战略方向不明 ● 竞争地位恶化 ● 产品线范围太窄 ● 技术开发滞后 ● 营销水平低于同行业其他企业 ● 管理不善 ● 战略实施的历史纪录不佳 ● 不明原因导致的利润率下降 ● 资金拮据 ● 相对于竞争对手的高成本 ● 其他

2. SWOT 分析步骤

(1)确认当前的战略。

(2)确认企业外部环境的变化。

(3)根据企业资源组合情况,确认企业的关键能力和关键限制。

填一填 4-2

结合前期操作,回忆第 1 年的决策记录,并填写表 4-4。

表 4 - 4 ＿＿＿＿＿＿公司的决策记录

时间	第 1 季度	第 2 季度	第 3 季度	第 4 季度	年度
重要决策					
实施成果					

说一说 4 - 1

请每个公司的总经理上台汇报,提纲如下:

(1)公司亏损在什么时间形成,怎样组织团队扭亏为盈?

(2)通过沙盘模拟操作,发现各自团队的优点是什么? 缺点是什么? 今后有什么打算?

(3)请对自己的公司情况进行 SWOT 分析,并填写表 4 - 5。

表 4 - 5 ＿＿＿＿＿＿公司的 SWOT 分析

优势	劣势
机会	威胁

任务 4.2　确定企业经营定位

一、企业的产品定位

目标市场定位与产品定位有一定的区别。具体说来,目标市场定位(以下简称市场定位)是指企业对目标消费者或目标消费市场的选择,而产品定位是指企业生产什么样的产品来满足目标消费者或目标消费市场的需求。从理论上讲,我们应该先进行市场定位,然后再进行产品定位。产品定位是对目标市场的选择与企业产品结合的过程,是将市场定位企业化、产品化的工作。

制定公司层战略最流行的方法之一就是波士顿矩阵(又称市场增长率-相对市场份额矩阵、波士顿咨询集团法、四象限分析法、产品系列结构管理法等)。该方法是由波士顿咨询集团(Boston Consulting Group,BCG)在 20 世纪 70 年代初开发的。波士顿矩阵将组织的每一个战略事业单位(strategic business unit,SBU)标在一种 2 维的矩阵图上,从而显示出哪个 SBU 提供高额的潜在收益,以及哪个 SBU 是组织资源的漏斗。波士顿矩阵的发明者、波士顿公司的创立者布鲁斯认为,公司若要取得成功,就必须拥有增长率和市场份额各不相同的产品组合,组合的构成取决于现金流量的平衡。如此看来,波士顿矩阵的实质是为了通过业务的优化组合实现企业的现金流量平衡。

波士顿矩阵区分出四种业务组合,如表 4-6 所示。

表 4-6　企业的产品定位分析表

		市场份额	
		高	低
销售增长率	高	明星型业务 (stars) ★ 需要继续投入资源以稳固市场	问题型业务 (question marks) ? 尚未打开市场 发展潜力较大 需要加大投入
	低	金牛型业务 (cash cows) 资源投入较少 企业的主要经济来源	瘦狗型业务 (dogs) 衰退型业务 撤退战略 可将此类业务单元合并 统一管理

(一)明星型业务

这个领域中的产品处于快速增长的市场中,并且占有支配地位的市场份额,是否会产生正现金流量,取决于新工厂、设备和产品开发对投资的需要量。明星型业务是由问题型业务继续投资发展起来的,可以视为高速成长市场中的领导者,它将成为企业未来的金牛型业务。

但这并不意味着明星型业务一定可以给企业带来源源不断的现金流,因为市场还在高速成长,企业必须继续投资,与市场增长同步,并击退竞争对手。企业如果没有明星型业务,就失去了希望,但"群星闪烁"也可能会使企业高层的管理者作出错误的决策。这时决策者必须具备一定的识别能力,将企业有限的资源投入能够发展成为金牛型的业务上。明星型业务要发展成为金牛型业务,适合采用增长战略。

(二)问题型业务

这个领域中的产品多是一些投机性产品,带有较大的风险。这些产品可能利润率很高,但占有的市场份额很小,往往是企业的新业务。为发展问题型业务,企业必须建立工厂,增加设备和人员,以便跟上迅速发展的市场,并超过竞争对手,这些意味着大量的资金投入。

"问题"二字非常贴切地指述了企业对待这类业务的态度,因为这时企业必须慎重回答"是否继续投资发展该业务"这个问题。只有那些符合企业发展长远目标、能使企业具有资源优势、能够增强企业核心竞争力的业务才能得到肯定的回答。得到肯定回答的问题型业务适合采用增长战略,得到否定回答的问题型业务则适合采用收缩战略。

(三)金牛型业务

这个领域中的产品产生大量的现金,但未来的增长前景是有限的。金牛型业务是成熟市场中的领导者,也是企业现金的主要来源。由于市场已经成熟,企业不必大量投资来扩展市场规模。同时,作为市场中的领导者,该业务享有规模经济和边际利润高的优势,因而给企业带来大量的现金流。企业往往用金牛型业务来支付账款和支持其他三种需要大量现金的业务。金牛型业务适合采用稳定战略。

(四)瘦狗型业务

这个领域中的产品既不能产生大量现金,也不需要投入大量现金。一般情况下,这类业务常常是微利,甚至是亏损的。瘦狗型业务存在的原因更多的是感情上的因素,虽然一直微利经营,但还是不忍放弃。其实,瘦狗型业务通常要占用很多资源,如资金、管理部门的时间等,多数时候是得不偿失的。瘦狗型业务适合采用收缩战略,目的在于出售或清算业务,以便把资源转移到更有利的领域。

填一填 4-3

根据下面案例,使用波士顿矩阵进行分析,并填写在空白处。

某酒类经销公司经营 A、B、C、D、E、F、G 共 7 个品牌的酒品,公司可用资金为 50 万元。经对前半年的市场销售统计分析,发现:

(1) A、B 品牌业务量为总业务量的 70%,两个品牌的利润占到总利润的 75%,在本地市场占主导地位。但这两个品牌是经营了几年的老品牌,从去年开始市场销售增长率已呈下降趋势,甚至前半年只能维持原来业务量。

（2）C、D、E 三个品牌是新开辟的品牌。其中 C、D 两个品牌前半年表现抢眼，与去年同期相比 C 品牌销售增长了 20％，D 品牌增长了 18％，且在本区域内尚是独家经营。E 品牌是高档产品，利润率高，销售增长也超过了 10％，但在本地竞争激烈，该品牌其他两家主要竞争对手市场占有率达到 70％，而该公司只占到 10％。

（3）F、G 两个品牌市场销售下降严重，有被 C、D 品牌替代的趋势，且在竞争中处于下风，并出现了滞销和亏损现象。

针对上述情况，根据波士顿矩阵原理，采取如下措施：

1. 确认 A、B 品牌为 _____ 业务，理由是：

2. 确认 C、D 品牌为 _____ 业务，理由是：

3. 对 F、G 品牌的决策及其理由：

4. 对 E 品牌的决策及其理由：

二、自身的经营定位

在企业经营的过程中，部门之间会有壁垒，生产部门计算不准确，导致销售部门无法获得订单，进而导致采购部门无法根据现有生产情况订购原材料。沙盘上的资源清晰易见，但是在实际经营过程中，企业各部门间有"信息孤岛"的情况出现。

（一）系统思考经营规划的调整

在制订计划和实施计划时，明确前 3 年的盈利目标是关键，此时的战略需要一步一步地斟酌，任何一步都不能出错。若是被对手拉开差距，后期再想追赶就很难了。

在第 2 年的经营过程中，我们会发现有的小组盈利很多，有的小组盈利很少，甚至还有小组亏损。第2年的盈利至关重要,如果第2年的利润不高,会导致第3年无法增加生产线,而第3年又属于市场的成长期,如果错过市场的成长期,盈利不高时,我们需要进行经营规划的调整。在利润不高的情况下,如果是市场竞争太大,导致广告成本过高,就应控制不必要的成本,从而降低成本。在销售不足的情况下,应判断行业空间是否足够大,如果行业空间不大,就应调整行业空间的大小。在市场细分不够时,应重新进行市场定位,做好市场细分,同时要考虑市场竞争能力。市场竞争激烈时,判断是否需要增加广告的投入,或是研发新产品。

(二)做好企业经营的规划

年初时,各组的CEO需要带领本组成员召开年初经营会议。年初经营会议需要确认该组的经营策略、想进入的市场领域、需要研发的产品,以及企业需要的生产线、是否需要ISO资格认证、融资策略以长贷为主还是短贷为主等。

任务4.3 分析企业盈亏

一、企业的利润形成

(一)利润的成因

企业利用一定的经济资源,通过向社会提供产品和服务来获取相应的利润。所有的企业都会经历"资本—资产—收入—利润—增加股东权益"这样一个完整的资本循环周转过程,如图4-3所示。

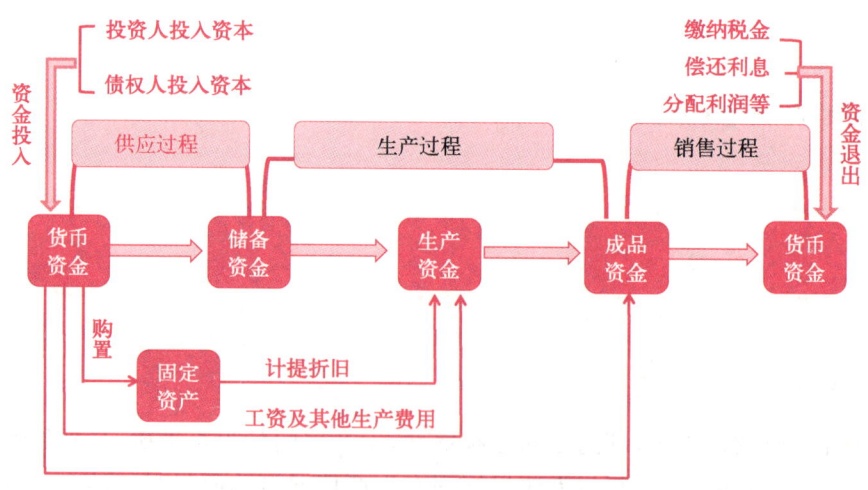

图4-3 企业的资本循环周转图

(二)利润的构成

同学们在前期经营中,已经知道了根据盘面各费用项,可以先生成综合费用表,如表4-7所示,在进行经营决策时,同学们要考虑相应费用与收入配比,保证公司资金链不断裂。综合费用表生成后,同学们应再根据公司本年的经营状况和其他费用生成利润表,如表 4-8 所示。

表 4-7　综合费用表

项目	金额	备注
管理费	4W/年	每一季 1W 的管理费用,4W/年
广告费	—	第 1 年没有广告费,分别计算第 2 至第 5 年的广告费用总和
设备维护费		生产线建成开始使用才交维护费,如果生产线在第 4 季度为在建,这条生产线不交维护费,手工线\半自动线每条 1W/年,自动线每条 2W/年,柔性线每条 3W/年
损失		(1) 库存折价拍卖,原材料按原价 8 折拍卖后,剩余 2 折计入损失 (2) 生产线变卖,生产线净值与残值之差计入损失 (3) 紧急采购,原材料的价格是成本的 2 倍,成品价格是成本的 3 倍,紧急采购的价格减去成本之差计入损失 (4) 订单违约计入损失
转产费	2W,1W	手工线、柔性线没有转产费用,自动线、租赁线转产费为 2W,半自动线转产费为 1W,转产周期为 1Q
厂房租金	4W/年 3W/年 2W/年	大厂房 4W/年,中厂房 3W/年,小厂房 2W/年,购买厂房无须交租金
新市场开拓	1W/年 2W/年	本地市场、区域市场、亚洲市场 1W/年;国内市场、国际市场 2W/年;不开拓市场,则不需要缴纳市场开拓费
ISO 资格认证	1W/年	ISO 9000:1W/年 ISO 14000:1W/年
产品研发		当年各个产品的研发费用总和
信息费	1W	间谍使用费 1W,比赛时由裁判自行设定
合计	D	合计数是利润表中的综合费用,用"D"来表示

表 4-8　利 润 表

项目	金额	备注
销售收入	A	订单交货的总价(获得订单后,已经交货的才计入销售收入)
直接成本	B	P1 为 2W,P2 为 3W,P3 为 4W,P4 为 5W
毛利	C	C＝A－B(销售收入－直接成本)
综合费用	D	综合费用表中的合计数 D
折旧前利润	E	E＝C－D(毛利－综合费用)
折旧	F	生产线建成当年不计提折旧,从下一年开始计提折旧;采用平均年限法;当净值与残值相等时,不再计提折旧

项目	金额	备注
支付利息前利润	G	G＝E－F(折旧前利润－折旧)
财务费用	H	泛指利息,从第2年开始计算,长贷利率为10%,短贷利率为5%,应收款贴现时贴息
税前利润	I	I＝G－H(支付利息前利润－财务费用)
所得税	J	税前利润＜0时,不支付所得税;税前利润＞0时,税前利润与留存相加,用来弥补以前年度亏损,弥补后的数＜0时,不缴纳所得税;弥补后的数＞0时,则按照25%缴纳所得税
本年利润	K	K＝I－J(税前利润－所得税)

从利润表中可以看出,本年利润是在本年收入配比相应的销售成本,再逐步考虑综合费用、折旧、财务费用、所得税而最终形成的。同学们在经营时也应考虑保证利润按预期目标增长的同时合理控制相应的成本费用。

二、企业利润最大化途径

企业经营的根本是盈利,企业经营的目标是股东权益最大化。从前面知识学习中,可以看出企业的净利来自产品的销售,产品销售越多、成本越低,股东权益自然越高;相反,产品销售少、费用高,股东权益也会下降。让企业利润达到最大化的方式有两种——开源和节流。

(一)开源

企业可以通过开拓市场、优化产品和扩大产能来进行开源,如图4－4所示。

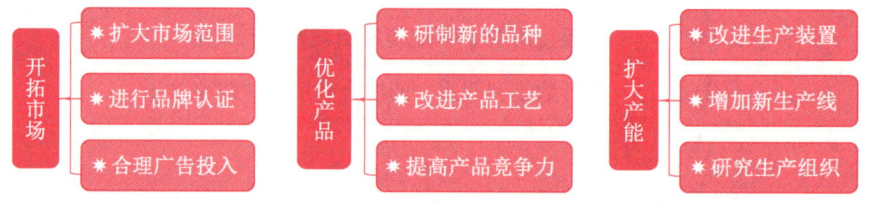

图4－4　开源——努力扩大销售

(二)节流

企业可以通过控制直接成本、控制其他成本和增加毛利来节流,如图4－5所示。

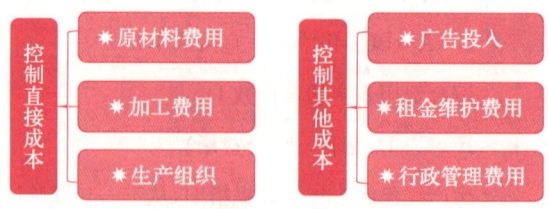

图4－5　节流——尽力降低成本

项目小结

　　祝贺大家完成了本项目的学习,通过本项目的学习,同学们对如何制定经营战略、确定企业经营定位、分析企业盈亏有了更清晰的理解。相信同学们能够运用这些理论知识,更理性地进行自身公司环境分析,并制订更明确的经营方案,在经营的道路上披荆斩棘收获更多。

测　一　测

一、单项选择题

1. 迈克尔·波特提出的波特五力模型是有效分析(　　)的模型。
　　A. 企业商业模式　　　　　　　　　B. 行业基本竞争态势
　　C. 行业结构　　　　　　　　　　　D. 客户需要

2. 波特五力模型主要用在(　　)。
　　A. 竞争分析　　　B. 消费者分析　　　C. 行业分析　　　D. 商品分析

3. 2018 年之前,星巴克在中国市场鲜有对手,每年增长速度很快。随着瑞幸入场后,竞争就变得残酷了,星巴克中国市场营收大跌,这主要受(　　)影响。
　　A. 行业内现有竞争者的竞争能力　　B. 潜在竞争者进入的能力
　　C. 供应商的讨价还价能力　　　　　D. 替代品的替代能力

4. 品牌忠诚度能使顾客不理睬竞争对手主要原因是(　　)。
　　A. 行业内现有竞争者的竞争能力弱　B. 潜在竞争者进入的能力弱
　　C. 供应商的讨价还价能力弱　　　　D. 替代品的替代能力弱

5. 波特五力模型中与竞争激烈程度紧密相关的是(　　)。
　　A. 新进入者　　　B. 客户　　　C. 行业竞争者　　　D. 替代者

6. 下列不属于波特五力模型中的影响因素的是(　　)。
　　A. 供应商议价能力　　　　　　　　B. 需求方议价能力
　　C. 替代产品威胁　　　　　　　　　D. 需求偏好改变

7. QQ 和微信的出现使移动通信的电话和短信业务量急剧下降,根据波特五力模型,QQ 和微信属于(　　)。
　　A. 行业竞争者　　　B. 潜在竞争者　　　C. 替代者　　　D. 挑战者

8. 在以下环境下,顾客讨价还价能力较强的是(　　)。
　　A. 采购顾客的数量较少、采购量大　B. 买卖双方信息不对称,顾客掌握信息不充分
　　C. 购买者更换供应商的转换成本较高　D. 供应商的产品技术含量高、专用性强

9. 在(　　)环境下,供应商讨价还价能力较强。
　　A. 购买者更换供应商的转换成本较低
　　B. 供应商数量多,产品差异化小
　　C. 供应商的产品对行业重要,稀缺、替代品少

D. 供应商目前没有前向一体化的计划

10. 当（　　）状况出现时，潜在进入者的进入壁垒较高。

    A. 顾客放弃当前的企业转移到另外一家企业的成本较低

    B. 要求有比较强的专业技术、生产能力、专业管理能力

    C. 进入新行业的投资需求量较小

    D. 产品与进入行业现有产品的差异化较大

11. 当（　　）状况出现时，行业内竞争强度会增大。

    A. 市场需求大，行业增长速度快　　　　B. 顾客、产品、服务、渠道等差异化较大

    C. 进入壁垒低或者退出壁垒高　　　　　D. 用户转换成本高

12. 旅游业将持续发展带动工艺纪念品的需求增长，这属于SWOT分析中的（　　）。

    A. 优势　　　　　　B. 劣势　　　　　　C. 机会　　　　　　D. 威胁

13. 如果对企业进行SWOT分析，发现劣势明显，但机会很大，不应该做的是（　　）。

    A. 继续加强它的优势　　　　　　　　　B. 克服它的劣势

    C. 思考如何开发利用这一机会　　　　　D. 不用考虑，直接放弃

14. SWOT分析法中的O指的是（　　）。

    A. 优势　　　　　　B. 劣势　　　　　　C. 机会　　　　　　D. 威胁

二、多项选择题

1. 企业战略规划应该包括市场分析，进而包括（　　　　）等内容。

    A. 财务预算　　　　　　　　　　　　　B. 生产计划、采购计划

    C. 融资计划（包括长期贷款和短期贷款）　D. 市场计划和竞争对手分析

2. 波特五力模型主要包括（　　　　）等内容。

    A. 行业内现有竞争者的竞争能力

    B. 潜在竞争者进入的能力

    C. 供应商的讨价还价能力

    D. 购买者的讨价还价能力和替代品的替代能力

3. SWOT分析法中的S、W、O、T分别指的是（　　　　）。

    A. 优势　　　　　　B. 劣势　　　　　　C. 机会　　　　　　D. 威胁

4. 在SWOT分析资源中，下列选项中属于潜在外部威胁的有（　　　　）。

    A. 市场增长较慢　　　　　　　　　　　B. 新的竞争者进入行业

    C. 市场增长迅速　　　　　　　　　　　D. 替代产品销售额正在逐步上升

5. 下列选项中属于综合费用的有（　　　　）。

    A. 销售收入　　　　B. 广告费　　　　　C. 折旧　　　　　　D. 订单违约损失

6. 制定公司层战略最流行的方法之一就是波士顿矩阵，又称（　　　　）等。

    A. 市场增长率-相对市场份额矩阵　　　　B. 波士顿咨询集团法

    C. 四象限分析法　　　　　　　　　　　D. 产品系列结构管理法

7. 波士顿矩阵区分出四种业务组合，分别是（　　　　）。

    A. 明星型业务　　　B. 问题型业务　　　C. 金牛型业务　　　D. 瘦狗型业务

8. 让企业利润达到最大化的方式有两种，分别是（　　　　）。

A. 开源　　　　　B. 节流　　　　　C. 避税　　　　　D. 吸引投资

9. 为了让企业利润达到最大化,可以通过(　　　　　)来进行开源。

A. 开拓市场　　　B. 增加产品　　　C. 扩大产能　　　D. 控制成本

10. 为了让企业利润达到最大化,可以通过(　　　　　)来节流。

A. 增加产品　　　B. 控制直接成本　　C. 控制其他成本　　D. 增加生产线

三、判断题

1. 企业战略包括产品战略、市场战略、竞争战略及财务管理战略。　　　　　(　　)

2. 企业沙盘模拟经营过程中,企业战略规划就是每年打多少广告费的策略。　(　　)

3. 波特五力模型将大量不同的因素汇集在一个简便的模型中,以此分析一个行业的基本竞争态势。　　　　　　　　　　　　　　　　　　　　　　　　　　　(　　)

4. 一种可行战略的提出首先应该确认并评价波特五力模型的五种力量,不同力量的特性和重要性不会因行业和公司的不同而不同。　　　　　　　　　　　　　(　　)

5. 企业沙盘模拟经营中,企业自身经营状况占举足轻重的作用,不用考虑竞争对手经营情况。　　　　　　　　　　　　　　　　　　　　　　　　　　　　　　(　　)

6. 波特五力模型是用来分析潜在消费者的。　　　　　　　　　　　　　　　(　　)

7. 只有那些符合企业发展长远目标、企业具有资源优势、能够增强企业核心竞争力的问题型业务适合采用增长战略,反之则适合采用收缩战略。　　　　　　　(　　)

8. 金牛型业务是低增长率、低市场份额,这个领域中的产品既不能产生大量现金,也不需要投入大量现金。　　　　　　　　　　　　　　　　　　　　　　　　(　　)

9. 企业经营的根本是盈利,企业经营的目标是股东权益最大化。　　　　　　(　　)

10. 计算利润表中的支付利息前利润时,不用考虑折旧。　　　　　　　　　(　　)

四、实训题

已知某公司第 4 年订单全部正常交付,订单详情如表 4-9 所示。

表 4-9　订 单 详 表

单号	市场	产品	数量	总价	交货期	账期
001	本地	P4	2 个	24W	4Q	2Q
002	本地	P2	1 个	8W	3Q	1Q
003	本地	P2	3 个	19W	4Q	2Q
004	本地	P2	4 个	25W	4Q	1Q
005	本地	P4	5 个	60W	4Q	2Q
006	区域	P2	3 个	19W	3Q	3Q
007	区域	P4	3 个	34W	4Q	1Q
008	国内	P4	2 个	23W	2Q	1Q

所得税率为 25%，P1 成本为 2W，P2 成本为 3W，P3 成本为 4W，P4 成本为 5W，请根据资料将表 4-10 至表 4-12 填补完整。

表 4-10 综合费用表　　单位：W

项目	金额
管理费	4
广告费	14
设备维护费	27
其他损失	0
转产费	0
厂房租金	18
新市场开拓	10
ISO 资格认证	0
产品研发	4
信息费	0
合　计	

表 4-11 利润表　　单位：W

项目	金额
销售收入	
直接成本	
毛利	
综合费用	
折旧前利润	
折旧	20
支付利息前利润	
财务费用	16
税前利润	
所得税	
年度净利润	

表 4-12 资产负债表　　单位：W

项目	期末	项目	期末
现金	44	长期负债	105
应收款	98	短期负债	122
在制品	28	应交所得税	
产成品	3	——	
原材料		——	
流动资产合计		负债合计	
厂房		股东资本	68
生产线	84	利润留存	16
在建工程	60	年度净利	
固定资产合计		所有者权益合计	
资产总计		负债和所有者权益总计	

评 一 评

请填写表 4-13 项目 4 学习评价表。

表 4-13　项目 4 学习评价表

项目名称	评价指标	权重	评价方式		得分
			自评	互评	
企业战略管理	能列举经营战略规划的主要内容	10	✓		
	能概述波特五力模型的主要内容	10	✓		
	能概述 SWOT 分析的主要内容	10	✓		
	能列举企业的产品定位	10	✓		
	能制定适合企业的经营战略	20		✓	
	能在模拟经营中积极寻求增加收入,合理控制成本方法	10		✓	
	学习企业运营的先进管理经验,具有自主学习新知识和新技术的能力	10		✓	
	参与企业经营管理的全过程,树立共赢理念、诚信理念、全局理念	20		✓	
	合计	100			

学习体会:

教师评语:

项目 **5** 企业财务管理

项目简介

　　本项目是提高篇的第二部分,学生在企业战略管理的基础上,进一步深入探讨如何进行财务管理。本项目主要介绍了现金流的基本知识,如何进行现金管理,如何通过财务分析对企业的偿债能力、获利能力、发展能力、营运能力作出评价,如何制订企业资金运转计划。本项目的学习能使学生认识现金流的重要性,会分析现金的流入和流出,制订企业资金运转计划,合理规划现金流。

项目导航

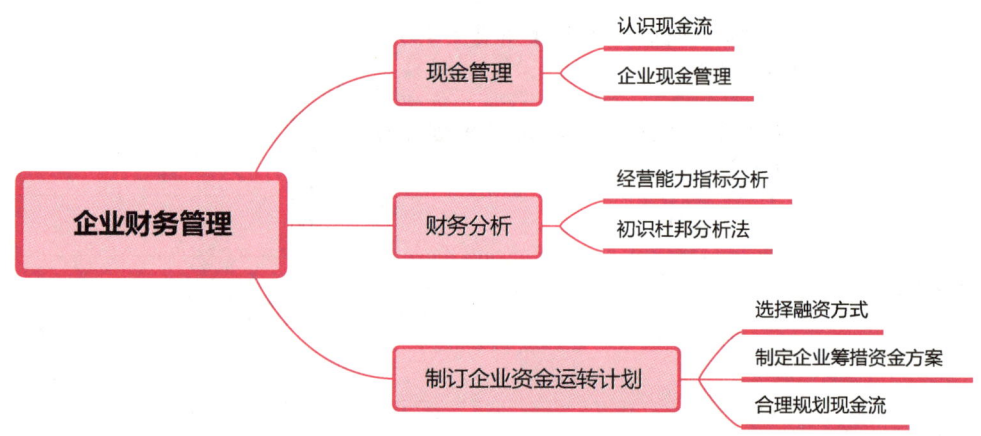

学习目标

　○ **知识目标**
- 概述现金流的定义,列举现金流入和流出的具体经济活动
- 列举企业现金管理主要方法
- 列举经营能力指标分析的四种能力分析
- 列举企业模拟经营中企业筹措资金方案

　○ **技能目标**
- 通过分析经营公司的经营能力,对企业的偿债能力、获利能力、发展能力、营运能

力作出评价

● 通过分析经营公司的现金流,制订企业筹措资金方案并合理规划现金流

○ **素养目标**

● 通过分析经营公司的经营能力,培养学生获取信息,并积极思考主动探究学习能力

● 通过结合公司前期经营情况分析,理解现金为王的含义,能对企业经营状况进行判断,并提出解决方案,提升学生分析能力

巨人高科技集团的轰然倒下

巨人高科技集团(下文简称巨人集团)凭借 1991 年成立的珠海巨人新技术公司开展软件开发业务,得以迅速发展,资产规模很快接近 3 亿元。1992 年,巨人集团俨然成为中国电脑行业的头部企业,创始人史玉柱也成为中国新一轮改革开放中新兴企业的一颗之星和商界最有前途的代表之一。许多领导人纷纷视察巨人集团,当时中央高层领导视察时,称赞道:"中国就应该做巨人!"

1992 年,史玉柱决定建设巨人大厦,计划建 38 层。这时候,广州传来要盖全国最高的 63 层楼的消息。这时有人建议史玉柱干脆盖高点,争做全国第一高楼,做成珠海市的标志性建筑。于是,史玉柱计划将巨人大厦建到 70 层。然而,70 层的巨人大厦需要 12 亿元资金投入,这已远远超过巨人集团所能承受之重。此外,6 年的工期充满各种政策和市场的不确定性。但是,史玉柱及其智囊团却对此表现得信心满满。

巨人大厦的启动,意味着每天都要有巨额资金填进且不能中断。起初一切还顺风顺水,巨人集团靠销售巨人大厦的楼花圈进 1.5 亿元资金。但 1993 年,西方禁止向中国出口计算机的禁令解除。中国计算机市场风起云涌,IBM、惠普、康柏等著名品牌大举进攻中国市场。面对强大的国际竞争对手,本土弱小的电脑品牌根本无还击之力,巨人集团在风雨中摇摇欲坠。

1996 年,巨人集团的财务危机全面爆发。购买了楼花的债权人来到珠海,却看不到房子,一拨接一拨挤到巨人集团来讨债。此时的媒体各种亦真亦假的报道一涌而出:《巨人集团资产被法院查封》《巨人集团 3 个月没发工资,员工集体讨债》《巨人集团副总裁及 7 位分公司经理携巨款潜逃》……

就在危机爆发后的 3 个月,巨人集团宣告破产,史玉柱也欠下 2.5 亿元的债,成为妥妥的"负翁"。

为什么巨人集团会轰然倒下啊?

资金链断裂了,市场环境突然变化,而企业又盲目建设,没有良好、充足的现金流来维持企业生产,企业只能宣告破产了。

任务 5.1　现　金　管　理

企业在发展初期,资金链大多会存在一些问题。但与企业存在的其他问题相比较,资金链的问题表现不明显,管理者也没有重视这方面的问题。当企业发展到一定程度时,这类问题就会暴露出来。资金链的断裂会导致企业无法继续发展,其核心是企业缺乏管理财务风险和控制现金流的能力。

不论是巨人集团的失败,还是德隆集团、三九集团倒闭,原因是惊人的相似,即资金链断裂。由此可见,在企业经营中资金链管理非常重要,而资金链离不开现金流管理。

一、认识现金流

现金流(cash flow)是指一段时间内企业现金流入和流出的数量。企业在销售商品、提供服务,或是出售固定资产、向银行借款的时候都会取得现金,形成现金的流入。而企业为了生存、发展、扩大需要购买原材料、支付管理费、购建固定资产、对外投资、偿还债务等,这些活动都会导致企业现金的流出。如果企业没有足够的现金流来面对这些业务的支出,其后果是可想而知的。从企业长期的发展来看,现金流比利润更为重要,它贯穿于企业生产经营活动的每个环节。在现实生活中我们可以看到,有些企业虽然账面盈利颇丰,却因为现金流不充沛而倒闭;有的企业虽然长期处于亏损当中,但其却可以依赖自身拥有的现金流得以长期生存。企业的持续性发展经营,靠的不是高利润,而是良好、充足的现金流。

"现金为王"一直以来都被视为企业资金管理的中心理念。企业现金流的管理水平往往是决定企业存亡的关键。在日益激烈的市场竞争中,企业面临的生存环境复杂多变。只有不断提升企业现金流的管理水平,才能合理地控制营运风险,提升企业整体资金的利用效率,从而不断加快企业自身的发展。

二、企业现金管理

传统意义上的资金管理主要是管理企业资金的流入和流出。然而,广义上的现金管理涉及的范围要广得多,通常包括企业账户及交易管理、流动性管理、投资管理、融资管理和风险管理等。企业现金管理主要可以从规划现金流、控制现金流出发。

(一)规划现金流

规划现金流主要是通过运用现金预算的手段,并结合企业以往的经验,确定一个合理的现金预算额度和最佳现金持有量。企业如果能够精确地预测现金流,就可以保证现金充足的流动性。企业的现金流预测可以根据时间的长短分为短期、中期和长期。通常,期限越长,预测的准确性就越差。现金流的预测方式的选择,是要综观企业整体的发展战略和实际要求。同时,企业的现金流预测还可以从现金的流入和流出情况来推断一个合理的现金存量。

（二）控制现金流

控制现金流是对企业现金流的内部控制。控制企业的现金流是在正确规划的基础上展开的，主要包括企业现金流的集中控制、收付款的控制等。现金的集中管理更有利于企业资金管理者了解企业资金的整体情况，在更广的范围内迅速而有效地控制好这部分现金流，从而使这些现金的保存和运用达到最佳状态。企业的现金流，如图 5-1 所示。

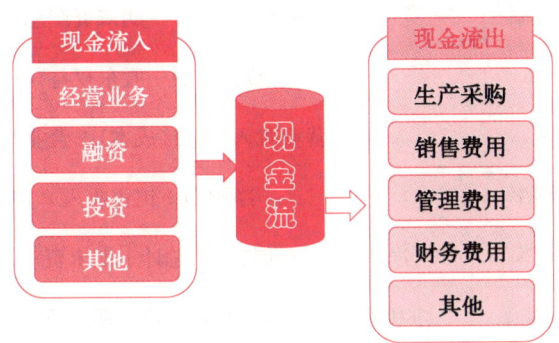

图 5-1　企业的现金流

企业是以盈利为目的的，不乏有一些企业刻意追求高收益、高利润。因此，有些人会有一种错误的思想，认为企业利润显示的数值高就是经营有成效的表现，而忽略了利润中所应该体现出来的流动性。企业的资金管理者，应当正确地界定现金与利润之间的差异。

任务 5.2　财　务　分　析

财务分析是借助财务报告反映的财务数据，采用专门方法系统分析和评价企业的过去和现在的财务状况和经营成果。通过了解过去、评价现在、预测未来可以将大量的报告数据转换成对企业预测、决策、控制有用的信息。在财务管理中，财务分析起着承上启下的作用。财务分析的数据大部分来源于财务报告，在分析财务报告的基础上，财务分析将对企业的偿债能力、盈利能力、发展能力、营运能力做出评价。

财务分析既能找到企业经营中的薄弱环节，又能从企业全局把握问题所在。虽然财务分析只能发现问题而不能提供解决问题的答案，但通过分析能够明确需要详细调查和研究的项目，以帮助企业解决问题，并做出下一步经营决策。如果没有财务分析，就不能将历史数据转变为对决策有用的信息。

一、经营能力指标分析

经营能力指标分析包括偿债能力、盈利能力、发展能力、营运能力等能力分析，如表 5-1 所示。

表 5-1　经营能力指标分析

经营能力	指标	计算公式
偿债能力	流动比率	期末流动资产÷期末流动负债×100%
	速动比率	(期末流动资产－期末产品库存)÷期末流动负债×100%
	资产负债率	期末负债合计÷期末资产总计×100%
	产权比率	负债总额÷股东权益×100%
盈利能力	毛利率	(营业收入－直接成本)÷营业收入×100%
	销售净利率	净利润÷销售收入×100%
	资产净利率	净利润÷[(期初资产总计＋期末资产总计)÷2]×100%
	净资产收益率	净利润÷[(期初所有者权益＋期末所有者权益)÷2]×100%
	销售利润率	利润总额÷销售收入×100%
	总资产收益率	利润总额÷资产总计×100%
发展能力	收入成长率	(本期营业收入－上期营业收入)÷上期营业收入×100%
	利润成长率	(本期净利润－上期净利润)÷上期净利润×100%
	净资产成长率	(本期末资产总计－上期末资产总计)÷上期资产总计×100%
营运能力	存货周转率	当期营业成本÷[(期初产品库存＋期末产品库存)÷2]×100%
	应收账款周转率	当期销售净额÷当期平均应收账款×100%

（一）偿债能力

偿债能力是衡量企业财务状况是否稳定，是否会发生财务危机的指标。流动比率大于2、速动比率大于1的企业被认为短期偿债能力较好。资产负债率越高，企业面临的财务风险就越大，获利能力也越强，60%～70%是资产负债率较为合理的区间。

（二）盈利能力

盈利能力表明企业是否具有盈利的能力，指标中的净资产收益率是投资者最关心的，它反映了投资者投入资金的能力。一般而言，这项指标越高越好。

（三）发展能力

发展能力表示企业具有成长的潜力，即持续能力。一般而言，这项指标越高越好。

（四）营运能力

营运能力是从企业资产的管理能力方面对企业经营业绩做出评价。该指标中的周转率越高，说明企业资金周转速度越快，获利能力越强。

填一填 5 - 1

请结合公司运营数据,计算相应指标,进行财务分析。

1. 净资产收益率分析

净资产收益率亦称所有者权益报酬率或股东权益报酬率,它是企业利润净额与平均所有者权益之比,该指标表明了企业所有者获得的投资收益。请根据表 5 - 2 数据计算净资产收益率,并进行分析。

表 5 - 2　净资产收益率计算表　　　　　　　　单位:W

项目	第1年	第2年	第3年	第4年	第5年	第6年
净利润	-20	-7	-4	2	-11	2
平均所有者权益	46	39	35	37	26	28
净资产收益率(%)						

分析:从表 5 - 2 中可以看出,＿＿＿＿＿＿＿＿＿＿＿＿＿＿＿＿＿

＿＿＿＿＿＿＿＿＿＿＿＿＿＿＿＿＿＿＿＿＿＿＿＿＿＿＿＿＿＿＿＿

＿＿＿＿＿＿＿＿＿＿＿＿＿＿＿＿＿＿＿＿＿＿＿＿＿＿＿＿＿＿＿＿

2. 销售净利率分析

销售净利率是指企业的净利润与当期的销售收入之比,它是获利能力的代表性财务指标,用于衡量企业一定时期的销售收入获取利润的能力。该指标值越高说明企业的销售获利能力越强。请根据表 5 - 3 数据计算销售净利率,并进行分析。

表 5 - 3　销售净利率计算表　　　　　　　　单位:W

项目	第1年	第2年	第3年	第4年	第5年	第6年
净利润	-20	-7	-4	2	-11	2
销售收入	11	44	55	50	36	32
销售净利率(%)						

分析:从表 5 - 3 中可以看出,＿＿＿＿＿＿＿＿＿＿＿＿＿＿＿＿＿

＿＿＿＿＿＿＿＿＿＿＿＿＿＿＿＿＿＿＿＿＿＿＿＿＿＿＿＿＿＿＿＿

＿＿＿＿＿＿＿＿＿＿＿＿＿＿＿＿＿＿＿＿＿＿＿＿＿＿＿＿＿＿＿＿

3. 资产净利率分析

资产净利率是衡量一个企业总资产获利能力的指标,它等于净利润与资产平均总额之比,两者对资产净利率均产生重要影响。请根据表 5 - 4 数据计算资产净利率,并进行分析。

表 5-4　资产净利率计算表　　　　　　单位：W

项目	第 1 年	第 2 年	第 3 年	第 4 年	第 5 年	第 6 年
净利润	—20	—7	—4	2	—11	2
平均资产总额	107	107.5	97	101	101.5	57
资产净利率（%）						

分析：从表 5-4 中可以看出，_____

_____

_____

5-1微课
杜邦分析法

二、初识杜邦分析法

　　杜邦分析法（DuPont analysis）是一种利用几种主要的财务比率之间的关系来综合分析企业财务绩效的经典方法，这种分析方法最早由美国杜邦公司使用，故名杜邦分析法。杜邦分析法是一种用来评价企业盈利能力和股东权益回报水平，从财务角度评价企业绩效的一种经典方法。

　　其基本思想是将企业净资产收益率（return on equity，ROE，也叫权益报酬率、所有者权益报酬率、股东权益收益率，是企业利润净额与平均所有者权益之比）逐级分解为多项财务比率乘积，来揭示企业盈利能力、运营效率和财务杠杆之间的关系，有助于深入分析比较企业经营业绩。

（一）杜邦分析法的核心公式

　　杜邦分析法的核心公式的演变过程如下：

$$净资产收益率＝净利润÷净资产$$

$$（可拆解为）＝\frac{净利润}{销售收入}×\frac{销售收入}{平均总资产}×\frac{平均总资产}{净资产}$$

$$（演变为核心公式）＝销售净利率×总资产周转率×权益乘数$$

　　杜邦分析法的核心是将 ROE 分解为三个主要部分的乘积：销售净利率（profit margin）、总资产周转率（asset turnover）和权益乘数（equity multiplier）。这三个部分分别代表了企业的盈利能力、运营能力和企业的偿债能力。

　　净资产收益率（ROE）：综合性最强的财务分析指标，是杜邦分析系统的核心。

　　销售净利率（profit margin）：净利润与销售收入之比，反映了企业每单位销售收入能够转化为净利润的能力。净利润率高，说明企业成本控制得当，盈利能力较强。

　　总资产周转率（asset turnover）：销售收入与总资产之比，衡量了企业总资产的使用效率。总资产周转率高，说明企业资产周转速度快，运营效率高。对资产周转率的分析，需要对影响资产周转的各因素进行分析,以判明影响企业资产周转的主要问题在哪里。

权益乘数(equity multiplier):总资产与股东权益之比,反映了企业的偿债能力。资产负债率高,权益乘数就大,这说明企业负债程度高,企业会有较多的杠杆利益,但风险也高;反之,资产负债率低,权益乘数就小,这说明企业负债程度低,企业会有较少的杠杆利益,但相应所承担的风险也低。

(二) 杜邦分析法的意义

杜邦分析法有助于企业管理层更加清晰地看到净资产收益率的决定因素,以及销售净利润率与总资产周转率、权益乘数之间的关联关系,给管理层提供了一张明晰的考察企业资产管理效率和是否最大化股东投资回报的路线图。

杜邦分析法的净资产收益率公式(净资产收益率(ROE)=销售净利率×总资产周转率×权益乘数)能帮助投资者和管理者理解 ROE 背后的驱动因素,从而更准确地评估企业的财务状况和经营绩效。例如,如果 ROE 较低,投资者和管理者可以进一步分析是由于净利润率低、总资产周转率低,还是使用了较低的财务杠杆造成的,从而做出针对性的经营决策。扩大销售收入,降低成本费用是提高企业销售净利率的根本途径,而扩大销售,同时也是提高资产周转率的必要条件和途径。而对资产周转率的分析,需要对影响资产周转的各因素进行分析,以判明影响企业资产周转的主要问题在哪里,再根据企业状况决定增加收入还是减少成本。

杜邦分析法的优点在于其简洁性和综合性,能够全面反映企业的财务健康状况。然而,它也有一些局限性,如没有考虑到现金流量的影响,以及可能存在的行业差异和会计政策差异对分析结果的影响。因此,在使用杜邦分析法时,需要结合其他财务指标和分析方法进行综合分析。

填一填 5-2

　　X 公司与 Y 公司两个公司的杜邦财务指标分析比较,如图 5-2 所示,请分析两家公司的财务情况。

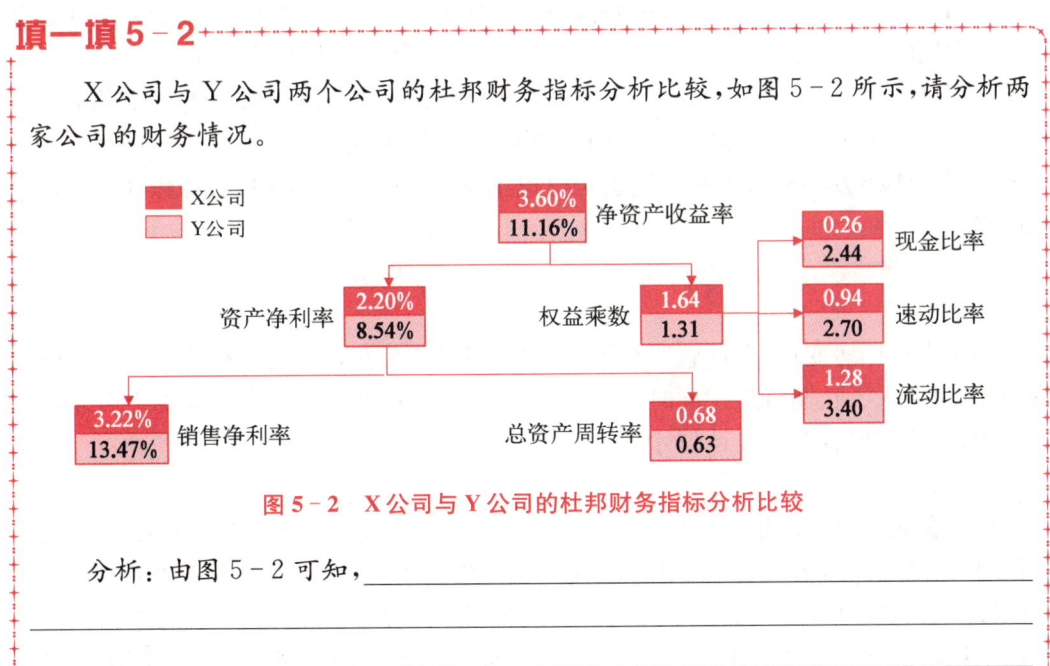

图 5-2　X 公司与 Y 公司的杜邦财务指标分析比较

　　分析:由图 5-2 可知,_____

_____

_____

任务 5.3　制订企业资金运转计划

企业沙盘模拟经营中有很多种融资方法，可以安排在不同的环节。企业在融资时需要合理运用融资策略，以减少资金的使用成本。如果盲目融资或没有掌握好时机，将会影响企业后期资金运作。

一、选择融资方式

（一）贷款

在企业沙盘模拟经营中，企业取得银行贷款的渠道主要来自短期贷款和长期贷款。

1. 短期贷款

短期贷款是指必须在 1 年以内还清的贷款，其优点是利率低；缺点是还贷期很短，企业压力大。如果企业处于没有足够的资金还贷又不能继续贷款的情况下，将面临巨大风险。短期贷款一般用于应对临时流动资金不足的情况。企业可以通过循环借短期贷款来保证企业的流动资金。

2. 长期贷款

长期贷款的优点是短期内不用还款，没有还款压力；缺点是利息高、融资成本高。一般来说，长期贷款常用于扩张性动机，如购置固定资产、购买生产线等长期投资项目。

（二）应收账款贴现

应收账款贴现是一种很专业的财务运作，操作灵活，可以随时进行。同时，贴现也是企业较常用的一种融资方法。但是贴现是针对尚未到期的应收账款的，所以要支付一定的贴现利息，从而形成了贴现成本。一般来说，贴现利息高于长期贷款利息。贷款的成本计入下期而贴现的成本计入本期，贴现有可能导致本期权益下降而减少了下期可以贷款的额度，所以应该尽量避免贴现。这也是模拟企业接销售订单要尽量选择账期短的订单的原因。

（三）出售资产

1. 出售厂房

如果出售厂房变现，企业就要每年支付租金租厂房，并且出售所得要 1 年后方可变现，利息也会大于长期贷款。同时，出售厂房需要将厂房的生产线全部变卖之后才可以进行操作，这需要企业提前计划才能进行。

2. 出售生产线

模拟企业的生产线按残值出售，可以获得相当于残值的现金。当生产线净值大于残值时，其之间的差价就是企业因出售生产线产生的损失，称为固定资产清理费用。生产线减少会造成企业生产能力下降，直接影响企业可生产产品的数量。由此可见，出售生产线以求变现是企业的无奈之举。不过，如果是为了更新高级别生产线而出售老旧落后生产线，则是企业的正确决策。

二、制定企业筹措资金方案

在企业沙盘模拟经营中,由于不同融资方式消耗的资金成本及带来的财务风险有所不同,模拟企业应计算比较不同融资方式的资金成本及财务风险(表 5-5),进而选择适合本企业的融资方式,并确定不同融资方式的融资比例。既要保证融资的综合资金成本较低,又要控制企业的风险水平,这样才能以最适宜的方式获取所需资金,并且在债务到期时能及时偿还,而不至于由于债务安排得不合理,出现无法偿贷的债务危机。

表 5-5　各种融资方式的资金成本与财务风险比较

融资类型	资金成本	财务风险
短期贷款	最低	最高
长期贷款	一般	较低
贴现	较高	较低

(一) 合理分配贷款额度

从经营实战来看,第 1 年的竞争比较激烈,企业在第 1 年很难获得利润。因此,第 1 年年末企业的所有者权益一般会有所下降。所有者权益的下降将直接影响第 2 年的贷款额度。由于短期贷款的期限只有 1 年,意味着第 1 年第 1 季度的贷款需要在第 2 年第 1 季度偿还。所以当企业在第 1 年资金相对充裕的情况下应谨慎使用贷款,合理分配银行贷款。

一般来说,第 1 年短期贷款的额度应适量使用,避免给第 2 年还款带来压力。短期贷款的使用量与企业经营策略相关,如果第 1 年采取比较激进的经营策略,大规模扩张并大力抢夺媒体广告,则需要的资金可能较多;如果第 1 年采取比较保守的经营策略,则所需的资金往往较少。

(二) 使用长期贷款

如果第 1 年放弃长期贷款或者少贷,那么在第 2 年所有者权益降低的情况下,企业将失去长期贷款的机会。并且由于在第 2 年经营过程中资金缺口较大,包括产品的生产费用、到期的短期贷款还款额、到期的长期贷款还款额、投广告等。没有长期贷款的支持,企业难以继续经营。

企业模拟经营沙盘提供了短期贷款和长期贷款两种融资方式,具体应用时可做如下考虑:

(1) 由于受到所有者权益数额的限制,要贷款必须考虑权益,尽量将企业的权益做大。在经营的前两年,特别是第 1 年,由于投资数额巨大,为抢占市场占有率,企业利润往往较少,权益会呈现下降趋势。在融资过程中一定要对权益的数额进行预测,以明确信贷数额,防止企业因资金链断裂而破产。

（2）在融资时要注意贷款的用途。短期融资由于偿还期限短、偿债压力大，一般只用于弥补流动资金的不足；长期贷款期限长、偿债压力小，用于弥补企业长期建设资金的不足。在具体使用时，若将短期资金大量用于招商广告投放、媒体广告投标等项目，企业将面临债务危机，甚至有可能面临无法偿还而破产的风险。特别是经营的前两年，资金需求量大，企业利润少。因此，在媒体广告投标上，企业要量力而行，切不可盲目。

（3）考虑到贷款成本及还款期的问题，在流动资金不足时一般优先考虑取得短期贷款。具体应用时应该注意短期贷款是每一期有一次机会进行贷款。在进入下一季度经营前，应该认真核对资金缺口，若资金不足应及时进行贷款，然后再进入下一季度经营。

练一练5-1

按照表5-6所给的各项融资类型及其财务费用，假设目前资金缺口为10W，目前企业有2账期应收账款15W，3账期应收账款11W，请问可以采用哪些方式弥补资金缺口，又会产生多少费用呢？

表5-6　融资贷款规则表

贷款类型	贷款时间	贷款额度	年利息/贴现率	还款方式
长期贷款	每年年初	所有长贷和短贷之和不能超过上年权益的3倍	10%	年初付息到期还本
短期贷款	每季度初		5%	到期一次还本付息
资金贴现	任何时间	视应收款额	10%（1账期、2账期）12.5%（3账期、4账期）	贴现各账期分开核算，分开计息

答：_____
_____
_____

三、合理规划现金流

对于企业而言，在一定的条件下，现金比利润更重要，现金状况直接影响到企业的生存质量。有许多企业虽在账面上有巨额盈利，但却因现金不足而破产倒闭；有些企业虽然在账面巨额亏损，却因有足够的现金而得以生存。企业的财务活动就是现金循环和周转的过程，筹资、投资，再筹资、投资……从起点又回到起点。这不是简单的重复，在这个过程中企业创造了财富，使得企业和其他利益相关者受益，这是一个螺旋上升的循环模式。

现金管理要解决的问题一是尽快取得现金收入并缩短现金循环的周期，二是保证有足够的现金来偿还到期的支出款项并且妥善利用销售收入。

（一）分析企业经营困难的原因

企业沙盘模拟经营中，因为对现金使用不当导致企业经营困难，甚至破产的案例时有发生。发生这些现象的主要原因在于企业没有做好现金预算和财务计划。

以下几种情况是企业沙盘模拟经营中经常会看到的,这说明经营者对现金管理还不太理解:

(1) 在经营状态中看到现金不少,就比较放心了。

(2) 还有不少现金,但却破产了。

(3) 能借钱的时候尽量多借,以免第 2 年借不到。

下面从现金管理的角度一一进行分析。库存现金越多越好吗?错! 现金如果够用,越少越好。现金从哪里来? 可能是短期贷款、长期贷款,都是要付利息的,还可能是销售回款。现金不少,企业却破产了,很多同学这个时候会一脸茫然。破产是指所持有的现金不足! 支付必须要支付的款项,造成现金断流。一般造成现金流断裂的原因包括:不能支付应付账款贷款本息、员工工资、租赁费、维修费售后服务费、库存管理费、行政管理费、相关税费、物流费用及企业装修费用等。

(二) 分析现金流

在沙盘模拟过程中,团队成员应清楚地掌握资产负债表、利润表的结构,通过财务报告、财务分析解读企业经营的全局,从而理解企业沙盘经营应分析的现金流,学会资金预算,以最佳方式筹资,控制融资成本,提高资金使用效率。

我们将可能涉及资金流入流出的业务汇总后,不难发现资金业务覆盖面之广,资金是企业日常经营的"血液"。资金断流就像人体得了"心肌埂塞"或"脑血栓",如果不及时疏通极易出现危机,导致生命危险。我们通过经营流程表来反映资金流动情况,如表5-7所示。我们将来年可能发生的相关金额填入经营流程表,如果发现资金断流,就必须及时调整,积极寻找资金流入的机会,确保拥有足够的资金支持经营活动。

填一填 5-3

请在表 5-7 中按照顺序执行各项操作,有现金流入或流出的在相应操作处用"√"标出,并说明发生时点。

表 5-7　现金流动分析表

顺序	经营流程	现金流入	现金流出	发生时点
年 初	新年度规划会议			
	广告投放			
	参加订货会选订单/登记订单			
	支付应付税			
	支付长贷利息			
	更新长期贷款/长期贷款还款			
	申请长期贷款			

顺序	经营流程	现金流入	现金流出	发生时点
1	季初盘点(请填余额)			
2	更新短期贷款/短期贷款还本付息			
3	申请短期贷款			
4	原材料入库/更新原料订单			
5	下原料订单			
6	购买/租用——厂房			
7	更新生产/完工入库			
8	新建/在建/转产/变卖——生产线			
9	紧急采购(随时进行)			
10	开始下一批生产			
11	更新应收款/应收款收现			
12	按订单交货			
13	产品研发投资			
14	厂房——出售(买转租)/退租/租转买			
15	新市场开拓/ISO资格投资			
16	支付管理费/更新厂房租金			
17	出售库存			
18	厂房贴现			
19	应收款贴现			
20	季末收入合计			
21	季末支出合计			
22	季末数额对账[(1)+(20)-(21)]			
年 末	缴纳违约订单罚款			
	支付设备维护费			
	计提折旧			
	结账			

从表 5-7 可以看出,现金流入项目有限,而其现金流入都对权益有"负面"影响。由此可以明白资金预算的意义了:首先需保证企业的正常运作,不发生断流,避免破产出局;其次,合理安排资金,降低资金成本,使权益最大化。资金预算、销售计划、采购计划和媒体推广计划的综合使用,既可以保证各计划正常执行,又可防止出现浪费,如库存积压等。同时,如果市场形势、竞争格局发生改变,资金预算必须进行动态调整,适应要求。可以说,资金的合理安排,为其他部门的正常运转提供了强有力的保障。

(三) 全面现金预算

为获得企业经营过程中必需的现金,必须在企业经营前进行全面现金预算。全面现金预算主要涉及收集数据、预测市场、预测生产、预测订货单、预测现金流等几个环节,在企业沙盘经营过程中应在事前进行计划,合理安排现金,事中进行调整并在事后进行评价,从而实现资源优化,以保证企业正常经营。

1. 收集数据

收集数据环节,应首先关注对手企业订单情况,记录对手企业所投资的广告费、获得的订单数量;其次利用对手盘面,获得对手企业市场开发信息、产品开发信息等;最后在模拟年度结束后,根据对手公布的数据,如企业所有者账面金额等,分析对手企业的实力,在后期竞争中重点关注竞争力比较强的对手,合理安排预算,调整策略方案,避免撞车。

2. 预测市场

预测市场环节,需要根据前期收集到的数据以及市场供应关系,及时调整战略决策,如:是否研发市场、是否研发产品以及确定投入的产品广告费用等,从而在相应经营流程中安排投入现金。

3. 预测生产

预测生产环节,主要是进行比较复杂的生产决策,包括是否增加生产线和厂房、使用购买还是租赁的方式增加等,从而合理进行现金预算。进行战略决策的主要依据是销售总监的销售数据,在预测生产时不仅需要考虑订单需求,还需要考虑产品需求,并在预测过程中灵活调整。一旦发现产品生产总量超过销售数量后,要及时与销售总监联系,调整销售方案,并时刻根据销售结果调整后期的生产预测,从而合理安排经营流程中所需的资金预算。

4. 预测订货单

预测订货单环节,主要是对订单进行预测,其主要内容包括:预测原材料的采购时间和数量;预测预付的金额和时间等。此外,还需要考虑库存、预测情况与实际情况不符的问题,结合订货单合理安排资金预算。

5. 预测现金流

对各部门的收支情况进行全局预算,保证企业有足够的现金。因此需要每年可使用的现金、需要归还的贷款以及需要支付的税金等进行提前预测,再对销售、生产以及采购环节所需要的现金进行汇总计算,预测企业当前的现金流情况,合理预算,保证现金流充足。

⚓ 项目小结

祝贺大家完成了本项目的学习,通过本项目的学习,大家应该多多少少理解企业财务管理的地位了吧!企业财务管理能为企业运作保驾护航。再也不要随便责怪财务"抠门"了,不"抠门"点儿,估计企业用不了多久就会断流破产了。

测 一 测

一、单项选择题

1. 一直以来都被视为企业资金管理的中心理念是( )。

A. 盈利为王　　　　B. 现金为王　　　　C. 材料为王　　　　D. 省钱为王

2. 有一种能力表明企业是否具有盈利的能力,指标中的净资产收益率是投资者最关心的,它反映了投资者投入资金的能力。一般而言,指标越高越好。这个能力指的是( )。

A. 偿债能力　　　　B. 获利能力　　　　C. 发展能力　　　　D. 营运能力

3. 表示企业具有成长的潜力,即持续能力的是( )。

A. 偿债能力　　　　B. 获利能力　　　　C. 发展能力　　　　D. 营运能力

4. 衡量企业财务状况是否稳定,会不会发生财务危机的指标是( )。

A. 偿债能力　　　　B. 获利能力　　　　C. 发展能力　　　　D. 营运能力

5. 从企业资产的管理能力方面对企业经营业绩做出评价的指标是( )。周转率越高,说明企业资金周转速度快,这个能力强。

A. 偿债能力　　　　B. 获利能力　　　　C. 发展能力　　　　D. 营运能力

6. 有一个综合性最强的财务分析指标是杜邦分析系统的核心,它指的是( )。

A. 净资产收益率　　B. 资产净利率　　　C. 销售净利率　　　D. 权益乘数

7. 净资产收益率亦称所有者权益报酬率或股东权益报酬率,它是企业利润净额与平均( )之比,该指标表明了企业所有者获得的投资收益。

A. 收入　　　　　　B. 资产　　　　　　C. 负债　　　　　　D. 所有者权益

8. 考虑到贷款成本及还款期的问题,在流动资金不足时一般优先考虑进行( )。

A. 出售库存　　　　B. 短期贷款　　　　C. 长期贷款　　　　D. 厂房贴现

二、多项选择题

1. 经营能力指标分析包括的指标有( )。

A. 偿债能力　　　　B. 获利能力　　　　C. 发展能力　　　　D. 营运能力

2. 下列活动可能引起现金流入的有( )。

A. 支付管理费　　　B. 出售库存　　　　C. 厂房贴现　　　　D. 应收款贴现

3. 下列可能引起现金流出的有( )。

A. 支付管理费　　　B. 购买固定资产　　C. 融资　　　　　　D. 销售产品

4. 企业现金管理可以运用的方法有( )。

A. 筹措现金　　　　B. 规划现金流　　　　C. 控制现金流　　　　D. 精打细算

5. 现金管理要解决的问题有(　　　　　)。

A. 尽快取得现金收入并缩短现金循环的周期

B. 保证有足够的现金来偿还到期的支出款项并且妥善利用销售收入

C. 如何让管理层满意

D. 急速占领市场,成为行业老大

6. 下列指标属于偿债能力分析指标的有(　　　　　)。

A. 流动比率　　　　B. 速动比率　　　　C. 资产负债率　　　　D. 资产净利率

7. 下列指标属于获利能力分析指标的有(　　　　　)。

A. 存货周转率　　　B. 资产净利率　　　C. 产权比率　　　　D. 销售利润率

8. 杜邦分析法的核心公式为:净资产收益率＝(　　　)×(　　　)×(　　　)。

A. 销售净利率　　　B. 总资产周转率　　　C. 权益乘数　　　　D. 资产负债率

9. 在企业沙盘模拟经营中,企业筹措资金可以应用的方式有(　　　　　)。

A. 贷款　　　　　　B. 应收账款贴现　　　C. 出售厂房　　　　D. 出售生产线

10. 收集数据可以应用的方式有(　　　　　)。

A. 直接问对方要数据

B. 关注对方企业订单情况,记录对方企业所投资的广告费、获得的订单数量

C. 利用对方盘面,获得对方企业市场开发信息、产品开发信息等

D. 在模拟年度结束后,根据对方公布的数据分析对方企业的实力

三、判断题

1. 企业的持续性发展经营,靠的不是高利润,而是良好、充足的现金流。　　　　(　　　)

2. 财务分析是借助财务报告反映的财务数据,采用专门方法系统分析和评价企业的过去和现在的财务状况和经营成果,通过了解过去、评价现在、预测未来可以将大量的报告数据转换成对企业预测、决策、控制有用的信息。　　　　　　　(　　　)

3. 财务分析一定能够发现企业存在的问题,并能提供解决问题的答案。　　　(　　　)

4. 杜邦分析法利用几种主要的财务比率之间的关系来综合分析企业的财务状况,以评价企业的盈利能力和股东权益回报水平。　　　　　　　　　　　　(　　　)

5. 杜邦分析法有助于企业管理层更加清晰地看到净资产收益率的决定因素,以及销售净利润率与总资产周转率、债务比率之间的关联关系,给管理层提供了一张明晰的考察公司资产管理效率和是否最大化股东投资回报的路线图。　　　　(　　　)

6. 资产负债率高,权益乘数就大,这说明公司负债程度高,公司会有较多的杠杆利益,但风险也高;反之,资产负债率低,权益乘数就小,这说明公司负债程度低,公司会有较少的杠杆利益,但相应所承担的风险也低。　　　　　　　　　　(　　　)

7. 库存现金越多越好。　　　　　　　　　　　　　　　　　　　　　　　(　　　)

8. 资产负债率越高,企业面临的财务风险就越大,获利能力也越低。　　　　(　　　)

9. 如果资金出现断流,必须及时调整,看看哪里会有资金流入,及时给予补充。

(　　　)

10. 短期投资是最好的融资方式,因为利率低,资金成本最低。　　　　　　(　　　)

评 一 评

请填写表5-8项目5学习评价表。

表 5-8　项目 5 学习评价表

项目名称	评价指标	权重	评价方式		得分
			自评	互评	
企业财务管理	概述现金流的定义,列举现金流入和流出的具体经济活动	10	✓		
	列举企业现金管理主要方法	10	✓		
	列举经营能力指标分析的四种能力分析	10	✓		
	列举企业模拟经营中企业筹措资金方案	10	✓		
	通过对经营公司的经营能力分析,对企业的偿债能力、获利能力、发展能力、营运能力做出评价	15		✓	
	通过分析经营公司的现金流,制定企业筹措资金方案并合理规划现金流	15		✓	
	通过对经营公司的经营能力分析,培养获取信息,并积极思考主动探究学习能力	15		✓	
	通过结合公司前期经营情况分析,提升分析能力,理解现金为王的含义,能对企业经营状况进行判断,并提出解决方案	15		✓	
合计		100	—	—	

学习体会:

教师评语:

项目 **6** 企业运营管理

 项目简介

　　本项目是提高篇的第三部分,学生在掌握企业经营管理和沙盘模拟经营理论知识的基础上,通过企业沙盘模拟经营进行经营推演,进而体验独立运营的系列操作。在对企业战略管理和财务管理分析和改善的基础上,仍需对企业运营管理进行优化和提升。本项目主要介绍了沙盘模拟经营中如何对生产计划和生产过程进行管理,并通过制订产销排产计划和物料需求计划去发现问题,分析问题,最终解决问题。以销定产,只有根据市场订单情况调整后的生产计划进行排产,才能充分利用产能;以产定料,只有根据生产计划计算出物料需求提前安排好物料订购,才能充分利用资金。学生通过自我探究,在瞬息万变的市场环境中,明白运营管理对企业现金流量的依赖性,能根据不同的订单情况形成对应的生产计划,并在产销不平等各种状况中明确解决之道。学生通过相互配合,明白工作岗位之间的密切联系,为后续的学习和工作做好铺垫。

项目导航

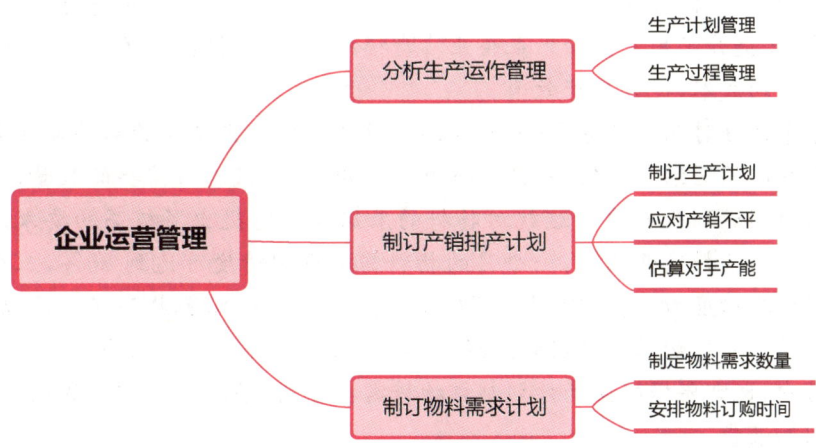

 学习目标

　○ **知识目标**
　● 概述生产计划管理的内容

- 解释进度管理、库存管理、质量管理和成本管理在生产过程管理的区别
- 阐述物料需求计划的概念
- 阐述交货期、账期和资金对制定生产计划的影响

○ **技能目标**

- 会根据销售、产出与生产三者的关系制定产销排产计划
- 会根据排产计划制定物料需求计划，核算订购数量与明确订购时间
- 会估算对手产能，辅助管理层进行经营决策

○ **素养目标**

- 模拟运营管理环节，建立责任意识和严谨的职业精神，并在采购和生产信息的有效传递中，培养学生的团队意识和沟通协调能力
- 通过对产销不平等问题的处理分析，培养学生对经营失误的随机应变能力

 **项目导入**

"海尔"的数字化运营管理

已经成立39年的中国海尔集团（以下简称海尔），2022年实现全球营收3 506亿元，利润总额为252亿元，同比逆势增长分别为5.4%和3.7%，连续14年位居全球大型家电第一品牌。成功的背后，是海尔持续推进的数字化转型和高效的运营生产管理模式。

在传统制造业，曾有"库存是万恶之源"之说。但作为营收千亿的家电制造业巨头，海尔能做到家电全品类85%产品不入库，原因在于产品在开产前就已经"名花有主"，一下线就包装，再通过物流直达用户或者客户。这种以销定产的生产方式，大大节约了仓储成本。这种"大规模制造"向"大规模定制"的转变，既提高了企业效率，又提升了用户体验。在企业沙盘模拟经营中，根据订单制定生产计划，能更好地节约成本，提升生产效率。

海尔采用准时制生产方式（just in time，JIT），尽量将必要的零件以必要的数量在必要的时间送到生产线，并且只将所需要的零件，只以所需要的数量，只在正好需要的时间送到生产线。这就对物料的采购和运输提出了极高的要求。海尔通过数字化的物料采购预测，一个月的物料需求预测精度可达到80%，三个月的物料需求预测精度为50%，为供应商提供了良好的供货体验，提高了供应黏性，同时也保障了JIT采购的顺畅实施。减少库存，也需要做到精准采购。在企业沙盘模拟经营中，也需要根据生产计划制订物料需求计划，满足生产需要的同时，减少资金占用和浪费。

制造业是国民经济的主体，持续推进制造业转型升级是巩固壮大实体经济根基的重要举措，海尔的数字化运营管理为我国制造业企业提供了一个很好的范例，值得借鉴和学习。

任务 6.1　分析生产运作管理

生产运作活动是企业最基本的活动之一，生产运作活动为达到企业的经营目的，必须将其所拥有的资源合理地组织起来。企业生产运作管理得合理又高效地运作，能使得企业在投入一定或资源一定的条件下，产能达到最大。企业生产运作管理主要包括生产计划管理和生产过程管理两大部分，两者同等重要，没有计划管理，生产过程就会出现混乱；没有过程管理，生产计划就无法落地。

一、生产计划管理

生产计划管理是指以产品的基本生产过程为对象所进行的管理，是对生产活动的计划、组织和控制。生产计划管理是企业的中枢大脑，在企业运营管理中起着举足轻重的作用，主要包括生产过程组织、生产能力核定、生产计划制订与生产作业计划的制订执行以及生产调度工作。

企业要生产什么？

这主要来源于销售订单和市场预测，制订生产主计划（MPS）。

生产要用到什么？

生产需要什么原材料，要多少原材料，要用什么设备等等，进一步按照生产主计划计算和制订详细的物料需求计划（MRP）。

企业已有什么？

看看企业的仓库库存情况，已有哪些原材料，盘点一下有哪些可用的生产设备，主要是对现有资源进行盘点，已确定现有资源是否满足生产需要。

企业还缺什么？

按照实际生产需求，分析企业还缺少多少原材料，设备产能是否足够满足产品交货期的需求。

按照实际生产需求，分析企业还缺少多少原材料，设备产能是否足够满足产品交货期的需求。沙盘模拟经营的企业可以参照图 6－1 的逻辑规划自己的生产计划。

6－1 动画资源
生产计划管理

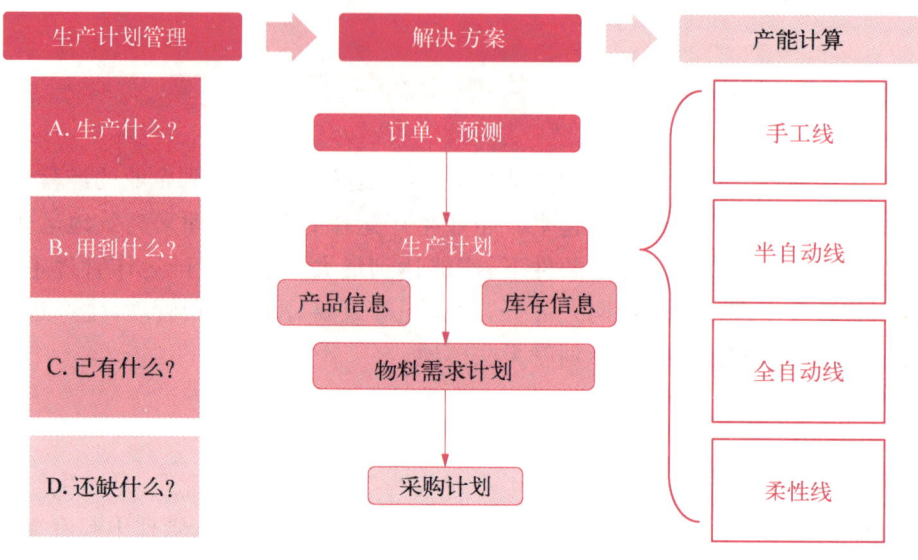

图 6 - 1 生产计划管理图

二、生产过程管理

生产过程管理是指以最佳的方式将企业生产的诸要素、各环节和各方面的工作有效地结合起来,形成生产系统,以最少的耗费,取得最大的生产成果和经济效益。生产过程管理贯穿生产执行的方方面面,涉及生产过程中各种生产要素和各个生产环节,主要包含进度管理、库存管理、质量管理和成本管理等。

(一)进度管理

进度管理是对生产数量和生产期限的控制,其主要目的是在交货期限内保证完成生产进度计划所规定的生产数量。同时由于生产系统运行过程的各个方面问题都会反映到生产作业的进度上,在实际运行管理过程中,企业的生产计划与控制部门需通过对生产作业进度的控制,协调和沟通各专业管理部门和生产部门之间的工作,以达到整个生产系统运行控制的协调、统一。

在企业沙盘模拟经营中的一个关键节点就是确保销售交货,因此需要仔细计算企业的产能,以防出现由于"产能计算错误"引发产能不够而需要紧急采购或由于"生产排产错误"引发不得不进行转产,最终由于产能不够或者生产成本上升等导致权益下降甚至企业破产等问题。

(二)库存管理

库存管理是使各种生产库存物资的种类、数量、存储时间维持在必要的水平上。库存管理既要保障企业生产经营活动的正常进行,又要通过规划合理的库存水平和采取有效的控制方式,使库存数量、成本和占用资金维持在最低限度内。

在企业沙盘模拟经营中不同原材料的到货期不一致。为保证生产正常运作要制定有效的采购计划,既不能采购不足影响生产的正常运行,又不能为此大量囤货导致占用极大的资金。基于这些问题业界提出来"零库存"的管理概念,零库存并不等于不要储备和没有储备。零库存是指物料(原材料、半成品、产成品等)在采购、生产、销售、配送等运营环节中,均处于周转的状态,既满足生产、销售需要,又没有额外的库存。在零库存管理上也有多种实现的方式,如按订单生产方式,这时库存实际满足生产需要,是物资周转的一种理想状态。比如,戴尔电脑便是通过直销和零库存管理大幅降低电脑销售成本。

(三)质量管理

质量管理是指确定质量方针、目标和职责,并通过质量管理体系中的质量策划、控制、保证和改进来使其实现的全部活动。在不同的时期,质量管理的关注点不同,最早是在生产人员完成生产任务后,由专门的人员检查最终产品,以确保产品质量符合要求的质量控制阶段。随着分工的细化,库存管理和生产计划进一步发展。最初,企业从流程设计开始以预防原则为主注重品质的质量保证阶段,随着工业化的到来,价值链将不同的组织衔接在一起,发展成为以产品为起点、以客户为终点,以实现自我价值的最大化为目标的质量管理阶段。质量管理发展如图 6-2 所示。

6-2 动画资源
质量管理的
发展阶段

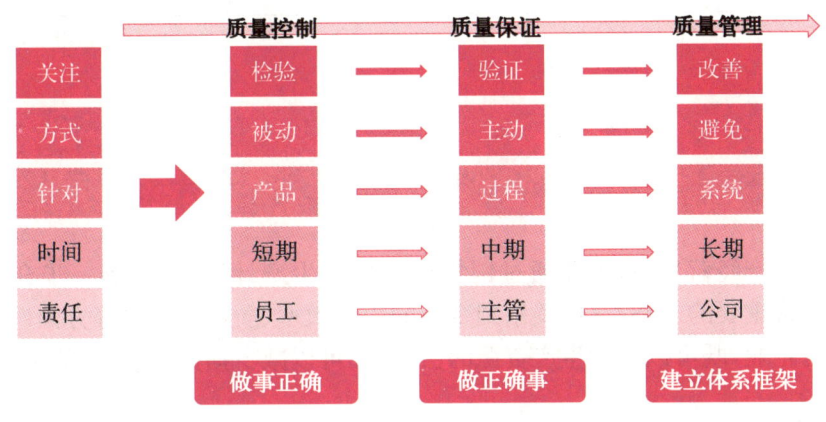

图 6-2　质量管理发展图

在企业沙盘模拟经营中,在后续规则加入 ISO 认证来保证企业对产品进行严格的质量控制。企业只有认证完成后才能领取相应的资格认证,而取得 ISO 认证的企业容易获得经销商和代理商的认可,进而提高市场竞争力。

(四)成本管理

成本管理是企业生产经营过程中成本核算、成本分析、成本决策和成本控制等一系列科学管理行为的统称。成本管理在企业运营中占有举足轻重的地位,只有做好成本控制工作,才能保证企业的经济效益。

在企业沙盘模拟经营中,产品的单位直接材料和单位直接人工是规则中已经确定的,因此,成本管理的关键在于制造费用的管理。企业应关注维护费、折旧费和贴现息等成本发生过程,重点关注应不应该发生?应该发生多少?应该何时发生?应该在何处发生?应该由谁来发生?这些成本都是在过程中发生,因此只有控制成本发生的过程,才能达到控制成本和降低成本的目的。

例如,根据规则,当年建成的生产线当年不提折旧,建成后第 2 年开始计提折旧,假定自动线的建设周期为3Q。企业如果在第1年第1季度开始建自动线,第4季度投入使用,则第1年便需开支维护费,并在第2年开始计提折旧。倘若企业第1年第2季度才开始建自动线,第2年第1季度才投入使用,建成期就是第2年,那则在第2年才列支维护费,并从第3年开始计提折旧。因此在考虑压线建生产线的基础上可以推迟1年列支维护费和计提折旧。

练一练 6-1

结合企业运营管理目标,写出生产计划管理过程中的生产要素和各个环节的注意点。

分析:_____

_____

_____

_____

_____

任务 6.2 制订产销排产计划

在企业生产经营当中,企业通过销售计划指导生产计划,从而进一步合理安排生产。这是非常重要的一环,直接关系到企业的生产效率、质量和成本等方面。产销排产安排合理的企业,既可以减少生产资源的占用,又可以减少损失,使企业的利益最大化。

一、制订生产计划

生产计划贯穿企业的生产、经营和管理活动。制订生产计划需将企业的原材料、设备和人员进行合理组织,以达到最优的资源配置效率,在确保产品数量和订单交货期的同时,使企业以最小的投入获得最大的利益。在企业沙盘模拟经营中,制订生产计划经常简称为"排产"。

(一)排产思维

6-3 动画资源
排产思维分析

排产的首要前提是不能出错,只有不出错才能保证企业按时按量交货。由于排产的方式多种多样,不同的排产方式可能使得订单资金的入账时间不同,企业现金流的压力不同,也会影响财务经理采用不同的融资方式。因此,企业排产时可按如下步骤进行考量:

(1)考虑交货期:交货期短的订单先生产先交货,规避由于排产错误未能及时交货导致违约的风险。

(2)考虑账期:在交货期、订单数量等一致的情况下,优先让生产账期短的订单尽快交货,缩短资金到账的时间,减少企业运营的现金流压力。

(3)考虑资金:考虑单笔订单的总价,因为当企业现金流处于非常紧张的状态,下一季度急需现金进行还款否则将面临破产风险的情况下,企业无论如何都应在当季凑齐一个订单交货,让财务经理及时进行贴现还款以弥补现金漏洞。

综合上述排产思维的分析,企业在选单时应优先选择交货期长的订单,一方面可以打压对手,另一方面可以让自己的排产更加灵活多变。

【例 6-1】假设企业拥有 3 条柔性线,1 条手工线,假定手工线的生产周期为 2Q, P2 的成本为 3W,P3 的成本为 4W,下一季度 P2 的市场需求较大,企业当季的销售订单情况具体如表 6-1 所示。

表 6-1　企业销售订单详情表

产品种类	数量(个)	交货期	账期	总价
P3	4	3Q	3Q	36W
P2	3	2Q	1Q	24W
P3	3	4Q	4Q	26W

分析:

结合企业的生产状况和订单情况,由于考虑到交货期,企业第 1 季度由 3 条柔性线先生产 P2,保证第 2 季度 3 个 P2 能准时交货;同时手工线第 1 季度就开始生产 P3,3 条柔性线第 2 季度也开始生产 P3,保证第 3 季度的 4 个 P3 能准时交货;3 条柔性线在第 3 季度继续生产 P3,保证第 4 季度的 3 个 P3 能准时交货。通过市场预测和产品分析,P2 和 P3 毛利均为 5W 左右,差距较小,且下一季度 P2 的市场需求较大,因此本年度的闲置生产线,手工线的第 3 季度和柔性线的第 4 季度均生产 P2,具体排产情况如表 6-2 所示。

表 6-2　企业排产表

季度	柔性线	柔性线	柔性线	手工线
1Q	P2	P2	P2	P3
2Q	P3	P3	P3	—
3Q	P3	P3	P3	P2
4Q	P2	P2	P2	—

练一练 6-2

假设企业拥有 4 条柔性线,4 条手工线,假定手工线的生产周期为 2Q,P1 的成本为 2W,P2 的成本为 3W,P3 的成本为 4W,企业当季的销售订单情况具体如表 6-3 所示,请将排产情况填在表 6-4 中。

表6-3 企业销售订单详情表

产品种类	数量	交货期	账期	总价
P1	4	4Q	1Q	20W
P1	4	3Q	2Q	24W
P2	3	3Q	2Q	21W
P2	2	4Q	2Q	14W
P3	1	3Q	3Q	10W
P3	2	4Q	4Q	16W

表6-4 企业排产表

季度	柔性线	柔性线	柔性线	柔性线	手工线	手工线	手工线	手工线
1Q								
2Q								
3Q								
4Q								

二、应对产销不平

在企业沙盘模拟经营中,运营经理需要通过现有资金、利润表、生产产能、未来预期投资和营销数据等,通过销售渠道市场来分析下一年应该生产什么产品以及应该扩展哪个市场。作为初学者,在进行运营管理中往往会有很多疑问,让我们一起来帮忙解答。

如果出现产销不平的现象,产能无法满足订单的需求,该如何处理?

完成每年的选单后,企业要先计算订单产品数量,并和自己的生产产能进行比较,判断是否存在产销不平的现象;如存在,可以进行紧急采购或者订单违约。

可以进行紧急采购或者订单违约,哪个方案更好?

需要比较紧急采购和订单违约各自的利润,紧急采购需要考虑紧急采购原材料还是产品,订单违约需要考虑违约多少产品,违约哪笔订单。

【**例 6 - 2**】企业在第 1 年已取得 P2 和 P3 的产品生产资格,建设完成 4 条柔性线。根据规则可知,P2 生产需要的原材料为 R1、R2 各一个,P3 生产需要的原材料为 R1、R2、R3 各一个,每项材料单价均为 1W,其中,R1 和 R2 的提前期为 1 个季度,R3 的提前期为 2 个季度,企业在第 1 年第 3 季度订购了 4R3,在第 1 年第 4 季度订购了 4R1+4R2。违约订单按违约订单销售额的 20% 计算违约金,原料紧急采购倍数为 2 倍,产品紧急采购倍数为 3 倍,假设企业第 2 年的订单情况如表 6 - 5 所示,试分析企业该如何应对。

表 6 - 5　企业销售订单详情表

订单	产品种类	数量	交货期	账期	总价
1	P2	2	3Q	1Q	10W
2	P2	2	3Q	3Q	11W
3	P3	4	2Q	2Q	28W
4	P3	4	4Q	4Q	30W
5	P3	2	4Q	1Q	16W

分析:

根据企业既有 4 条柔性线的产能,只能在第 2 年产出 12 个产品,订单产品数量却有 14 个产品,产销不平。五个订单的 P2 的产品单价≤5.5W<紧急采购产品单价 3×3W,P3 的产品单价≤8W<紧急采购产品单价 3×4W,所以全部采用紧急采购来订单交货的做法不可取。

(1) 若企业只有一个大厂房,且资金流紧张,则由于划错产能,配错单,多抢了两个产品,导致的产销不平,只能选择违约订单时,首先计算出企业应违约 2 个产品,可选择订单 1、订单 2 或订单 5。其次,若违约 2 个 P2,则考虑总价更低的,因此违约订单 1 舍弃订单 2,违约金为 2W。但是生产订单 5,由于未提前订购 R3,仍需 2 个 R3,紧急采购损失 2W,企业合计损失 4W;若违约 2 个 P3,则违约订单 5,违约金为 3W,第 2 年第 2 季度全部生产 P2 即可,无需紧急采购原材料,企业合计损失 3W。综合以上分析,企业在此种情况下的产销不平,应选择违约订单 5,具体排产情况如表 6 - 6 所示。

表 6 - 6　企业排产表

季度	柔性线	柔性线	柔性线	柔性线	
1Q	P3	P3	P3	P3	订单 3、2 交
2Q	P2	P2	P2	P2	订单 1、2、3 交

续　表

季度	柔性线	柔性线	柔性线	柔性线	
3Q	P3	P3	P3	P3	订单4、4交
4Q					

（2）若企业有两个中厂房，考虑厂房容量和资金流的情况下，考虑再加2条手工线来增加产能。由于年初决定加手工线生产，企业第2年初的库存材料为4R1＋4R2＋4R3，所以企业可选择在第2年第1季度订购2R1＋2R2，紧急采购2R3进行生产。紧急采购损失2W，维护费2W，企业加线生产2P3的利润增加额为4W（16－2×4－2－2）。综合以上分析，企业在此种情况下的产销不平，应选择紧急采购2R3，并加手工线的做法去应对，具体排产情况如表6－7所示。

表6－7　企业排产表

季度	柔性线	柔性线	柔性线	柔性线	手工线	手工线
1Q	P3	P3	P3	P3		
2Q	P2	P2	P2	P2	P3	P3
3Q	P3	P3	P3	P3		
4Q						

练一练6－3

企业在第1年已取得P2和P3的产品生产资格，建设完成4条柔性线，只有一个大厂房，资金流不允许再加线。根据规则可知，P2生产需要的原材料为R1、R2各一个，P3生产需要的原材料为R1、R2、R3各一个，每项材料单价均为1W，其中，R1和R2的提前期为1Q，R3的提前期为2Q，企业在第1年第3季度订购了4R3，在第1年第4季度订购了4R1＋4R2。违约订单按违约订单销售额的20%计算违约金，原料紧急采购倍数为2倍，产品紧急采购倍数为3倍，假设企业第2年已选定了表6－8所示的订单1、2、3，市场只剩下订单4，试分析企业是否该取得订单4并说明理由。

表6－8　企业销售订单详情表

订单	产品种类	数量	交货期	账期	总价
1	P2	2	3Q	1Q	10W
2	P2	2	3Q	3Q	11W

续　表

订单	产品种类	数量	交货期	账期	总价
3	P3	4	2Q	2Q	28W
4	P3	5	4Q	4Q	38W

分析：_____

_____

_____

_____

三、估算对手产能

在企业沙盘模拟经营中，运营经理需要通过综合费用表、利润表和资产负债表分析对手企业的信息，进而推算出对手企业的产能，分析出对手企业的获利能力与潜力，从而给予销售经理更全面的情报，以便其根据市场的准确预测投放更精准的广告，为企业下一年的决策提供有效的依据，提升企业的收益。综上可知，运营经理需精通生产线的分类、产能、购置费和原材料的计算，才能在三表分析中发挥重大作用。

例如，对手企业第 1 年三表中的固定资产状况为：在建工程为 60W，生产线为 0W，厂房为 40W。由于厂房 40W 只可能是一个大厂或两个小厂，共四条生产线空位，那么对手企业可能的生产线是四条自动线，因为自动线 15W 一条。同时，产品研发费为 2W，4W，6W，8W；研发周期为 2Q，2Q，3Q，4Q；若对手企业三表中的研发费用为 4W 时，可推断出对手企业的产品研发可能为 P2 或 P1 与 1 个季度其他产品。但在推断出对方可能为自动线后，便可判断对方产品可能为 P2，否则其他产品的生产都会延后，导致对方产能的降低。因此，对方企业的方案可能为 4P2，进而得到其下一年产能可能为 12P2。

【例 6-3】假设第 1 年对手企业三表中的在建工程为 40W，生产线为 45W，厂房为 50W，研发费用为 13W，假定规则中生产线、厂房以及产品研发的各项参数如表 6-9 至表 6-11 所示。请计算对手企业可能的方案及第 2 年产能。

表 6-9　生产线参数表

生产线名称	总购置费	安装周期	生产周期	每季度安装费	折旧年限	残值
手工线	5W	0Q	2Q	5W	4Y	2W
自动线	15W	3Q	1Q	5W	5Y	3W
柔性线	20W	4Q	1Q	5W	5Y	4W

表 6-10　厂房参数表

厂房名称	买价	租金
大厂房	40W	4W
中厂房	30W	3W
小厂房	20W	2W

表 6-11　产品研发参数表

产品名称	总开发费	开发周期	每季度开发费
P1	4W	2Q	2W
P2	6W	2Q	3W
P3	8W	4Q	2W
P4	12W	4Q	3W

分析：

（1）生产线部分：厂房为 50W，可知对手企业厂房选择为一中厂 30W＋一小厂 20W，生产线数量共 5 条。三表中生产线，即已建成的生产线为 45W，只可能为三条自动线，因为如果是柔性线，4 个季度的安装周期导致其只可能是在建工程，而不可能列入生产线中；若是手工线或自动线＋手工线，在生产线数量为 5 条的前提下，购置费不可能达到 85W（40＋45）（5 条自动线 75W＜85W），因此，生产线为三条自动线，并且已经建成投入生产。在三条空位确定之后，在建工程的 40W 只能是两条柔性线，进而可推断出对手企业的生产线为三条自动线两条柔性线。

（2）产品部分：由于生产线中已经有三条自动线建成并投产，对手企业大概率在第 1 年已经完成了一个产品的研发，即完成了 P1 或 P2 中的一个。三表中研发费用为 13W，若完成了 P1 的研发，则再研发 3 个季度的 P4 之后研发费用就符合三表数据（4W＋9W）；若完成 P1 和 P2 的研发，则再研发 1 个季度的 P4 之后研发费用也符合三表数据（4W＋6W＋3W）；若完成了 P2 的研发，无论再研发其他的 P3 或 P4，都无法达到 13W 的研发费用。所以可以推算出对方的产品选择可能是 P1＋P4（第 1 年研发 3 个季度）或 P1＋P2＋P4（第 1 年研发 1 个季度）。

综合以上分析可知，假设对手企业的方案为三条自动线 P1＋两条柔性线，则产能为 12P1＋2P1（柔性线 2-1 只能生产 P1）＋4 柔性产能＝14P1＋4 柔性产能。同理，对手企业的方案为三条自动线 P1 和 P2＋两条柔性线的产能的情况可作为拓展，试着去推算。

练一练 6 - 4

假设第 1 年对手企业三表中的在建工程为 36W,生产线为 36W,厂房为 19W,厂房租金为 5W,研发费用为 16W。假定规则中生产线、厂房以及产品研发的各项参数如表 6 - 12 至表 6 - 14 所示,请计算对手企业可能的方案及第 2 年产能。

表 6 - 12　生产线参数表

生产线名称	总购置费	安装周期	生产周期	每季度安装费	折旧年限	残值	维护
手工线	4W	0Q	2Q	4W	4Y	1W	1W
自动线	12W	2Q	1Q	6W	5Y	2W	2W
柔性线	18W	3Q	1Q	6W	5Y	2W	3W

表 6 - 13　厂房参数表

厂房名称	买价	租金	容量
大厂房	46W	5W	4 条
中厂房	33W	3W	3 条
小厂房	19W	2W	2 条

表 6 - 14　产品研发参数表

产品名称	总开发费	开发周期	每季度开发费
P1	1W	1Q	1W
P2	6W	3Q	2W
P3	10W	2Q	5W
P4	16W	4Q	4W

分析:_____

_____

_____

_____

_____

任务 6.3　制订物料需求计划

物料需求计划(material requirement planning,MRP)最早由美国生产管理与计算机应用专家提出,通过 IBM 公司(International Business Machines Corporation)在计算机上实现处理后,由美国生产与库存管理协会进一步倡导和发展起来。物料需求计划是指依据主生产计划(master production schedule,MPS)、物料清单、库存记录和已订未交订单等资料,经由计算而得到各种相关需求物料的需求状况,同时提出各种新订单补充的建议,以及修正各种已开出订单的一种实用技术。

一、确定物料需求数量

在制订生产计划时,一个重要的指标就是计算原材料的需求量,如果原材料的需求量计算有误,那么会出现以下几个弊端:

(1)占用资金链。庞大原材料的购入量,会占用一部分企业运营资金,经常出现这种情况就会使企业错过很多发展机遇。例如,没有资金可供研发或者进行下一步生产等情况。这个时候想到最多的处理方式就是贴现,然而贴现需要耗费财务费用,财务费用增多会导致所有者权益降低,对企业发展极为不利。因此,企业应在原材料上多下点功夫,以节省贴现和贷款等资金筹措导致的财务费用。

(2)造成资源浪费。虽然单个原材料的价格不高,但是随着原材料数量的增多,存货耗用的现金流就多了,进而导致资源的滞后。原因在于,原材料占用太多的闲置资金而无法生产或出售,最终导致企业的流动资金减少。

(3)导致生产条理混乱。运营经理对原材料的混乱划分必然造成混乱的操作步骤。因为运营经理生产条理的混乱经常会导致缺少原材料影响生产经营正常进行而需要紧急采购的情况。紧急采购最终导致损失进而降低所有者权益。

因此,确定适当的原材料采购数量是企业运营经理追求的一个目标,一般而言,MRP 的系统运算逻辑如图 6-3 所示。

图 6-3　MRP 的系统运算逻辑图

【例 6-4】企业已取得 P3 的产品生产资格,并建设完成 4 条柔性线。根据规则可知,P3 生产需要的原材料为 R1、R2 和 R3 各一个,其中,R1 和 R2 的提前期为 1Q,R3 的提前期为 2Q,如图 6-3 所示。假定企业在第 3 季度订购了 5 个 R1,且需在第 5 季度和第 6 季度产出 P3,那么企业应怎么合理又划算地订购原材料呢?

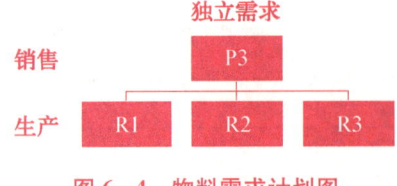

图 6-4　物料需求计划图

分析：

企业要在第 5 季度和第 6 季度产出 P3，则需在第 4 季度和第 5 季度生产 P3，由于 P3＝R1＋R2＋R3＋1W，因此，企业第 4 季度需要 4 个 R1，第 5 季度需要 6 个 R1。由于企业计划在第 3 季度定了 5 个 R1，在满足完第 4 季度的需求后，在第 5 季度的时候，企业有一个 R1 的原材料库存，此时虽然企业净需求是 6 个，需要减去库存的 1 个，所以企业在第 4 季度的计划采购数量为 5 个 P1。企业 R1 物料需求计划如表 6-15 所示。

表 6-15　企业 R1 物料需求计划表　　　　　　　　单位：个

时间	第 1 季度	第 2 季度	第 3 季度	第 4 季度	第 5 季度	第 6 季度
计划产出					4	6
计划生产				4	6	
R1 需求				4	6	
预计库存				0	1	
净需求				4	5	
R1 订购			5（已知）	5		

同理可得 R2 和 R3 的计划采购数量。唯一的不同在于 R1 和 R2 的提前期为 1Q，但是 R3 的提前期是 2Q，因此，企业需在第 2 季度订购第 4 季度需要的 R3，企业需在第 3 季度订购第 5 季度需要的 R3。企业 R2、R3 物料需求计划如表 6-16 和表 6-17 所示。

表 6-16　企业 R2 物料需求计划表　　　　　　　　单位：个

时间	第 1 季度	第 2 季度	第 3 季度	第 4 季度	第 5 季度	第 6 季度
计划产出					4	6
计划生产				4	6	
R2 需求				4	6	
预计库存				0	0	
净需求				4	6	
R2 订购			4	6		

表 6-17　企业 R3 物料需求计划表　　　　　　　　　　　单位：个

时间	第1季度	第2季度	第3季度	第4季度	第5季度	第6季度
计划产出					4	6
计划生产				4	6	
R3 需求				4	6	
预计库存				0	0	
净需求				4	6	
R3 订购		4	6			

二、安排物料订购时间

企业应通过销售计划指导主生产计划，根据产品定额产生物料需求计划，对库存物料和采购物料进行平衡计算后，形成原材料采购清单，既规避了生产缺料和库存物料积压两方面的矛盾，又消除了生产线停工待料的现象。倘若企业直接根据生产计划的总数量，一口气提前预订了所有原材料，可能导致材料资金占用较大，资金发生断流，只能通过贷款或贴现的方式来获取运营资金，降低所有者权益。因此，企业应在保证生产计划的准确性和成本核算的可靠性的基础上，降低原材料储备，减少库存商品数量，降低材料资金、生产资金和产成品资金等的占用，加速流动资金的周转，提高产品的利润。

【例 6-5】企业在第 1 年已取得 P2 和 P3 的产品生产资格，并建设完成 4 条柔性线。根据规则可知，P2 生产需要的原材料为 R1、R2 各一个，P3 生产需要的原材料为R1、R2、R3 各一个，每项材料单价均为 1W，其中，R1 和 R2 的提前期为 1Q，R3 的提前期为 2Q。假定企业第 2 年的排产计划如表 6-18 所示，企业若在第 1 年第 3 季度订购提前期为 2Q 的所有原材料，第 1 年第 4 季度订购提前期为 2Q 的所有原材料，则直接材料的现金支出情况是如何？应如何合理又划算的订购原材料？

表 6-18　第 2 年的排产计划表　　　　　　　　　　　单位：个

排产计划	第1年第3季度	第1年第4季度	第2年第1季度	第2年第2季度	第2年第3季度	第2年第4季度
P2			1	1	1	2
P3			3	3	3	2

分析：

企业 P2 和 P3 的生产均需要 1R1＋1R2，因此直接统计 P2 和 P3 的生产数量之和即为 R1 和 R2 的需求量。通过排产计划可知,第 2 年,企业共生产 5P2 和 11P3,R1 和 R2 的提前期为 1Q,因此,若原材料采用全部提前订购的方式,第 1 年第 4 季度企业需订购 16R1＋16R2。

企业 P3 的生产均需要 1R3,通过排产计划可知,第 2 年,企业共生产 11P3,R3 的提前期为 2 个季度,因此,若原材料采用全部提前订购的方式,第 1 年第 3 季度企业需订购 11R3。

由于每项材料单价均为 1W,企业在第 2 年第 1 季度,所有提前订购的原材料到货时,需要支出现金 16＋16＋11＝43W,具体如表 6-19 所示。

表 6-19　全部提前订购表　　　　　　　　　　　单位:个

排产计划	第 1 年 第 3 季度	第 1 年 第 4 季度	第 2 年 第 1 季度	第 2 年 第 2 季度	第 2 年 第 3 季度	第 2 年 第 4 季度
P2			1	1	1	2
P3			3	3	3	2
R1		16				
R2		16				
R3	11					
现金支出			−43W			

企业 P2 和 P3 的生产均需要 1R1＋1R2,因此每一季度 P2 和 P3 的生产数量之和即为当季 R1 和 R2 的需求量,通过排产计划可知,第 2 年,企业每一季度生产的 P2 和 P3 之和均为 4,R1 和 R2 的提前期为 1Q,因此,企业仅需要在每季度生产之前提前 1 个季度订购 4R1＋4R2。

企业 P3 的生产均需要 1R3,通过排产计划可知,第 2 年企业 4 个季度 P3 的生产安排为(3,3,3,2),R3 的提前期为 2Q,因此,企业需要在前 1 年第 3 季度企业需订购 11R3。

由于每项材料单价均为 1W,企业在每季度生产之前提前 2 个季度订购 R3,订购情况和现金支出情况如表 6-20 所示。

表 6-20　物料需求计划表　　　　　　　　　　　单位:个

排产计划	第 1 年 第 3 季度	第 1 年 第 4 季度	第 2 年 第 1 季度	第 2 年 第 2 季度	第 2 年 第 3 季度	第 2 年 第 4 季度
P2			1	1	1	2
P3			3	3	3	2

续　表

排产计划	第1年 第3季度	第1年 第4季度	第2年 第1季度	第2年 第2季度	第2年 第3季度	第2年 第4季度
R1		4	4	4	4	
R2		4	4	4	4	
R3	3	3	3	2		
现金支出			−11W	−11W	−11W	−10W

综合两种订购方式对比分析可知,若原材料采用全部提前订购的方式,企业在第2年第1季度需一次性支出43W的原材料采购支出,现金流压力较大,若根据制定的物料需求计划,尽可能做到原材料零库存,则同样43W的原材料采购支出将分摊到第2年第1季度、第2年第2季度、第2年第3季度和第2年第4季度中,现金流压力较小。

练一练6-5

在例6-5的基础上假定企业未订货前既有原材料R1是3个,R2是2个,R3是4个,企业又应如何合理又划算地订购原材料? 请将结果填入表6-21中。

表6-21　物料需求计划表　　　　　　　　　　单位:个

排产计划	第1年 第3季度	第1年 第4季度	第2年 第1季度	第2年 第2季度	第2年 第3季度	第2年 第4季度
P2			1	1	1	2
P3			3	3	3	2
R1						
R2						
R3						

⚓ 项目小结

通过本项目对企业生产运营管理的进一步分析学习,大家已经能准确制定生产计划,并根据产品与原材料之间的配比关系制订物料需求计划,合理安排物料的订购时间。相信大家也能针对偶发性失误导致的产销不平衡问题进行及时的应对与处理,期待大家在提高篇中继续提升。

测 一 测

一、单项选择题

1. 企业一共有 3 个厂房可以选择,大厂房可以容量 4 条生产线,中厂房可以容量 3 条生产线,小厂房可以容量 2 条生产线,只能买一个厂房,假设企业一共需要安装 4 条柔性线,则选择的厂房是(　　)。
   A. 小厂房　　　　　　　　　　　　B. 中厂房
   C. 大厂房　　　　　　　　　　　　D. 以上答案都不对

2. 假设一个 P1 的成本是 2W,一个 P2 的成本是 3W,一个 P3 的成本是 4W。企业买了 2 个 P2 和 3 个 P3 的直接成本是(　　)W。
   A. 6　　　　　　B. 8　　　　　　C. 12　　　　　　D. 18

3. 假设企业现在有 3 条全自动线在第 2 年的第 1 季度就开始生产了 P1,自动线的生产周期是 1Q,在第 2 年的第 1 季度,一共有 P1(　　)个。
   A. 3　　　　　　B. 6　　　　　　C. 9　　　　　　D. 12

4. 假设企业的 3 条自动线在第 1 年建成开始生产,一条自动线的维护费是 1W,那么第 1 年一共需要交维护费(　　)W。
   A. 0　　　　　　B. 1　　　　　　C. 2　　　　　　D. 3

5. 假设企业的 3 条自动线在第 1 年建成开始生产了,一条自动线折旧是每年 4W,那么第 1 年一共需要计提折旧为(　　)W。
   A. 0　　　　　　B. 1　　　　　　C. 2　　　　　　D. 3

6. 假设企业在第 1 季度交了一张账期为 4Q,金额为 56W 的订单,则在下一年可以拿到这 56W 的时间是(　　)。
   A. 第 1 季度　　B. 第 2 季度　　C. 第 3 季度　　D. 第 4 季度

7. P1 的原材料构成是 R1+R2,企业需要生产 4 个 P1 的时候,仓库里必须要有原材料为(　　)。
   A. 4R1　　　　　　　　　　　　　B. 4R2
   C. 4R1+4R2　　　　　　　　　　 D. 不需要原材料

8. R1 的材料订购提前期是 1Q,当企业在第 3 季度需要用到 R1 生产的时候,则采购时间为这一年的(　　)。
   A. 第 1 季度　　　　　　　　　　　B. 第 2 季度
   C. 第 3 季度　　　　　　　　　　　D. 第 4 季度

9. R2 的材料订购提前期是 2Q,若企业在第 2 季度需要用到 R2 生产,则采购时间为上年的(　　)。
   A. 第 1 季度　　　　　　　　　　　B. 第 2 季度
   C. 第 3 季度　　　　　　　　　　　D. 第 4 季度

10. P1 的研发总费用是 4W,P2 的研发总费用是 5W,P3 的研发费用是 6W,发现对手的研发费用是 10W,那么他们做的产品是(　　)。

A. P1   B. P2   C. P3   D. P1＋P3

11. 假设 P1 需要研发 4Q,1Q 的研发费用需要 2W,那么 P1 的研发总费用是（   ）。

A. 2   B. 4   C. 6   D. 8

二、多项选择题

1. 企业可以选择生产产品的生产线有（   ）。

A. 手工线   B. 半自动线

C. 全自动线   D. 柔性线

2. 企业一共有 3 个厂房可以选择,大厂房可以容量 4 条生产线,中厂房可以容纳 3 条生产线,小厂房可以容纳 2 条生产线,没有规定可以买几个厂房的前提下,假设企业一共需要安装 6 条生产线,则选择的厂房可以有（   ）。

A. 一个大厂房和一个小厂房   B. 两个中厂房

C. 三个小厂房   D. 一个中厂房和一个小厂房

3. 企业可以通过（   ）来预估对手的产能。

A. 对方的生产线   B. 对方的现金

C. 对方的库存商品   D. 对方的产品资格认证

4. 排产时要进行考虑的因素有（   ）。

A. 交货期   B. 账期

C. 总价   D. 产品种类和数量

5. 第 1 年发现对手获得了 P1,P2,P3 的资格认证,那么他们可能做的产品有（   ）。

A. P1   B. P2   C. P3   D. P4

6. P1 的产品组成是 R1,P2 的产品组成是 R2,P3 的产品组成是 R1＋R2,假设现在仓库里有 3R1,1R2,企业可以生产的产品可能有（   ）。

A. 3P1,1P2   B. 1P1,3P2   C. 2P1,1P3   D. 2P2,1P3

7. 企业有 1 条手工线生产 P2,假设第 1 季度就进行安装,安装周期是 0Q,生产周期是 2Q,下列正确的情况有（   ）。

A. 今年只能生产出一个 P2   B. 今年可以生产出 2 个 P2

C. 第 2 季度可以进行生产   D. 第 1 季度就可以进行生产

8. 企业有 1 条柔性线生产 P3,假设第 1 季度就进行安装,安装周期是 3Q,生产周期是 1Q,下列正确的情况有（   ）。

A. 今年要交维护费   B. 今年可以有 P3 的产出

C. 今年需要计提折旧   D. 第 4 季度就可以开始生产

9. 假设 P1 需要 R1＋R2,P2 需要 R1＋R3,R1 和 R2 的提前期是 1Q,R3 提前期是 2Q,那么下面正确的情况有（   ）。

A. 生产 2 个 P2 需要 2R2＋2R3

B. 生产 2 个 P2 的原材料都需要提前 2 个季度订购

C. 生产 1 个 P1 需要 R1＋R2

D. 生产 1 个 P1 的原材料都需要提前 1 个季度订购

10. 半自动线的安装周期 2Q，生产周期 1Q，下面正确的情况有（　　　　　）。

　　A. 第 1 季度开始安装，第 3 季度可以开始生产

　　B. 第 1 季度开始安装，第 4 季度可以开始生产

　　C. 第 1 季度开始安装 2 条，今年会有 2 个产品产出

　　D. 第 1 季度开始安装 2 条，今年会有 4 个产品产出

11. 订购原材料的时间应该（　　　　　）。

　　A. 看什么时候开始生产需要这个原材料的商品

　　B. 根据题目的提前期去算

　　C. 提前 1 个季度

　　D. 提前 2 个季度

三、判断题

1. 没有厂房，生产线也可以进行建造。　　　　　　　　　　　　　　　（　　）

2. 在企业沙盘模拟经营中，企业可以自行选择购买或者租用厂房。　　（　　）

3. 假如企业现在有张订单超过交货期，也可以进行交货。　　　　　　（　　）

4. 排产的意思就是排列出企业的产能。　　　　　　　　　　　　　　　（　　）

5. 上年没有卖出的库存产品不计入企业的产能中。　　　　　　　　　　（　　）

6. 当年建成的生产线需要交维护费。　　　　　　　　　　　　　　　　（　　）

7. 当年建成的生产线需要计提折旧。　　　　　　　　　　　　　　　　（　　）

8. P2 的研发时间是 4Q，企业在上年已经研发了 2Q，现在可以直接生产 P2。（　　）

9. 原材料是什么时候生产需要了什么时候直接采购就可以。　　　　　（　　）

10. 第 1 季度 2 条自动线开始生产，自动线的生产周期是 1Q，第 4 季度会有 6 个产品产出。　　　　　　　　　　　　　　　　　　　　　　　　　　　（　　）

四、实训题

假如企业目前有 4 条柔性线，拥有 P1、P2、P3 和 P4 的生产资格，四个产品的产品组成和原材料采购提前期如表 6-22 和表 6-23 所示。

<table>
<tr><th colspan="2">表 6-22　产品组成表</th><th colspan="2">表 6-23　原材料采购提前期</th></tr>
<tr><th>产品</th><th>产品组成</th><th>原材料</th><th>提前期</th></tr>
<tr><td>P1</td><td>1R1</td><td>R1</td><td>1Q</td></tr>
<tr><td>P2</td><td>1R2＋1R3</td><td>R2</td><td>1Q</td></tr>
<tr><td>P3</td><td>1R1＋1R3＋1R4</td><td>R3</td><td>2Q</td></tr>
<tr><td>P4</td><td>1R2＋1R3＋2R4</td><td>R4</td><td>2Q</td></tr>
</table>

1. 经营第 2 年，假如需选择其中 2 种产品进行生产，试分析较为合适的产品组合。

2. 假如在经营第 2 年准备选择 P2＋P4 的产品组合，为了满足任何的 P2＋P4 的订单组合，在第 1 年第 3 季度和第 4 季度需要如何下采购订单，请填写表 6-24。

表 6‑24　物料需求计划表　　　　　　　　　　　　　　　　　　单位：个

排产计划	第1年 第3季度	第1年 第4季度	第2年 第1季度	第2年 第2季度	第2年 第3季度	第2年 第4季度
P4						
R1						
R2						
R3						
R4						

注意：阴影部分无需填写。

3. 假如经营第2年获得如下订单，第2年第4季度生产4个P4，且第1年第3季度和第4季度已经按照第2题的计划下了采购订单，如表6‑25所示，请问第2年第1季度和第2年第2季度该如何调整原材料订单，请填写表6‑26。

表 6‑25　企业销售订单详情表

订单	产品种类	数量（个）	交货期
1	P1	4	3Q
2	P2	4	2Q
3	P4	4	4Q

表 6‑26　物料需求计划表　　　　　　　　　　　　　　　　　　单位：个

排产计划	第1年 第3季度	第1年 第4季度	第2年 第1季度	第2年 第2季度	第2年 第3季度	第2年 第4季度
P1						
P2						
P4						
R1						
R2		4				
R3	4	4				
R4	8	8				

注意：阴影部分无需填写。

评 一 评

请填写表6-27项目6学习评价表。

表6-27　项目6学习评价表

项目名称	评价指标	权重	评价方式		得分
			自评	互评	
企业运营管理	能概述生产计划管理和生产过程管理的内容与重点	10	✓		
	能分析运用进度管理、库存管理、质量管理和成本管理对生产过程进行管理	10	✓		
	完成产销排产计划的制订	15	✓		
	完成物料需求计划,保证需求数量和订购时间的准确性	20	✓		
	能应对产销不平等失误,及时做出调整	10	✓		
	在运营管理环节有足够的责任意识和严谨的职业精神	10		✓	
	在团队沟通中能及时有效地传递采购和生产信息	10		✓	
	通过对手产能的估算,辅助进行经营决策	15		✓	
合计		100	—	—	

学习体会:

教师评语:

项目 7 企业销售管理

项目简介

　　本项目是提高篇的第四部分,学生已经学习了企业战略管理、企业财务管理、企业运营管理的相关理论知识,获得了一定实践经验。本项目主要介绍企业销售管理的方法和指标,如理解市场机会、目标市场和市场需求的含义;培养学生能根据市场预测数据建立市场预测表、透彻了解市场,能分析广告投入产出比、制订合理的广告投放方案和订单选择策略。在风云变幻的市场行情中,利用优势、把握机会,获得尽可能多的收益。

项目导航

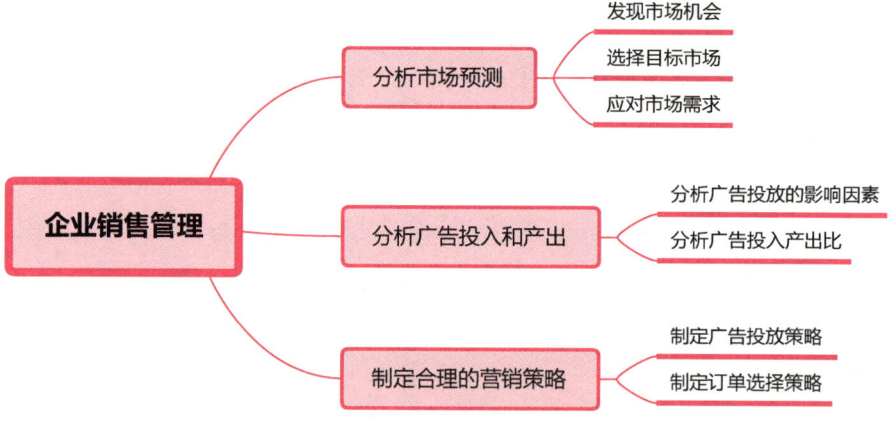

学习目标

○ **知识目标**

- 列举常见市场细分标准和五种目标市场选择模式
- 说出常见市场需求的类型并举例
- 说出影响广告投放的常见因素

○ **技能目标**

- 能根据市场需求计算市场均价、平均毛利和市场容量,发现并分析市场机会

148

- 能根据市场需求计算组均订单量和需求量,分析自身产能与市场需求的差距,作出相应决策
- 能计算广告投入产出比,制定广告投放和订单获取策略,提升广告投放效率

○ **素养目标**

- 通过广告的投入产出对比,加强学生的风险管理意识
- 通过订单选择和订单违约的环节,培养学生的契约精神

李宁公司的精准营销策略

　　李宁公司是"体操王子"李宁在 1990 年创立的专业体育品牌公司,以出售运动服装、运动鞋、运动器材为主,拥有完善研发、设计、制造、经销及营销能力。截至 2023 年 12 月 31 日,李宁公司(包含李宁核心品牌及李宁 YOUNG)常规店、旗舰店、工厂店、多品牌集合店的销售点数量为 7 668 家,较 2022 年 12 月 31 日增加 65 家。2023 年,李宁全年实现营收 275.98 亿元,较 2022 年上涨 7.0%;整体毛利率为 48.4%,与上年持平。

　　党的二十大报告强调,加快数字经济发展,重点在于促进数字经济和实体经济深度融合。在现在的数字经济时代,越来越多的企业通过高效的数据处理能力,充分挖掘数据价值,并用于企业的精准营销,实现对顾客、产品、渠道、广告的精准定位。

　　李宁公司在提升门店数量的同时,更是借助数字化手段强化了门店渠道的零售效率。第一,李宁公司在门店中增设了终端运营执行,实现了"总部指令下发、终端信息确认、门店业务执行、总部监管"的管理闭环;第二,门店联合阿里云对用户特征和线下地域进行组合,通过云码等渠道辐射到周围三公里的商圈客户,形成热力图和人口信息标签,锁定门店周边的精准客户,针对性地向目标客户群体投放广告。第三,李宁公司在门店物流系统的数字化建设,确保商品物流信息的全透明,极大提升了各类门店配货的质量与时效。最后,李宁公司通过标准化的内容生产流程和数字化工具,提升社群互动和直播转化,优化离店后购物体验,提升了整体消费体验。

　　百货业之父约翰·沃纳梅克曾经说过:"我知道在广告上的投资有一半是无用的,但问题是我不知道是哪一半。"李宁公司精准的广告投放和恰当的营销策略,起到了事半功倍的效果,用有限的资金建立品牌和消费者之间的联系,以更低的成本获得更多用户的注意力,并把用户兴趣转化为购买欲望,进而转化为购买力。

　　在企业模拟沙盘经营中,企业面对多样的产品品种和地理位置,我们可以通过数据透视图、透视表等数据处理工具,充分挖掘订单中蕴藏的市场机会,选择不同的目标市场模式,并有针对性地制定精准的营销策略,在风云变幻的市场中占据一席之地;同时也需要不断思考如何用更低的成本,获取更多的利润,实现更大的权益。

老师，销售和利润有关系吗？

收入减费用等于利润，销售决定了收入大小，所以收入越大利润越高，但我们还要考虑如何降低成本，这样才能获取更多的利润，实现更大的权益。

任务 7.1　分析市场预测

市场预测是市场研究中最重要的部分之一，一般通过对市场调查资料的详细研究，利用现有的市场知识、经验和方法，进一步对研究市场未来的发展状态和趋势作出预测，从而研判市场的发展前景，对于市场研究来说是不可缺少的组成内容。

通过市场预测，企业能从外部环境出发分析、评价各种产品业务增长的市场机会，结合企业的资源状况，综合考虑各项因素后，选择目标市场，进行市场定位，确定市场营销组合，制订市场营销计划，应对各类市场需求。分析市场预测的步骤如图 7-1 所示。

图 7-1　分析市场预测的步骤

一、发现市场机会

所谓市场机会，指的是市场上存在的尚未满足或尚未完全满足的显性或隐性的需求。市场机会存在于社会生活的各个方面，是多种多样的。但对某一个企业来说，众多的市场机会中仅有很少一部分才具有实际意义。因此，企业的市场营销人员需要了解市场机会的类型和特性，并做好市场机会分析。市场机会分析是企业市场营销管理过程的起点和基础，是确定企业目的的重要依据，也是企业产品决策的基础。它为新产品开发提出了方向，也指明了潜在的发展趋势。

市场机会一般有以下三个方面的特性：

第一，公开性。任何市场机会都是客观存在的，每个企业都有可能发现它，在发现这一点上不存在独占权，这就是市场机会的公开性。公开性表明，任何企业只要善于寻找和识别，通过努力总是可以发现市场机会。

第二，时间性。市场机会总是随着环境的变化而产生，并随着环境的变化而消失的，推迟对市场机会的发现和利用，便会因其他企业的抢先发展和利用而使企业机会效益减少或完全丧失，这就是市场机会的时间性。时间性表明，企业要善于抓住并及时利用有关的市场机会，以取得最大的时间效益。

第三,理论上的平等性与实践上的不平等性。市场机会的公开性使得任何企业都有可能发现某一市场机会并加以利用,这就是市场机会理论上的平等性。但是,由于每个市场机会都有其特定的机会成功条件,而各个企业由于自身条件和所处环境不同,在利用某一市场机会时享有的差别利益以及能够取得的竞争优势也就有所不同,这就是市场机会实践上的不平等性。理论上的平等性意味着企业在利用市场机会时充满着竞争;实践上的不平等性则表明竞争结构的分布将是不平衡的。企业在分析、评价和选择市场机会时要考虑到在市场机会的利用上存在着企业之间的激烈竞争,每个企业既要敢于参与竞争,同时又必须注意选择竞争结果对本企业有利的市场机会。

在企业模拟沙盘经营中,我们需要根据已有的市场预测数据,计算各个产品的毛利和市场的容量,这是摆在所有小组面前公开的市场机会,各组要通过市场分析,结合自身经营特点,发现和抓住市场机会。

(一)计算市场均价和平均毛利

详细订单中,每个产品在每一年、每一个市场上的毛利都不同,为了精准发掘市场中的机会,我们可以计算每个产品的在不同年份和市场中的平均价格和平均毛利,对产品价格的差异和毛利的走势有一个直观和全面的了解。

【例7-1】表7-1是某份详细订单中的部分数据,我们可以据此计算出第2年P1产品在本地、区域两个市场中的平均价格和平均毛利。

表7-1 详细订单

订单号	年份	市场	产品	数量(个)	总价	账期	交货期	ISO	单价	毛利
001	第2年	本地	P1	4	20W	2Q	4Q	—	5W	3W
002	第2年	本地	P1	4	19W	1Q	4Q	—	4.75W	2.75W
003	第2年	本地	P1	4	18W	0Q	4Q	—	4.5W	2.5W
004	第2年	本地	P1	3	15W	2Q	4Q	—	5W	3W
005	第2年	本地	P1	3	16W	2Q	4Q	—	5.3W	3.3W
006	第2年	本地	P1	3	14W	0Q	4Q	—	4.6W	2.6W
007	第2年	本地	P1	2	10W	1Q	4Q	—	5W	3W
008	第2年	本地	P1	2	10W	2Q	4Q	—	5W	3W
009	第2年	区域	P1	5	28W	2Q	4Q	—	5.6W	3.6W
010	第2年	区域	P1	4	22W	2Q	4Q	—	5.5W	3.5W
011	第2年	区域	P1	3	16W	3Q	4Q	—	5.3W	3.3W
012	第2年	区域	P1	2	11W	1Q	4Q	—	5.5W	3.5W

P1 产品在本地市场中的平均单价为

$$\frac{5+4.75+4.5+5+5.3+4.6+5+5}{8}\approx 4.89\text{W}/个$$

P1 产品在本地市场中的平均毛利为

$$\frac{3+2.75+2.5+3+3.3+2.6+3+3}{8}\approx 2.89\text{W}/个$$

或者 $4.89-2=2.89\text{W}/个$（平均单价－单位成本＝平均毛利）

练一练 7-1

请根据表 7-1，计算产品 P1 在区域市场中的平均单价和平均毛利。

产品 P1 在区域市场中的平均单价和平均毛利计算过程如下：＿＿＿＿＿＿＿＿

＿＿＿＿＿＿＿＿＿＿＿＿＿＿＿＿＿＿＿＿＿＿＿＿＿＿＿＿＿＿＿＿＿＿＿＿＿

＿＿＿＿＿＿＿＿＿＿＿＿＿＿＿＿＿＿＿＿＿＿＿＿＿＿＿＿＿＿＿＿＿＿＿＿＿

（二）计算市场容量

同样的，每个产品在每一年、每一个市场上的订单数量和需求数量也不同，我们可以计算出这两个数据，并与项目 6 中自身的产能进行比较，据此判断未来的运营计划和广告策略。

【例 7-2】根据表 7-1 中的数据，我们可以计算出第 2 年 P1 产品在本地、区域两个市场中的订单总量和需求总量。

P1 产品在本地市场中的订单数为 8 笔。

P1 产品在本地市场中的需求量为 $4+4+4+3+3+3+2+2=25$ 个。

练一练 7-2

请根据表 7-1，计算产品 P1 在区域市场中的订单总量和需求总量。

产品 P1 在区域市场中的订单总量和需求总量计算过程如下：＿＿＿＿＿＿＿

＿＿＿＿＿＿＿＿＿＿＿＿＿＿＿＿＿＿＿＿＿＿＿＿＿＿＿＿＿＿＿＿＿＿＿＿＿

＿＿＿＿＿＿＿＿＿＿＿＿＿＿＿＿＿＿＿＿＿＿＿＿＿＿＿＿＿＿＿＿＿＿＿＿＿

（三）分析市场机会

在实际的企业模拟沙盘经营中，我们可以借助 Excel 表格，快速地得到每个产品在每一年、每一个市场上的平均单价、平均毛利、订单数量和需求数量，并绘制成柱状图或者折线图，做进一步的分析，为企业的运营规划和市场竞争做好准备。

【例 7-3】图 7-2 和图 7-3 为某市场各产品在第 2 年到第 5 年平均单价和需求量走势图。

7-1 微课
利用 Excel
制作走势图

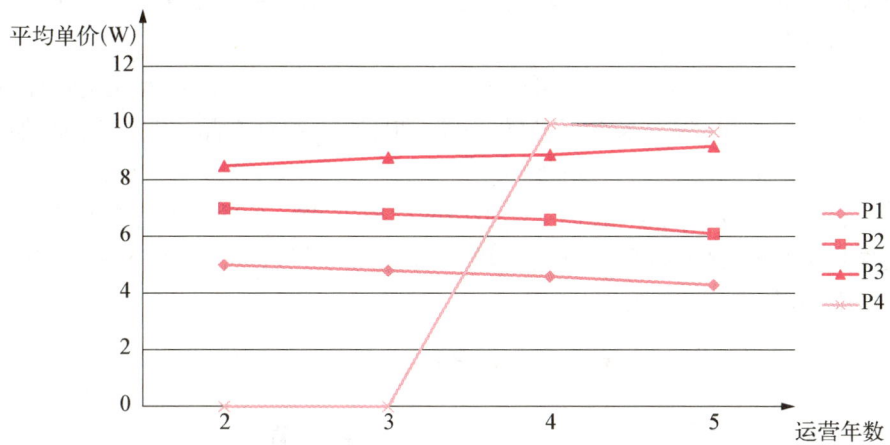

图 7-2　某市场各产品平均单价走势图

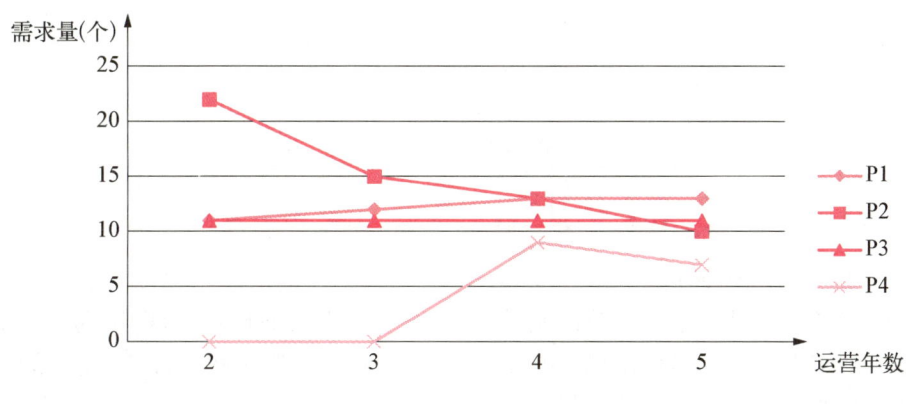

图 7-3　某市场各产品需求量走势图

根据图示,我们可以从中得到如下结论。

(1) P1 的平均单价逐年下降,但需求量逐年上升。

(2) P2 的平均单价和需求量均逐年下降。

(3) P3 的平均单价逐年上升,需求量基本不变。

(4) P4 第 2 年和第 3 年均无订单,第 3 年到第 4 年平均单价和需求量均逐年下降。

(5) 整体上,四种产品的平均单价为 P4>P3>P2>P1,该市场对低端产品的需求量大于对高端产品的需求量。

二、选择目标市场

(一) 市场细分标准

目标市场的选择是在市场分析和市场细分的基础上确定的。市场细分是指营销者通过市场调研,依据消费者的需要和欲望、购买行为和购买习惯等方面的差异,把某一产品的市场整体划分为若干消费者群的市场分类过程。每一个消费者群就是一个细分市场,每一个细分市场都是具有类似需求倾向的消费者构成的群体。例如,小米手机提供的是极致性价比产品,主要为年轻的互联网一代提供产品和服务;华为 mate 系列则面向中高端商务人士提供产品服务。

市场细分的标准有很多,通常可以分为两大类:一类反映消费者人文特征,如地理位置、文化习惯、职业、收入水平等;另外一类反映消费者对产品本身的反馈,如使用数量、购买动机、购买频率、产品价格等。

在企业模拟沙盘经营中,我们细分市场的标准为两个变量:地理位置和产品品种,地理位置分为本地、区域、国内、亚洲、国际五个地域市场,产品品种分为 P1、P2、P3、P4四个产品市场,如表 7 - 2 所示。

表 7 - 2　沙盘中的细分市场标准

产品品种	地理位置				
	本地	区域	国内	亚洲	国际
P1					
P2					
P3					
P4					

(二) 目标市场选择

目标市场选择是在市场细分的基础上,集合企业发展战略、现有资源选择一个或多个细分市场作为自己的目标市场。并不是每个市场企业都能做,有的市场可能不够大无法做。有的市场是企业没能力做。

如按照上面根据产品和地域二维的市场细分指标,我们可以把市场细分为五种不同的目标市场选择模式。

1. 单一产品集中化

单一产品集中化的企业只在某一个市场提供单一类别的产品,如图 7 - 4 所示,如居民小区附近的包子铺。这往往是拥有某一项专业化的生产技能,受资金实力限制的小企业采取的策略。

这类企业一般都有不错的市场业绩,但受制于能力限制只能在本地进行发展,同时抗风险能力弱,消费者偏好转移就可能导致业绩下滑,甚至破产。

2. 选择性专业化

选择性专业化的企业往往都会选择若干个符合市场细分原则的市场为目标市场,并为各个市场分别提供所需要的产品,如图 7 - 5 所示。例如,肯德基会在不同的国家提供符合当地人口味的产品,如在中国会提供粥、油条。

这类选择最大优点是能更有针对性地服务当地市场,同时分散市场风险。但由于产品之间没有任何内在的逻辑联系,很难实现规模经济,同时对运营和团队的管理难度大幅上升。

7 - 2 动画资源
常见目标市场
选择模式

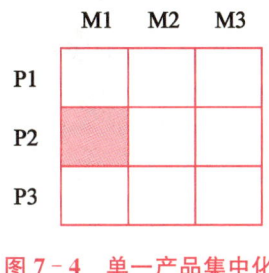

图 7-4　单一产品集中化

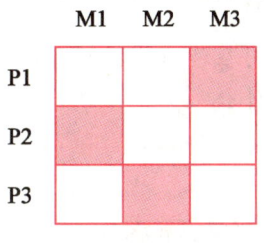

图 7-5　选择性专业化

3. 产品专业化

产品专业化是指企业用同一类产品供应不同的市场消费者,如图 7-6 所示。例如,汉堡王作为全球大型连锁快餐企业,2020 年,便已经在全球 100 多个国家及地区拥有超过 19 000 间分店,它在全球提供的产品种类没有任何区别。

这类企业优势是产品的研发和生产具有集约化、规模化优势,劣势是市场营销不灵活,市场需求和服务不够精准。

4. 市场专业化

市场专业化是指企业选择某一个市场作为目标市场,并为这一类市场开发所需要的各类产品,如图 7-7 所示。例如,娃哈哈从一个校办小厂发展到今天的饮料巨头,从儿童产品品牌的最初确立,到儿童产品全球排名第六,从儿童饮料、果汁饮料到茶饮料、饮用水,娃哈哈品牌几乎涵盖了从儿童到成人产品的所有延伸,这是娃哈哈一直在中国市场深耕换来的成果。

市场专业化优势是企业对消费者的理解更加深刻,通过长时间的经营帮助企业树立起良好的品牌声誉。同时多产品线的经营,分散了单一产品的市场风险。但市场专业化对企业的经营能力、生产能力、研发能力、资金能力都提出了更高的要求。单一负面影响事件影响,会对企业的经营造成重大损失。

5. 全面进入

全面进入实质上是将所有现存市场都作为目标市场,并为各个市场提供所需的产品,如图 7-8 所示。例如,达能集团是一个业务极为多元化的跨国食品公司,旗下拥有达能、依云、脉动、益力、纽迪希亚、碧悠、波多、富维克等众多知名品牌。选择全面进入的企业往往都是实力雄厚,拥有强大资源和运营能力的企业。由于在这种模式下,企业为多个市场提供多种产品,在一定程度上分散了风险,增加了收入来源,但相应的,投资额和管理难度也水涨船高。

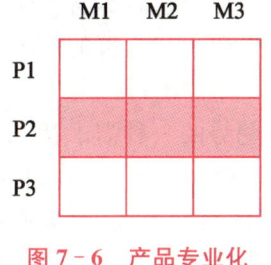

图 7-6　产品专业化

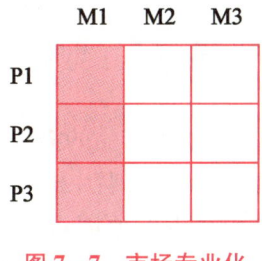

图 7-7　市场专业化

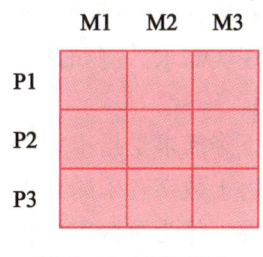

图 7-8　全面进入

你们公司在沙盘模拟经营时,采用的是哪种目标市场选择模式?说一说你们选择的依据是什么?

三、应对市场需求

确定好目标市场后,企业就需要生产出满足市场需求的产品,不同市场对产品的种类、数量需求是不同的。市场需求是开展市场营销各项工作的根本。如果不能正确分析、把握市场需求,市场营销就会迷失方向。

(一)市场需求的类型

一般来说,根据市场需求水平、时间和性质的不同,可归纳出八种不同的需求状况——负需求、无需求、潜伏需求、下降需求、不规则需求、充分需求、过量需求、有害需求。在不同的需求状况下,市场营销管理的任务有所不同。

7-3 动画资源
市场需求的
八种类型

1. 负需求

负需求是指绝大多数人对某个产品感到厌恶,甚至愿意出钱回避它的一种需求状况。例如,糖尿病人因健康问题,不购买甜食。

在负需求情况下,应该分析市场为什么不喜欢这种产品,是否可以通过产品重新设计、降低价格等积极营销方案来改变市场的信念和态度,将负需求转变为正需求。例如,可以设计含有不升血糖的木糖醇甜味点心,满足糖尿病人的需求。

2. 无需求

无需求是指目标市场对产品毫无兴趣或漠不关心的一种需求状况。通常,市场对产品无需求由下列原因引起:① 人们一般认为对个人无价值的东西;② 人们一般认为有价值,但在特定的市场无价值的东西;③ 新产品或人们不熟悉的物品等。

无需求时应刺激市场营销,通过大力促销等市场营销措施,努力将产品所能提供利益与人的自然需要和兴趣结合起来。例如,非洲人本身因为气候炎热、生活习惯等原因不穿鞋,但中国商人为非洲人提供了款式多样、物美价廉的鞋,非洲人对鞋的消费热情反而高涨起来。

3. 潜伏需求

潜伏需求是指相当一部分消费者对某物有强烈的需求,而现有产品或服务又无法满足的一种需求状况。在潜伏需求状况下主要工作是开发市场营销,即开展市场营销研究和潜在的市场范围测量,进而开发有效的产品和服务来满足这些需求,将潜伏需求变为现实需求。例如,无害香烟的出现,满足了想抽烟但又有健康担忧人群的需求。

4. 下降需求

下降需求是指市场对一个产品或几个产品的需求呈下降趋势的一种需求状态。如目前由于数字音乐的出现,消费者对 CD 机、唱片机的需求在下降。在下降需求状况时的主要工作为重振市场营销,即分析衰退的原因,进而开拓新的目标市场,改进产品特点和外观,或采用更有效的沟通手段来重新刺激市场需求,使老产品开始新的生命周期,并通过创造性的产品再营销来扭转需求下降趋势。

5. 不规则需求

许多企业常面临因季节、月份、周、日、时对产品或服务需求的变化,而造成生产能力和商品的闲置或过度使用。如在公用交通工具方面,在运输高峰时不够用,在非高峰时则闲置不用。市场营销的任务是通过灵活的定价、促销及其他激励因素来改变需求时间模式,这称为同步营销。

6. 充分需求

充分需求是指某产品或服务的目前需求水平和时间等于预期的需求水平和时间的一种需求状况。这是企业最理想的一种需求状况。但是,在动态市场上,消费者偏好会不断发生变化,竞争也会日益激烈。因此,在充分需求状况下应做好维持市场营销工作,即保证产品质量,经常调查消费者满意程度,通过降低成本来保持合理的价格,并激励推销人员和经销商大力推销,千方百计维持目前需求水平。

7. 过量需求

过量需求是指市场需求超过了企业所能供给或所供给的水平的一种需求状况。在过量需求情况下应降低市场营销,即通过提高价格、合理分销产品、减少服务和促销等措施,暂时或永久地降低市场需求水平,或者是设法降低来自盈利较少或服务需要不大的市场的需求水平。需要强调的是,降低市场营销并不是杜绝需求,而是降低需求水平。

8. 有害需求

有害需求是指市场对某些有害产品或服务的需求。对于有害需求的情况,应做好反市场营销工作,即劝说喜欢有害产品或服务的消费者放弃这种爱好和需求,大力宣传有害产品或服务的严重危害性,大幅度提高价格,以至停止生产供应等。降低市场营销和反市场营销的区别在于,前者是采取措施减少需求,后者是采取措施消灭需求。

(二) 沙盘对抗中的市场需求

沙盘对抗中主要面临以下几种需求管理。

1. 潜在需求

例如,国内市场未来对 P2 产品感兴趣,亚洲市场对 P3 产品感兴趣。就需要沙盘企业准确地衡量潜在市场需求,提前开发有效的产品和服务,进行相关的市场开拓。

2. 下降需求

例如,本地市场 P1 的需求随时间不断下滑,决策者要分析一下本地市场消费者需求发生的改变,及时通过研发新产品、生产线转产等方式,满足消费者的新需求。

3. 不规则需求

例如,区域市场 P2 产品在第 2 年和第 4 年有需求,第 3 年需求为 0,则决策者就需要考虑是否研发 P2,是否采用更加灵活的柔性生产线生产 P2 等。

在企业模拟沙盘经营中,我们可以使用组均订单量和组均需求量这两个指标,估算市场需求和自身产能的匹配度。在前面的[例 7 - 2]中,我们计算出了第 2 年 P1 产品在 1、2 两个市场中的订单总量和需求总量,接下来,我们还可以结合市场中竞争对手的数量,得到每组的平均订单量和需求量。

【例 7-4】已知第 2 年 P1 产品在市场 1 中的订单数共 8 笔，P1 产品在市场 1 中的需求量共 25 个。通过巡盘中查看对手的产品研发和产线建设情况，我们能够大致估算对手产能，预测第 2 年将可能有 4 个小组参与市场 1 中产品 P1 的销售。

因为，

$$\frac{8}{4}=2（笔）$$

所以，平均每组能获得 2 笔 P1 订单。

因为，

$$\frac{25}{4}\approx6（个）$$

所以，平均每组要生产 6 个 P1 产品。

这样才能满足第 2 年市场 1 的需求。如果我们的自身产能低于 6 个，说明我们的产能平均值低于市场平均值，还有进一步的提升空间。当然，各组实际能获得多少订单和产品，还要根据第 2 年各组广告投放和订单选取的具体情况而定。

同时，借由这份数据，我们可以比对自身产能与市场需求是否相匹配，并决定下一步的广告投放。

任务 7.2　分析广告投入和产出

通过前期的市场预测，学生已经对整体市场有了初步的了解，通过详单分析发现了市场存在的机会，通过市场细分选择了目标市场，通过对手分析估算了市场需求。接下来，就需要结合自身现金流量的情况，决定每一年广告的投入总额和在每个市场、产品类型上如何进行分配。

广告的投放，决定了企业在每个市场、每种产品选单时的顺序，进而决定了选择的订单，从而影响企业新的一年如何生产和运营。因此，广告投放往往是决定企业经营结束时权益高低的关键因素。因此，我们在本任务中，将学习如何高效进行广告投放。

一、分析广告投放的影响因素

按照比赛规则，投入广告费有两个作用，一是获得拿取订单的机会，二是判断选单顺序。赛场上，诸多因素影响着企业对广告投放的选择，我们将从客观因素和主观因素两方面进行分析。

（一）影响广告投放的客观因素

1. 资金预算

按照规则，各公司在年初投放广告，广告投放完毕后，还可能需要支付上年的应交税费、上年的长期贷款利息和长期贷款本金，接下来需要根据订单获取的情况，安排组织原材料采购、产品生产、产品研发等，如果年初广告投入过多，在贷款额度有限的情况下,企业可能后续缺少运营生产的各项资金,被迫停产、违约,甚至因资金链断裂而破产。因此,企业在年初投放广告时,应当基于本年的财务预算进行广告的投放,而非越多越好。

2. 产能和市场需求匹配度

当产能大于市场需求时,市场处于"供过于求"的状态,竞争较为激烈,企业此时应当适当增加广告费的投入,来保证本企业零库存或者少库存;相反,当产能小于市场需求时,市场处于"供不应求"的状态,竞争并不激烈,则可以适当减少广告费的投入,以小博大。

3. 订单情况

企业建立生产线后,每个季度能够生产出的产品数量是有限的,但订单对产品的交货时间有要求,交货期越晚,说明企业用来生产产品的时间更充裕,因而更受到竞争者们的青睐;另外,每笔订单所能产生的利润也是不同的,单位产品毛利越高,也更容易被其他竞争者选中;此外,还要考虑订单金额的账期,账期越短,资金回流速度越快,资金链较为紧张的企业可能更为喜欢。总之,人人都希望获得最合心意的订单,如果想要对某个订单势在必得,那么就要适当提高该订单所在市场的广告费投入。

(二)影响广告投放的主观因素

1. 选手心态

在比赛中,选手往往存在几种心态:较为激进的企业认为应该投入较多的广告费,才能拿到最多、最有利的订单,结果在市场上"独占鳌头",以远高于第二名的广告费投入拿到订单选择的第一顺位,但最终获取的订单与第二名相比并没有太多优势,得不偿失;较为保守的企业生怕投出了广告却得不到最好的效果,缩手缩脚,广告费过低,在竞争激烈的市场上无法获得足够的订单,导致生产线闲置,甚至由于利润过低而破产。

在比赛中,理智、稳定的广告投放心态是非常重要的,尤其是总经理和销售经理,切忌盲目、随意地投放广告,应当先根据前文所述,计算出市场容量、产品均价、组均订单量等指标,有了客观数据的支撑,再结合对竞争对手的分析,最后商定出每年广告费的投入。

2. 投放习惯

选手一般都会有自己的投放习惯,有人习惯于用大笔资金"砸广告";有人习惯于用 1W、2W"抄底订单";有人习惯投奇数;有人习惯投偶数……不同的投放习惯也会影响最终的广告费金额和分布。由于企业模拟沙盘经营是一个连续经营的过程,我们可以适当观察其他竞争对手的投放习惯。在第 2 年广告投放时,由于是第一次投放,各公司处于一个互相试探、"摸石头过河"的状态,但从第 3 年开始,便可以根据上年情况,观察竞争对手是否有特定的投放习惯,作为自身投放广告的依据之一。

二、分析广告投入产出比

我们已经知道,企业不能一味地追求以较高的广告投入获得较多订单,这并不是企业经营的最优策略。企业所追求的目标应该是使投放的广告费产生最大效益,使广告投入产出比最大化,尽量避免浪费。广告投入产出比有多种表达公式:订单额/广告费;销售收入/广告费;毛利/广告费,这三种指标能够表达不同方面广告投放的产出效果。

(1)订单额/广告费,该指标为单位广告费用所获得的订单额,衡量的是广告费的使用效率。

(2)销售收入/广告费,该指标为单位广告费用所获得的销售收入,反映的是广告费的实际有效使用。尽管单位广告费获得了较高的订单额,但能否将竞争得来的订单转化为现实的收入,就需要使用这个指标来衡量。

(3)毛利/广告费,该指标为单位广告费用所获得的毛利,反映了广告费的实际盈利能力,该指标才能真实反映出广告费投入给利润带来的增长。如果该指标大于1,说明每1W广告费带来的毛利大于1W,这才是有效的广告的投入,如果该指标小于1,说明花费了1W的广告费用,却只带来不超过1W的毛利,是得不偿失的。

【例7-5】表7-3是某年年初7家公司在企业沙盘模拟经营中最终的广告投放金额及获得的订单额、销售收入、毛利情况,据此我们可以计算出7家公司的三个相关指标。

表7-3 7家公司广告投放及订单获得情况

公司名	广告费	订单额	销售收入	毛利	订单额/广告费	销售收入/广告费	毛利/广告费
U1	14W	127W	127W	66W	9.07	9.07	4.71
U2	17W	140W	140W	70W	8.24	8.24	4.12
U3	10W	100W	100W	60W	10.00	10.00	6.00
U4	9W	60W	50W	24W	6.67	5.56	2.67
U5	15W	135W	135W	50W	9.00	9.00	3.33
U6	12W	110W	110W	54W	9.17	9.17	4.50
U7	14W	130W	120W	62W	9.29	8.57	4.43

7家公司的订单额/广告费,有的高达10,有的只有6.67,说明并非广告费越多所能获取的订单额越高。单位广告费所能获得的订单额,取决于选手的选单技术、公司的产能、选择产品的种类等诸多因素。

7家公司中,只有U4和U7两家公司,销售收入/广告费小于订单额/广告费,原因在于这两家公司因产能不足,获取的订单中有10W未及时交单,产生违约。

比较U1、U5和U6公司,其销售收入/广告费都在9W左右,但U5的毛利/广告费明显小于U1和U6,原因在于订单中的产品构成不同,U5选择的订单都是毛利率较小的产品,因而单位广告费所赚取的毛利更少。

请以课上一场沙盘对抗赛为例,计算并比较各公司某年广告投入产出比的三个比值,分析各公司产生差异的原因,总结可以进一步改善之处。

任务 7.3　制定合理的营销策略

企业沙盘模拟经营中的营销策略包括两部分:制定广告投放策略和订单选择策略。广告决定了订单选择,订单选择决定了利润和生产,因此,合理的营销策略,对于让企业生产并销售出市场需要的产品、赚取利润是十分重要的。本任务中,我们来一起学习常见的广告投放策略和订单选择策略。

一、制定广告投放策略

企业沙盘模拟经营中,基本的广告投放策略有如下三种:重投、平投、蹭投。

(一) 重投

重投是在某细分市场加大广告投放力度,目的是获得本市场相对靠前的选单位次,因而可以优先选到自己想要的单,比如有利于尽量选择出货数量多的订单,有利于选择交货期为 4Q 的订单,从数量和交货期上体现优势。

如果企业产能较高、需要尽可能多销售产品,或者所做的产品竞争较为激烈,存在较大的销售交货期 4Q 产品的压力,或者所做的产品毛利较高,一般采用重投的投放策略。

(二) 平投

平投是投入适量的广告,获得中间的选单位次,这种投放广告的方法对交货期和交货数量没有特别强烈的需求。

如果企业产量不算太高,销售全部存货的压力不大,或者资金紧张,没有过多的钱用来投广告时,一般可以采取平投的投放策略。另外,平投可以选择将广告集中在某一两个市场上投放,来充分发挥选单的第二条规则"广告费相等的情况下,看整个市场的广告总额来排名"的作用。

(三) 蹭投

蹭投是投入 1W～3W 这样很低的广告费来获取订单,这种投广告的方法一般是排在最后位次选单,意味着交货期、交货数量和交货价格都是其他公司挑选后剩余的,基本没有特别好的订单。

蹭投要综合分析比赛情况,如当选单人数小于或等于订单数量且自己又没有出货压力时,或者通过分析发现一个数量较多的订单其他公司无法交货但自己可以交货时,可以选择蹭投的投放策略。

二、制定订单选择策略

选择订单可以说是企业沙盘模拟经营中较为紧张的环节,公司需要在轮到自己位次时,快速地选择当前对自己最合适的订单。选择时,要综合考虑自身的资金情况、产能情况、研发情况、市场开拓情况,还要考虑竞争对手的情况。

(一)订单选择的一般思路

一般来说,选择订单时要重点关注以下信息:产品种类、所在市场、数量、单价、交货期、账期。选单前公司的产品研发情况、市场开拓情况已经决定了所能选择的产品的种类和所在市场,而生产线限制了所能选择的产品的总数量,因此选择订单时,一般按照以下顺序,更能快速筛选出合适的订单,

产品数量方面要保证自己所选订单的总数量在产能范围内,不能在自己哪怕上生产线也来不及生产时,还在抢订单;在数量的基础上,尽量选择单价高、交货期长和账期短的订单,特别是交货期,要保证自己能在规定的交货时间生产出相应的产品。

【例7-6】某公司生产P2的是3条自动线,则第4年可以出售12个P2。在面对本地市场P2的详单(见表7-4)时,假如该公司是第一顺位,如何进行订单的选择?

表7-4 第4年产品P2本地市场详细订单

订单号	年份	市场	产品	数量	总价	账期	交货期	ISO	单价
094	第4年	本地	P2	5	34W	4Q	4Q	—	6.5W
095	第4年	本地	P2	5	33W	4Q	3Q	—	6.4W
096	第4年	本地	P2	3	21W	4Q	2Q	—	7W
097	第4年	本地	P2	1	6W	4Q	4Q	—	6W
098	第4年	本地	P2	1	8W	4Q	1Q	—	8W

第一个思路:在产品数量上,本地市场的所有订单都是可以选择的,如果仅仅考虑单价,"订单098"是最好的,但数量只有1个,且交货期较短,如果在其他市场上无法保证可以获得数量充足的订单,则可以适当放弃,选择"订单096",单价较高,且数量为3、交货期为2Q,可以将第2季度前6个完工产品中的3个卖出。

第二个思路:"订单094"的单价虽然相对较低,但数量多、交货期长,如果在其他市场上无法保证可以获得数量充足且交货期长的订单,可以先将这5个P2订单选定,这样至少保证获得34W的收入。

从[例 7-6]中我们可以看到，选择订单时，不仅要考虑正在选择的市场本身，还需要综合考虑同产品种类所在的其他市场。如果在其他市场中排序靠后，选择不了太好的订单，那么在前面排序靠前时，更需要考虑数量和交货期；如果在其他市场中排序靠前，可以选择一些较好的订单，那么在前期本地、区域市场选择时，可以选择一些交货期短、数量少但单价高的订单。

练一练 7-4

假设某企业生产 P3 的是 2 条自动线，则第 4 年可以出售 8 个 P3。假如企业在本地市场和区域市场中已经选择了"订单 102"和"订单 113"，在面对国际市场中 P3 的详单（表 7-5）时，假如该公司是第一顺位，如何进行订单的选择？

表 7-5　第 4 年产品 P3 详细订单

订单号	年份	市场	产品	数量	总价	账期	交货期	ISO	单价
099	第 4 年	本地	P3	5	42W	2Q	2Q	—	8.4W
100	第 4 年	本地	P3	3	24W	2Q	4Q	—	8W
101	第 4 年	本地	P3	3	25W	2Q	3Q	—	8.33W
102	第 4 年	本地	P3	1	9W	2Q	1Q	—	9W
111	第 4 年	区域	P3	4	33W	4Q	4Q	—	8.25W
112	第 4 年	区域	P3	3	25W	3Q	3Q	—	8.33W
113	第 4 年	区域	P3	3	26W	2Q	2Q	—	8.67W
114	第 4 年	区域	P3	1	9W	1Q	1Q	—	9W
139	第 4 年	国际	P3	4	33W	3Q	4Q	—	8.25W
140	第 4 年	国际	P3	3	25W	3Q	3Q	—	8.33W
141	第 4 年	国际	P3	2	17W	2Q	2Q	—	8.5W
142	第 4 年	国际	P3	1	9W	2Q	1Q	—	9W

（二）订单选择的特殊策略

在练一练 7−3 中，如果面对国际市场中 P3 的详单时，我们不是第一顺位，"订单139"已经被其他公司选走了，我们该如何应对？

【例 7−7】 已知 P3 单位成本假设为 4W/个，我们比较下不同策略可以赚取的毛利。

　　策略一——放弃选单：则获得的毛利是 $9+26-(1+3)\times4=19$W，剩余 4 个 P3 库存；

　　策略二——紧急采购：选择"订单140"：但 3Q 可供完工交货的 P3 只有 2 个，剩余一个 P3 可紧急采购，产品紧急采购倍数为 3 倍，则选择"订单140"可获得的利润为 $25-4\times2-4\times1\times3=5W>0$，说明哪怕紧急采购一个 P3，选择这个订单也是有利可赚的。则 P3 总毛利为 $19+5=24$W，剩余 2 个 P3 库存；

　　策略三——技术性违约：选择"订单140"，将之前选择的"订单102"违约，则赚取毛利为 $26+25-6\times4=27$W，再扣除"订单102"20％的违约金 $9\times20％\approx2$W，获得的总毛利为 $27-2=25$W，剩余 2 个 P3 库存。

　　比较以上三个策略，发现技术性违约和紧急采购获得的毛利是比放弃选单要高的，因此当选单时发现自己计划选择的订单被选走时，也不能盲目的放弃或者任意选择订单，而是通过计算，发现尽可能多的获利机会。

 项目小结

祝贺大家完成了本项目的学习，通过学习市场容量、目标市场类型、市场需求类型和广告投入产出指标的知识，同学们对如何分析市场预测、分析广告投入产出、制定营销策略有了更清晰的理解。商场如战场，稍有不慎就会满盘皆输，顺势而为才能笑到最后，相信大家能够从每一场比赛中汲取经验，精进技巧，不断超越自己。

测 一 测

一、单项选择题

1. 任何市场机会都是客观存在的，每个企业都有可能发现它，这体现了市场机会的
（　　）特性。
　　A. 公开性　　　　　　　　　　　B. 理论上的平等性
　　C. 时间性　　　　　　　　　　　D. 实践上的平等性

2. 奶粉可以分为婴幼儿奶粉、学生奶粉、老年奶粉等，这是按照（　　）标准进行的市场细分。
　　A. 性别　　　　　B. 爱好　　　　　C. 使用频率　　　　　D. 年龄

3. 企业模拟沙盘经营中，市场分为本地、区域、国内、亚洲、国际五个地域市场，这是按照（　　）标准进行的划分。
　　A. 人口　　　　　B. 地理位置　　　　　C. 产品品种　　　　　D. 文化习俗

4. 某工程机械公司专门向建筑业用户供给推土机、打桩机、起重机、水泥搅拌机等建筑工程中所需要的机械设备,这个目标市场选择模式是(　　)。
   A. 单一产品集中化　　　　　　　　　B. 市场专业化
   C. 全面进入　　　　　　　　　　　　D. 产品专业化

5. 采用(　　)模式的企业应具有较强的资源和营销实力。
   A. 单一产品集中化　　　　　　　　　B. 市场专业化
   C. 产品专业化　　　　　　　　　　　D. 全面进入

6. 市场上的需求可以分为八大类,其中消费者对香烟的需求属于(　　)。
   A. 负需求　　　　B. 不规则需求　　　　C. 有害需求　　　　D. 过量需求

7. 企业模拟沙盘经营中,第 2 年对产品 P4 的需求为 0,但第 3 年需求总和为 20 个,第 4 年需求为 27 个,第 5 年需求为 34 个,则市场对产品 P4 的需求为(　　)。
   A. 不规则需求　　　B. 下降需求　　　C. 潜在需求　　　D. 过量需求

8. 以下可以衡量每 1W 广告费的实际盈利能力的指标是(　　)。
   A. 订单量/广告费　　　　　　　　　B. 订单额/广告费
   C. 销售收入/广告费　　　　　　　　D. 毛利/广告费

9. 当企业产能较高、需要尽可能多的销售产品时,应当选择的广告策略是(　　)。
   A. 重投　　　　B. 平投　　　　C. 蹭投　　　　D. 不投

10. 一般选择订单时,企业应优先考虑拥有(　　)特征的订单。
    A. 单价低　　　　B. 账期长　　　　C. 交货期短　　　　D. 交货期长

二、多项选择题

1. 下列指标可以衡量市场容量的有(　　　　)。
   A. 订单数量　　　B. 产品交货期　　　C. 产品需求量　　　D. 产品单价

2. 市场细分可以按照(　　　　)划分。
   A. 地理位置　　　B. 职业　　　C. 使用数量　　　D. 产品价格

3. 在企业模拟沙盘经营中,我们细分市场的标准有(　　　　)。
   A. 地理位置　　　B. 生产线　　　C. 产品品种　　　D. ISO 认证

4. 目标市场选择的模式有(　　　　)。
   A. 产品专业化　　　　　　　　　　B. 市场专业化
   C. 全面进入　　　　　　　　　　　D. 选择性专业化

5. 产品专业化意味着(　　　　)。
   A. 企业用同一类产品供应不同的市场消费者
   B. 有助于企业产品研发和生产的集约化、规模化优势
   C. 有利于精准营销
   D. 有利于分散市场风险

6. 在企业模拟沙盘经营中,以下说法正确的有(　　　　)。
   A. 沙盘企业不仅需要满足当前市场需求,也要为未来潜在需求做好准备
   B. 沙盘企业面对下降需求,可以通过研发新产品、生产线转产满足新需求
   C. 沙盘企业面对不规则需求,可以采用更加灵活的柔性生产线

D. 可以使用组均订单量和组均需求量这两个指标,估算市场需求和自身产能的匹配度

7. 在企业模拟沙盘经营中,当产能大于市场需求时,下列说法正确的有( )。

A. 市场处于"供过于求"的状态　　　　B. 市场竞争并不激烈

C. 企业应当适当增加广告费的投入　　D. 企业应当适当减少广告费的投入

8. 下列指标可以衡量企业广告投入产出比的有( )。

A. 订单额/广告费　　　　　　　　　　B. 销售收入/广告费

C. 毛利/广告费　　　　　　　　　　　D. 订单量/广告费

9. 下列情形中,可以采用重投广告策略的有( )。

A. 选单人数远小于订单数量

B. 资金较为紧张,没有过多钱用于广告投放

C. 资金较为充裕,所做产品毛利较高

D. 资金较为充裕,所做产品竞争较为激烈

10. 选单时,发现可选订单的产品数量大于自身剩余产能,此时可以选择的特殊订单选择策略有( )。

A. 放弃选单　　　B. 紧急采购　　　C. 技术性违约　　　D. 恶意抢单

三、判断题

1. 市场机会是客观存在的,所以也是永远不变的。 （ ）

2. 在企业模拟沙盘经营中,企业可以根据详细订单计算每个产品在不同年份和市场中的均价。 （ ）

3. 每一个细分市场都是具有完全相同需求倾向的消费者构成的群体。 （ ）

4. 企业资源有限、实力较弱,最好采用单一产品集中化的策略。 （ ）

5. 选择全面进入的企业往往都是实力雄厚,拥有强大资源和运营能力的企业。 （ ）

6. 负需求是指目标市场对产品毫无兴趣或漠不关心的一种需求状况。 （ ）

7. 在企业模拟沙盘经营中,如果企业的产能平均值低于市场平均值,说明企业的产能还有进一步的提升空间。 （ ）

8. 在企业模拟沙盘经营中,广告投放的金额既影响获取订单的机会,也影响选单顺序。 （ ）

9. 在企业模拟沙盘经营中,企业应当努力追求以较高的广告投入获得较多订单。 （ ）

10. 可以选择将广告集中在某一两个市场上投放,当企业和对手投了相同的某产品广告费时,可以由于该市场整体广告费比较多而先选单。 （ ）

评　一　评

请填写表 7-6 项目 7 学习评价表。

表 7-6　项目 7 学习评价表

项目名称	评价指标	权重	评价方式		得分
			自评	互评	
企业销售管理	能列举市场细分标准和五种目标市场选择模式	10	✓		
	能说出常见市场需求的类型并举例	10	✓		
	能说出影响广告投放的常见因素	10	✓		
	能计算市场均价、平均毛利和市场容量,发现并分析市场机会	15		✓	
	能计算组均订单量和需求量,比较自身产能与市场需求	15		✓	
	能计算广告投入产出比,制定广告投放和订单获取策略	15		✓	
	掌握企业常见营销理念和方法	10		✓	
	掌握基本的数据处理和分析方法	10		✓	
	具有团队精神和良好的心理素质	5		✓	
合计		100	—	—	

学习体会:

教师评语:

项目 **8** 企业团队管理

项目简介

　　本项目是提高篇的第五部分,学生在经过了一段时间以团队为单位进行的模拟经营的训练之后,逐步与团队成员形成默契,团队成果初见成效。随着模拟经营训练的深入进行,团队凝聚力的作用日益彰显,因此,需要更有效的团队管理来保持良好团队建设的可持续发展,规避不良团队表现的负面影响。本项目主要介绍了核心团队文化建设的途径和方向,以及如何制订作为团队保障的协同计划,旨在全面深化建设企业沙盘模拟经营团队,进一步推动提升模拟经营的效益和效果。

项目导航

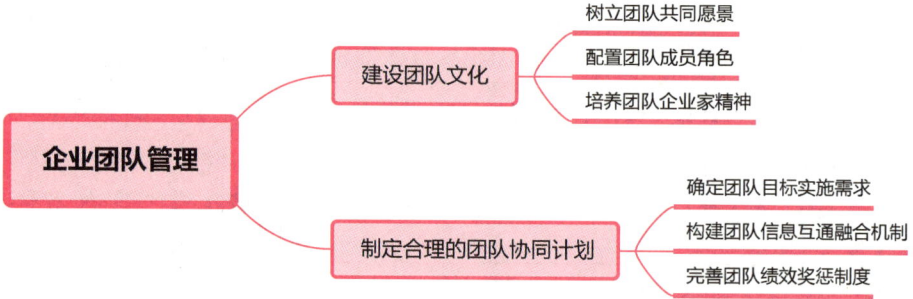

学习目标

○ **知识目标**
- 列举贝尔宾团队角色理论中各角色特点及其团队作用
- 概述情绪调节 4A 理论的内容

○ **技能目标**
- 运用贝尔宾团队角色理论完成团队角色有效配置
- 通过 SMART 模型合作分析出模拟经营企业的具体目标
- 通过建立沟通机制有效管理模拟经营团队效能

○ **素养目标**
- 通过思维方式的训练和心理调节能力的培养,使学生初步具备一定的企业家精神

● 通过管理企业沙盘模拟经营团队，进一步提升学生团队意识

沃尔玛中国的团队管理之道

沃尔玛公司于 1962 年在美国阿肯色州成立，其在全球 19 个国家经营超过 10 500 家零售门店和多个电子商务销售平台。2024 财经年度，沃尔玛公司的全球营业收入达到 6 480 亿美元，全球员工总数约 210 万名。沃尔玛公司多次荣登《财富》杂志世界 500 强榜首。

1996 年，沃尔玛公司进入中国，在深圳开设了第一家沃尔玛购物广场和山姆会员商店，沃尔玛公司的全球企业经营管理理念与中国本土精英管理团队结合，形成了有效的团队管理之道，为沃尔玛中国带来了更多的良性发展机会。

创始人山姆·沃尔顿曾说过："如果你必须将沃尔玛管理体制浓缩成一种思想，那可能就是沟通。因为它是我们成功的真正关键之一。"沟通就是为了达成共识，而实现沟通的前提就是让所有员工一起面对现实。沃尔玛通过信息共享、责任分担等手段实现了良好的沟通交流。

沃尔玛中国公司的行政管理人员每周花费大部分时间飞往各地的商店，通报公司所有业务情况，让所有员工共同掌握沃尔玛公司的业务指标。在任何一个沃尔玛商店里，都定时公布该店的利润、进货、销售和降价的情况，并且不只是向经理及其助理们公布，也向每个普通员工、小时工和兼职人员公布，鼓励他们争取更好的成绩。

沃尔玛中国公司同样非常重视管理者在团队建设中的核心作用，沃尔玛有两种领导方式，即"地图式"和"指南针式"。针对那些新入门、技能较差、综合能力较低的员工，管理者会施以"地图式"领导方式，手把手教会他们技能，非常详细地告诉他们工作目标和要求，经常给予工作支持来帮助他们成长；而对于那些能力、经验、动力都较高的员工，管理者则须施以"指南针式"的领导方式，告诉他们期望，给予恰当的鼓励即可。

沃尔玛中国公司也特别擅长员工士气的塑造，管理层会对员工哪怕是一个很小的想法都会给予积极的反馈。管理层的认可会极大地鼓舞员工追求卓越，并成为他们长期的工作动力。相反，如果员工出现了错误，管理层则会尽量避免在公众场合批评他，而是与员工进行单独面谈，帮他分析失误的原因，帮他找到改进工作的方法，以减轻他的心理负担。以上做法被沃尔玛中国公司称为"大声表扬、小声批评"。沃尔玛公司较少提供物质奖励，因为沃尔玛公司认为"物质激励"很容易把员工引导至"唯利是图"的不归之路，破坏团队的正气，而精神奖励更能使团队积极进取。

沃尔玛中国公司还专门为员工投诉建议设置了一些"向上"沟通的渠道，比如

"门户开放"政策,员工如果觉得不满意可以向直接上级的任意上级沟通,如通过总裁信箱、总裁热线、人事总监热线、区域总监热线,当然员工也可以直接走进任何更高管理层的办公室,向他诉说自己的"糟糕心情",而不用担心会受到报复或打击。另外,沃尔玛还有比如"草根会议"和"人事面谈"等由人力资源部门组织的管理层不在现场的保密的沟通方式,来了解员工对企业、管理层的看法。

老师,团队如何管理才有效?

的确,管理是最让领导者头疼的,因为每个人都有自己不同的想法,如何将所有人扭成一条绳,实现1+1>2的目标,是团队管理的核心问题,让我们一起揭开团队管理的神秘面纱……

任务 8.1 建设团队文化

团队文化是团队管理的重要基础,良好的团队文化为团队发展提供了持续的效能保障。企业沙盘模拟经营的团队一旦建立,团队人员岗位一旦确定,在团队合作过程中所建设起来的团队文化对最终经营的效率和效果起到关键影响。建设团队文化的有效手段包括为团队经营树立团队共同愿景,配置团队成员角色以及培养团队企业家精神。

一、树立团队共同愿景

当已组建的团队成员之间形成了共同的愿景时,团队成员对团队共同利益的关注便达成了一种契约。这有利于团队更好地完成协作,处理冲突,承担责任和应对风险。共同愿景主要包括三方面内容:共同期待的核心志向,共同认可的核心价值观,共同追逐的宏伟目标。

8-1微课
京东高管团队
管理之见

(一)核心志向

核心志向是指团队认可的模拟经营的意义。在企业沙盘模拟经营的团队中,能够得到团队普遍认可的意义一般体现在能够通过参与模拟经营提高自身专业能力和团队合作能力。

(二)核心价值观

核心价值观是指团队认可的模拟经营的价值观和指导原则。在企业沙盘模拟经营的团队中,能够得到团队普遍认可的价值观和指导原则一般也符合真实企业经营标准,即树立正确的金钱观、营销观和纳税观等价值观念,充分遵守市场规则。

(三)宏伟目标

宏伟目标是指团队认同的模拟经营的业绩目标和发展目标。在企业沙盘模拟经营的团队中,能够得到团队普遍认可的总的业绩目标一般是实现(所有者)权益的最大化,总的发展目标一般是尽可能多地扩大本团队在整个模拟经营市场中的产品占有份额。

做一做 8-1

请根据本任务内容对团队已形成的共同愿景进行分析。

【核心志向】

_____

_____

【核心价值观】

_____

_____

【宏伟目标】

_____

_____

二、配置团队成员角色

团队成员的角色与团队成员的岗位不同,岗位是具体的工作内容归属,角色是抽象的权限特点集合,一个岗位可以拥有多个角色。团队成员扮演的不同角色,对实现团队共同愿景发挥着不同的作用,当团队中缺少了某一角色的成员,或团队成员的能力没有体现出很好的互补性,那么就需要通过配置团队角色来解决这些问题。通过角色理论配置成员,可以发现不同团队成员各自的特点,实现优势互补,最大化发挥团队成员长处。贝尔宾(Belbin)的团队的角色理论为高效管理团队提供了支持,贝尔宾团队角色理论如表 8-1 所示。

表 8-1　贝尔宾团队角色理论

团队角色	特点	团队作用
智多星(plant,PL)	有个性;思想深刻;不拘一格	提出批评并有助于引出相反意见
外交家(resource investigator,RI)	性格外向;开朗;热情;好奇心强;联系广泛;消息灵通	提出建议,并引入外部信息
协调员(coordinator,CO)	沉着;自信;有控制局面的能力	明确团队的目标和方向选择需要决策的问题,并明确它们的先后顺序
推进者(shaper,SH)	思维敏捷;坦荡;主动探索	推动团队达成一致意见,并朝向决策行动

续　表

团队角色	特点	团队作用
监督员（monitor evaluator，ME）	清醒；理智；谨慎	分析问题和情景，对繁杂的材料予以简化，并澄清模糊不清的问题，对他人的判断和作用做出评价
凝聚者（team worker，TW）	温和；敏感，是人际关系的敏感者	给予他人支持，并帮助别人打破讨论中的沉默，采取行动扭转或克服团队中的分歧
实干家（company worker，CW）	保守；顺从；务实可靠	能够把谈话与建议转换为实际步骤
完美主义者（finisher，FI）	勤奋有序；认真；有紧迫感	强调任务的目标要求和活动日程表，在方案中寻找并指出错误、遗漏和被忽视的内容，刺激其他人参加活动，并促使团队成员产生时间紧迫的感觉

以上贝尔宾团队角色又可以进一步划分成三种类型，分别是行动型、社交型和思考型。其中，行动型包括推进者、实干家和完美主义者；社交型包括协调员、凝聚者和外交家；思考型包括智多星和监督员，如图8-1所示。

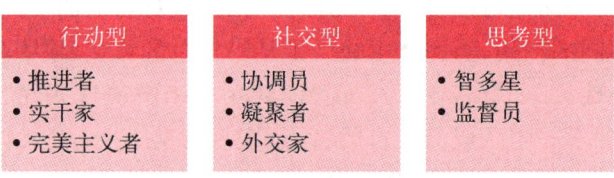

图8-1　贝尔宾团队角色分类

这三种不同类型的角色对沙盘模拟企业经营的团队而言有以下指导意义：

（1）行动型的成员以结果为导向，把思考的结果执行、推进和落地，让思考可以如臂使指，适合在模拟企业经营的过程中将团队共同制定的经营计划推动实施。

（2）社交型的成员是整个团队对内协调管理和对外互动的力量，适合在模拟企业经营的过程中协调内部成员关系，帮助模拟经营企业了解外部环境特点。

（3）思考型的成员是团队的核心，能够用理性的思考来主导团队的方向、决策和复盘，适合在模拟企业经营的过程中对模拟经营计划进行战略部署，需要对模拟经营市场分析透彻，具备敏锐的视角和一定远见。

在企业沙盘模拟经营的团队中，不一定需要具备贝尔宾理论中的全部8种类型的角色，贝尔宾团队角色理论给到我们的团队管理启发在于以下三个方面：

（1）在配置成员角色的过程中应注意角色搭配，充分考虑不同角色组合所带来的影响是否会产生不必要冲突，是否有利于团队可持续发展和效能提升。

（2）在配置成员角色的过程中还应注意成员的知识结构和技能掌握情况，扬长避短,使得成员优势得到充分发挥。

(3) 在配置成员角色的过程中也应注意成员角色的多样性特点,因此团队成员应在了解自我角色的同时也了解团队其他成员的角色,这样才更有利于形成默契协作的倾向。

做一做 8-2

请根据实际情况完成以下贝尔宾团队角色自测问卷。

【说明】思考下列七个问题,每个问题有八个选项,每个问题的不同选项都在不同程度上描绘了你在面对不同问题时的表现。请将每题的 10 分分配给最符合你的一个或几个选项,即最能体现你行为的选项得分最高,以此类推,极端情况下也可把全部分数都分配给一个选项。

(1) 我认为我能为团队做出的贡献是:

A. 我能很快地发现并把握住新的机遇。

B. 我能与各种类型的人一起合作共事。

C. 我生来就爱出主意。

D. 我的能力在于,一旦发现某些对实现集体目标很有价值的人,我就及时把他们推荐出来。

E. 我能把事情办成,这主要靠我个人的实力。

F. 如果最终能导致有益的结果,我愿面对暂时的冷遇。

G. 我通常能意识到什么是现实的,什么是可能的。

H. 在选择行动方案时,我能不带倾向性,也不带偏见地提出一个合理的替代方案。

(2) 在团队中,我可能有的弱点是:

A. 如果会议没有得到很好的组织、控制和主持,我会感到不痛快。

B. 我容易对那些有高见而又没有适当地发表出来的人表现得过于宽容。

C. 只要集体在讨论新的观点,我总是说得太多。

D. 我的客观算法,使我很难与同事们打成一片。

E. 在一定要把事情办成的情况下,我有时使人感到特别强硬以至专断。

F. 可能由于我过分重视集体的气氛,我发现自己很难与众不同。

G. 我易于陷入突发的想象之中,而忘了正在进行的事情。

H. 我的同事认为我过分注意细节,总有不必要的担心,怕把事情搞糟。

(3) 当我与其他人共同进行一项工作时:

A. 我有在不施加任何压力的情况下去影响其他人的能力。

B. 我随时注意防止粗心和工作中的疏忽。

C. 我愿意施加压力以换取行动,确保会议不是在浪费时间或离题太远。

D. 在提出独到见解方面,我是数一数二的。

E. 对于与大家共同利益有关的积极建议我总是乐于支持的。

F. 我热衷寻求最新的思想和新的发展。

G. 我相信我的判断能力有助于做出正确的决策。

H. 我能使人放心的是,对那些最基本的工作,我都能组织得井井有条。

(4) 我在工作团队中的特征是:

A. 我有兴趣更多地了解我的同事。

B. 我经常向别人的见解进行挑战或坚持自己的意见。

C. 在辩论中,我通常能找到论据去推翻那些不甚有理的主张。

D. 我认为,只要计划必须开始执行,我有推动工作运转的才能。

E. 我有意避免使自己太突出或出人意料。

F. 对承担的任何工作,我都能做到尽善尽美。

G. 我乐于与工作团队以外的人进行联系。

H. 尽管我对所有的观点都感兴趣,但这并不影响我在必要的时候下决心。

(5) 在工作中,我得到满足,因为:

A. 我喜欢分析情况,权衡所有可能的选择。

B. 我对寻找解决问题的可行方案感兴趣。

C. 我感到我在促进良好的工作关系。

D. 我能对决策有强烈的影响。

E. 我能适应那些有新意的人。

F. 我能使人们在某项必要的行动上达成一致意见。

G. 我感到我的身上有一种能使我全身心地投入到工作中去的气质。

H. 我很高兴能找到一块可以发挥我想象力的天地。

(6) 如果突然给我一件困难的工作,而且时间有限,人员不熟:

A. 在有新方案之前,我宁愿先躲进角落,拟定出一个解脱困境的方案。

B. 我比较愿意与那些表现出积极态度的人一道工作。

C. 我会设想通过用人所长的方法来减轻工作负担。

D. 我天生的紧迫感,将有助于我们不会落在计划后面。

E. 我认为我能保持头脑冷静,富有条理地思考问题。

F. 尽管困难重重,我也能保证目标始终如一。

G. 如果集体工作没有进展,我会采取积极措施去加以推动。

H. 我愿意展开广泛的讨论,意在激发新思想,推动工作。

(7) 对于那些在团队工作中或与周围人共事时所遇到的问题:

A. 我很容易对那些阻碍前进的人表现出不耐烦。

B. 别人可能批评我太重分析而缺少直觉。

C. 我有做好工作的愿望,能确保工作的持续进展。

D. 我常常容易产生厌烦感,需要一两个有激情的人使我振作起来。

E. 如果目标不明确,让我起步是很困难的。

F. 对于我遇到的复杂问题,我有时不善于加以解释和澄清。

G. 对于那些我不能做的事,我有意识地求助于他人。

H. 当我与真正的对立面发生冲突时,我没有把握使对方理解我的观点。

【要求】请将不同角色所对应各题的选项分数按照表 8-2 填写,加总得到自己的总分数分布。

表 8-2　角色分析表

大题号	CW	CO	SH	PL	RI	ME	TW	FI
一	G	D	F	C	A	H	B	E
二	A	B	E	G	C	D	F	H
三	H	A	C	D	F	G	E	B
四	D	H	B	E	G	C	A	F
五	B	F	D	H	E	A	C	G
六	F	C	G	A	H	B	E	—
七	E	G	A	F	D	B	H	C
总计								

得分最高的一项就是你表现出来的主要贝尔宾角色,分数第二或第三高的是你的潜能角色,如果分数在 10 分以上的角色有三项,说明你在团队中这三种角色都可以扮演。

一般来说,如果分数在 5 分以下说明你不适合扮演这个角色,分数 15 分以上为你可能表现会比较突出的角色,分数达到 18 分以上则可能为你特别擅长的角色。在企业沙盘模拟经营的团队管理中,可参考每个团队成员的角色测试结果进行团队成员的初配置或再配置。

做一做 8-3

请根据贝尔宾团队角色理论对团队成员角色配置情况进行梳理,完成表 8-3。

表 8-3　团队成员角色配置情况表

成员姓名	现任团队岗位和主要作用	贝尔宾角色自测结果

续　表

成员角色配置反思和调整：

_____

_____

_____

_____

三、培养团队企业家精神

在企业沙盘模拟经营的过程中能够培养的企业家精神主要是指团队成员在模拟经营的环境下逐渐形成的思维和心理状态的集合，团队的企业家精神需要具备充分整合模拟经营过程中的内外部环境因素的影响，以及应对各种不同因素所带来问题的心理调节能力。

（一）企业家精神应考虑的模拟经营内外部环境因素

团队成员可以通过分析模拟经营团队内外部环境，结合团队目标来确定应对策略。在分析的过程中，团队成员应确保彼此之间进行有效的沟通和协调，这可以进一步强化团队合作精神。模拟经营团队所面临的内外部环境因素如图 8-2 所示。

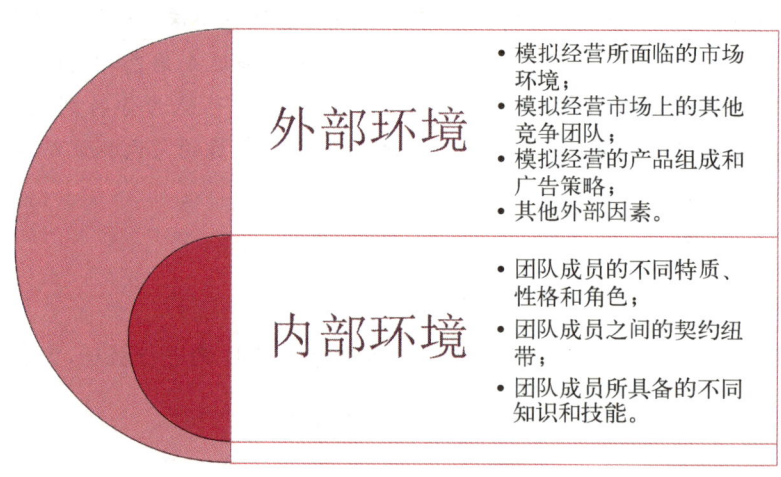

图 8-2　模拟经营团队内外部环境因素

（二）团队情绪管理的 4A 模型

情绪的自我调节能力是企业家精神中的重要组成部分，当团队成员被消极情绪所支配时，不利于团队协作的持续和有效开展。因此，当消极情绪出现的时候，如何识别和梳理显得尤为必要。通过 4A 模型能帮助团队成员分析和调节情绪。此处的 4A 是指 Aware（识别情绪），Accept（接受情绪），Analyze（分析情绪），Adjust（调整情绪）。利用 4A 模型调节情绪的步骤如下：

第一步是识别情绪。团队成员在团队合作的过程中首先要识别出自身和整个团队的情绪状态和变化,可从日常行为的变化和消极情绪的特征入手识别情绪,如抱怨、沉默和推脱等。

第二步是接受情绪。团队成员在识别出自身或团队的情绪后,要接受情绪,而不是压制情绪。一般情绪的发展会经历四个阶段:回避问题,抵制活动,重新聚焦,发挥能力。当团队的情绪得到了广泛接受和理解,才能更好地调整情绪,迅速进入重新聚焦和发挥能力的阶段,提升团队效能。

第三步是分析情绪。团队成员要学会分析团队产生消极情绪背后的原因,特别是消极情绪的来源,这样才能对症下药,对已产生的消极情绪进行调整。在企业沙盘模拟经营中,当团队成员沟通不及时、不双向,不坦诚时容易产生较多的消极情绪,如"受害者心态",即团队成员感受到无辜受牵连,需要被动承担后果;"坏人心态",即团队成员会将不良后果怪罪到他人做出的"愚蠢决策"上;"无助者心态",即团队成员认为自己是弱势群体,在团队中没有话语权,因此拒绝对经营决策提出建议。这些情绪都会影响模拟经营的效益。

第四步是调节情绪。在充分识别、接受和分析情绪后,团队成员应利用一些方法和策略,把自身和团队的消极情绪调整为积极的情绪状态。以下四点方法可为调节情绪提供参考:

(1)团队成员间应保持及时、双向和坦诚的沟通。

(2)团队应更加关注确立的目标而不是已经无法改变的过去。

(3)团队成员应做到自我反思和换位思考,使自身心态更平和。

(4)团队应充分利用"意见领袖",也就是重视在团队中对其他成员有较大影响人物的积极影响。

做一做 8-4

请你根据自身实际情况,在图 8-3 中为自己的模拟经营素质和能力评分,绘制成雷达图,10 分为最高分,0 分为最低分。

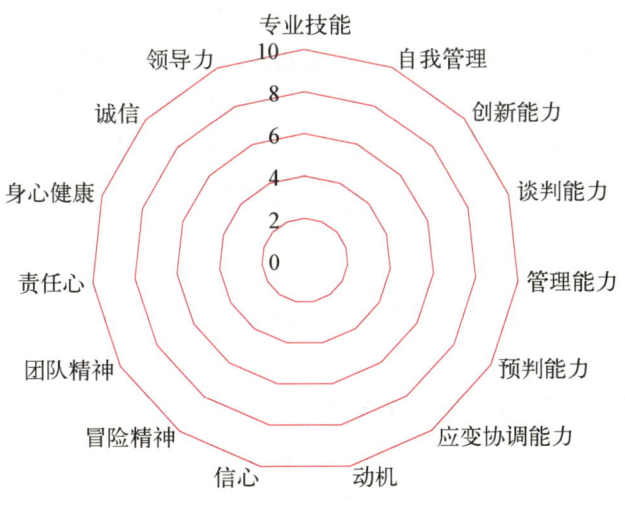

图 8-3 模拟经营素质和能力雷达图

请根据以上自评中得分最低的某项或某几项，写出你计划改善的具体行动方案。

_____

_____

_____

_____

任务 8.2　制订合理的团队协同计划

合理的团队协同计划能保证良好团队文化的可持续性，是一切团队活动的重要依据，企业沙盘模拟经营团队的协同计划应包括明确的团队目标实施需求、流畅的信息互通融合体系和完善的团队绩效奖惩制度。

一、确定团队目标实施需求

模拟经营团队是基于共同的愿景成立的，团队成员达成了一致的宏伟目标。为了实现这一宏伟目标，需要制定出更为具体、更有针对性、更符合阶段性实施需求的子目标。子目标可由宏伟目标自不同项目或不同时间段中分解出来，在模拟经营团队中，可针对不同方案、不同市场和不同经营年份来确定为了达成具体子目标所需做出的准备。子目标的设定应满足 SMART 原则，即 Specific，目标应具体且明确；Measurable，目标实现与否应可量化的，能用数据指标进行衡量；Attainable，目标实现难度应该适中，具有可行性和可实施性；Relevant，目标与项目之间应高度相关，否则没有设定价值；Time-bound，目标的完成需要有明确的截止期限，从而进一步保证目标达成的时效性。

团队子目标设定后，还应明确实施需求。七问分析法在确定目标实施需求时可帮助团队进一步理清思路，打开局面。七问分析法包括 5 个 W 和 2 个 H，它们分别所代表的意义结合模拟经营团队可能遇到的问题解释如下：

WHAT：是什么？目前遇到的实际情况是什么，目前经营所采取的方案，所面临的市场，所选择的策略是什么？

WHY：为什么？为什么要这样做？可不可以不做？有没有其他可选择的替代方案，产品组合和经营策略？

WHO：谁来做？谁来做方案？谁来投广告？谁来选单？

WHEN：何时？什么时机投产某种产品最为适宜？

WHERE：何地？在什么市场中配置产品最为有利？

HOW：怎么做？如何提高效率？如何实施？有什么需求？方法是什么？

HOW MUCH：多少？投入需要多少？产出能有多少？需要多少支出？

二、构建团队信息互通融合机制

企业沙盘模拟经营团队在运营的过程中,不可避免会发生意见分歧,甚至是矛盾,很多时候这些问题都是因为沟通不良导致的。因此,由有效的沟通与协调、开放的信息交流及矛盾调解所构成的融合机制对于团队来说非常必要,能够帮助团队及时发现问题和处理问题。

首先,团队可建立起及时—双向—信任坦诚(timely‑two-way‑trust,TTT)的沟通机制:

及时(timely),团队成员之间的沟通要及时,不能拖拖拉拉。如果"总经理"和"财务经理"已经对经营的方案做出决定,但是拖了很长时间不跟其他团队成员分享,难免会让团队里的其他人员产生不良心态。

双向(two-way),信息的沟通方式一定是双向互通,有来有往的,避免在沟通的过程中出现"不同频"的情况,否则沟通的效果将大打折扣。

信任坦诚(trust),团队中应该致力于营造一种比较坦诚的沟通氛围,有想法有意见,不藏着掖着,开诚布公,勇敢分享,否则小问题容易发展成大问题。

TTT 沟通机制对调节团队由于沟通信息不对称和不透明引起的不良情绪有很好的效果。

其次,团队应建立机制让团队成员更多地去关注未来目标,而不是关注过去。如果团队成员总是把注意力放在过去,如已经结束的模拟经营年度,团队成员对当年的某些决策追悔莫及,容易产生消极情绪,无助于未来的发展,也无助于解决当前的经营问题。可以采用GROW 教练模型来帮助调整团队成员的注意力。这一模型分为四个阶段,如图 8‑4 所示。

第一阶段,明确目标(goal)。团队成员一起讨论,再次强调和明确团队的大目标。在这个阶段让大家充分考虑,达成共识。

第二阶段,分析现状(reality)。团队有了大目标之后,团队成员可以一起梳理清楚现状,如分析当前的现状到底是什么样,现状离目标到底多远。

第三阶段,寻找方案(options)。团队成员

第一阶段　•明确目标(goal)

第二阶段　•分析现状(reality)

第三阶段　•寻找方案(options)

第四阶段　•开始行动(way forward)

图 8‑4　GROW 教练模型的四阶段

可以进行头脑风暴,尽可能多地找到能够把团队从现状带到目标的行动方案。

第四阶段,开始行动(way forward)。由于各个方面条件限制,这些方案中并不是所有方案都适用。团队成员应先根据现实资源把可用方案筛选出来,然后进行分工,一步步落实到行动中,进而实现团队的目标。

三、完善团队绩效奖惩制度

在企业沙盘模拟经营团队中推行绩效奖惩制度,虽然有别于真实企业的相关制度,

但也可根据不同团队的特性适当安排奖惩,给团队成员一定的激励和约束,能更好地帮助团队实现模拟经营的目标。

在为模拟经营团队设定奖惩制度之前,首先,应该明确每一位团队成员在各自岗位上应该完成的指标。一般在模拟经营中用时间作为限制,准确率作为标准;如果能在规定的时间里准确无误地完成相关经营准备和操作,并且最终取得不错的收益,那就可以得到奖励;否则,得到惩罚。其次,奖励和惩罚的方式应尽量避免采用金钱或其他物质形式,针对学生身份的团队成员,奖励可以是加分形式,惩罚可以采取适当运动的方式,如跳绳、跳操等。奖励和惩罚的方式,也可在充分听取学生意见后完成设置。通过学生广泛认可的方式所设定出来的奖惩制度,能更好地激发学生潜力。

做一做 8-5

与其他团队通过"头脑风暴"得出大家都认可且合规的团队活动奖惩方案,并填写表 8-4。

表 8-4 团队活动奖惩方案

项目	具体形式
奖励	
惩罚	
备注	

⚓ 项目小结

祝贺大家完成了本项目的学习,通过学习如何有效管理团队,同学们能够更好地进行团队协作。每支模拟经营队伍都确立了自己的核心团队文化,建立了相关制度保障,为之后的模拟经营实战保驾护航。

测 一 测

一、单项选择题

1. 下列各项中,不属于团队共同愿景的是(　　　)。
   A. 核心价值观　　　B. 核心志向　　　C. 宏伟目标　　　D. 具体目标

2. 团队情绪管理的 4A 模型中调节情绪的第一步是(　　　)。
   A. 识别情绪　　　B. 分析情绪　　　C. 接受情绪　　　D. 调节情绪

3. SMART 模型当中的"S"代表的意义是(　　　)。
   A. SAFETY 安全　　　　　　　B. SYSTEM 系统
   C. SPECIFIC 明确　　　　　　D. STANDARD 标准

4. 下列各项中,属于模拟经营团队成员所需要思考的内部因素的是(　　　)。
   A. 市场环境　　　B. 竞争对手　　　C. 成员技能　　　D. 规则要求

5. 下列各项中,不属于贝尔宾角色类型的是(　　　)。
   A. 行动型　　　B. 领袖型　　　C. 社交型　　　D. 思考型

二、多项选择题

1. 下列各项中,包括在贝尔宾团队角色理论中的有(　　　　　)。
   A. 实干家　　　B. 凝聚者　　　C. 精神领袖　　　D. 监督员

2. 下列各项中,属于贝尔宾团队角色理论给出的启示的有(　　　　　)。
   A. 在配置成员角色的过程中应注意角色搭配
   B. 在配置成员角色的过程中应注意成员的知识结构和技能掌握情况
   C. 在配置成员角色的过程中应注意成员角色的多样性特点
   D. 在配置成员角色的过程中应注意角色选择的完整覆盖

3. 团队中常见的消极情绪的有(　　　　　)。
   A. 坏人心态　　　B. 好人心态　　　C. 无助者心态　　　D. 受害者心态

4. 下列各项中,属于 TTT 沟通机制的有(　　　　　)。
   A. TIMELY 及时　　　　　　　B. TWO‐WAY 双向
   C. TIGHT 紧密　　　　　　　D. TRUST 信任

5. 下列各项中,属于 GROW 教练模型阶段的有(　　　　　)。
   A. GOAL 明确目标　　　　　　B. ALTERNATIVES 备选方案
   C. OPINIONS 寻找方案　　　　D. STRAIGHTFORWARD 直接行动

三、判断题

1. 团队角色就是团队岗位。　　　　　　　　　　　　　　　　　　　(　　)
2. 团队当中的"完美主义者"能够推动团队其他成员进步。　　　　　(　　)
3. 一个完美的团队必须具备贝尔宾理论中的所有角色。　　　　　　(　　)
4. 企业沙盘模拟经营团队制定的奖惩制度无需向真实企业看齐。　　(　　)
5. 帮助团队梳理经营思路的七问分析法又叫 5W2H 分析法。　　　　(　　)

6. 企业家精神是成为企业家才应该具备的素质。 （ ）

四、实训题

1. 请利用贝尔宾的团队角色理论帮助分析《西游记》中的唐僧师徒四人的团队角色并做适当解释,请将结果填入表 8-5 中。

表 8-5 角色分析表

原著角色	贝尔宾团队角色	解释
唐僧		
孙悟空		
猪八戒		
沙和尚		

2. 小沙,是企业沙盘模拟经营一支团队中的一员,他与团队中的其他成员在模拟经营中总是不能达成想法上的一致。例如,在生产线建设和产品配置,甚至投放广告等诸多问题上都有比较多的分歧。合作困难的窘况令小沙格外烦恼,请给小沙分享一些好的经验或者建议。

_____

_____

_____

_____

评 一 评

请填写表 8-6 项目 8 学习评价表。

表 8-6 项目 8 学习评价表

项目名称	评价指标	权重	评价方式		得分
			自评	互评	
企业团队管理	能列举贝尔宾团队角色理论中各角色特点及其团队作用	15	✓		
	能概述情绪调节 4A 理论的内容	15	✓		
	能通过 SMART 模型帮助模拟经营企业分析出具体目标	20	✓		

项目名称	评价指标	权重	评价方式		得分
			自评	互评	
企业团队管理	能通过建立沟通机制有效管理模拟经营团队效能	20		✓	
	能通过思维方式的训练和心理调节能力的培养，逐步养成企业家精神	15	✓		
	能通过管理企业沙盘模拟经营团队，进一步提升团队意识	15		✓	
合计		100	—	—	

学习体会：

教师评语：

竞赛篇

项目 9 优化竞赛策略

项目简介

　　本项目是竞赛篇的第一个项目，主要包含沙盘竞赛综合能力提升的关键点和沙盘经典策略的介绍，旨在使学生通过这两部分的内容了解竞赛流程、竞赛准备过程需要注意的重点内容和若干种经典竞技策略，对竞技沙盘有初步认识，进一步了解如何在沙盘竞技中提高竞技综合能力。同时熟悉典型策略，为参与竞技沙盘项目做准备。

项目导航

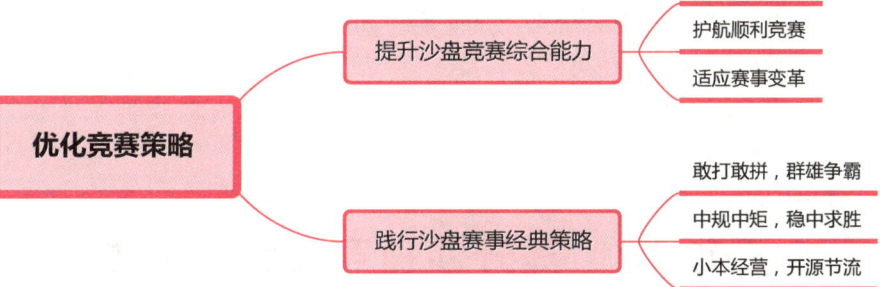

```
                                                         提升关键能力
                                    提升沙盘竞赛综合能力  护航顺利竞赛
                                                         适应赛事变革
优化竞赛策略
                                                         敢打敢拼，群雄争霸
                                    践行沙盘赛事经典策略  中规中矩，稳中求胜
                                                         小本经营，开源节流
```

学习目标

○ **知识目标**
- 复述沙盘竞技中的典型策略

○ **技能目标**
- 通过充分沟通、全面预算、反复实践，提升团队凝聚力、决策力和执行力
- 利用数据分析工具，制作适合团队使用的电子辅助运营工具表

○ **素养目标**
- 通过经典策略的实践和创新，提升勇于探索实践的创新精神
- 能够适应赛事变革，逐步养成终身学习的习惯

项目导入

初识竞技沙盘

竞技沙盘全面考察参赛选手会计核算、资金预算、成本核算与管理、财务报表编制、市场预测与分析等财经商贸类会计、市场营销专业的核心技能，以及诚实守信、团队协作、应对变化、临场决策等岗位通用职业素养掌握情况；全方位展示参赛选手在组织企业经营管理过程中各司其职、团队协作、创新思维、岗位通用技能等方面的职业素养。

竞技沙盘通过以赛促教，全面提高学生发现问题、解决问题的能力；锻炼学生沟通协作、随机应变能力；提升学生逻辑思维、开拓创新等综合素养能力。它通过竞赛为中职院校师生提供交流借鉴的平台，检验财经商贸类专业的教学改革成果，引领和促进财经商贸类专业教学改革，全面提升中职院校财经商贸类专业人才培养质量。

近年来，全国职业院校技能大赛企业经营沙盘模拟赛项（高职组和中职组）已成为全国职业院校技能大赛常规项目；全国高等院校数智化企业经营沙盘大赛、中国大学生工程实践与创新能力大赛企业运营仿真竞赛等赛项在本科院校中也是如火如荼地进行。各级各类学校在竞技沙盘上的投入越来越高。同时由于竞技沙盘的趣味性，越来越多的学生也愿意参与到竞赛中去感受它所带来的自由竞争氛围和赛场局势的跌宕起伏。

任务 9.1　提升沙盘竞赛综合能力

通过基础篇、提高篇的学习，学生对企业战略规划、资金筹集、市场营销、产品研发、生产组织、物资采购、设备投资与改造、财务核算与管理等方面进行模拟经营，感受了真实的市场环境，激发了创新思维。学生已经将所学的专业知识、实训经验与实际可能存在的问题紧密联系起来，感悟到所学财经商贸知识的具体运用，提升了沙盘模拟企业经营过程中解决问题的能力。而竞技沙盘则需要对沙盘模拟企业经营有更深的理性认识和更高的综合能力，本任务结合中职院校竞技沙盘的特点进行阐述，帮助学生提升沙盘竞赛综合能力。

一、提升关键能力

竞技沙盘是一个团队项目，团队作战的优势在于思维碰撞和协同分工，如果配合默契，其竞技能力一定是成倍增长的。如果需要参加竞技沙盘，参赛者不仅需要掌握在教学过程中的知识和技能，更首要的任务是全面提升整个团队的竞技能力，其重点在于团队凝聚力、决策力和执行力的提升。

（一）充分沟通提升团队凝聚力

在竞技沙盘备赛期间，整个团队朝夕相处的时间呈几何倍数增长，团队成员的矛盾也可能呈几何倍数增长。队员们在经过前期的磨合，已经能明白团队建设的重要性。但大部分队员正值青春期，面对心理发展上独立性和依赖性的矛盾、开放性和封锁性的矛盾，以及自制性和冲动性的矛盾。这往往给竞赛准备的团队磨合带来很大的阻力。

竞赛准备期间的团队磨合首先要学会让队员多了解企业真实的权责分工，明确每个岗位都需要承担责任，因为大家是要在竞技场上团队作战的！参与竞赛成员都是从教学环节选拔出来的优秀学生，他们每个人都是独当一面的沙盘高手，可以说每个人都可以完成模拟运营，但如何真正做到"1＋1＋1＋1＞4"，这就仰赖于队员在磨合中对彼此的了解。考虑团队合作的时候不仅仅考量"谁能做什么岗位"，更需要考量的是"谁更适合做什么岗位"，比如财务经理岗位和总经理岗位之间的即时沟通，财务经理和运营经理之间对生产运营过程中有关现金流和物流的沟通，比如总经理和销售经理之间关于市场广告的讨论，这些都决定着岗位人员的最终确定。

在 16 岁至 18 岁这个敏感年龄段，只有通过备赛期间无限次的磨合沟通，一个团队才能在竞赛规定的运营时间内将全年的运营高效地落地执行，在平日的备赛中一定不要怕有冲突，有了冲突，才能找到问题并解决。在备赛中充分沟通以提升这个团队的凝聚力是沙盘竞技的首要因素。

（二）全面预算辅助竞赛决策力

如果根据每学期 18 周、每周 4 课时的教学安排，学生能够针对一套规则和市场预测推演并能完整打完三至四轮训练赛已经很不容易。以全国职业院校技能大赛沙盘项目为例，其赛题发布惯例为提前 1 个月，共 10 套赛题。按照每日 1 套赛题的速度，赛前也只能保证每套赛题进行全年预算推演 2～3 次，其备赛强度和课堂训练是无法相提并论的。

省市级及以上沙盘竞赛所面对的参赛选手是来自各省各学校的优秀团队，竞技难度是教学过程中市场环境的几何级数。我们要面对来自各高手团队的竞争，做好全面预算是最重要的因素。由于赛前订单详情是不公布的，在备赛期间我们就要自己根据市场预测制作模拟的详细订单，全面预算也不仅仅包括一种固定方案，而是会根据模拟的不同详细订单来制定具有针对性的每年模拟预算。

只有预算做得更精细，团队的竞赛准备才更全面。成熟的竞技团队会带着全面预算上赛场，当碰到各种不同的局面的时候，也能做到"有计可施"，有了可以仰赖并用以决策的全面预算数据，团队的决策力才能进一步提升。

（三）反复实践保证赛场执行力

沙盘模拟企业经营最接近市场实践的一点在于，人是博弈群体，面对不同环境会做不同的决策，所以哪怕是同一套规则和市场预测，由于思维和决策的不同，当场赛事的竞技结果都受到影响。

和训练环节的沙盘不同，竞技沙盘每年的运营会有严格的时间限制，一般控制在 45～50 分钟。近年的比赛从四年运营改为五年运营，这对于团队的执行力提出了很高的要求。首先，要求竞赛团队分工进一步明确、工作落实到人，充分结合团队中各种不同类型的角色，将每个人的长处，根据工作实际合理地搭配起来，优势互补，团队成员在运营过程中要第一时间明白自己应做些什么。其次，要求竞赛团队建立适合自己节奏的业务流程，每年运营按照流程办事，用最快最直接的方法达到最高的执行效率。最后也是最重要的，要求团队反复实践去接触可能遇到的各种竞争局面，提升队伍的应变能力，最终才能保证在赛场上的执行力。

二、护航顺利竞赛

虽然在沙盘竞技赛事过程中，上场比赛的仅仅是一支队伍，但是参赛方却是由学校、老师和学生共同组成的团队，从参赛伊始整个团队就缺一不可，才能护航竞赛顺利完成。

（一）基于专兼结合的备赛训练

一方面，近年来不少重量级比赛备赛时间逐渐加长，如 2022 年全国职业院校技能大赛沙盘模拟企业经营项目（中职组）赛项从赛题下发到完成竞赛总共历时三个多月，2023 年该赛项也是延续了长时备赛的机制。算上各地区市级、省级选拔赛，参赛团队总体备赛时间可能长达半年多，这无疑对学生的身心都是极大的考验。团队内 4 位学生必须心无旁骛地专心备赛，才能提升团队战斗力。

另一方面，也是最重要的，沙盘竞技也需要兼顾专业学业。沙盘模拟的是企业的完整经营，不仅需要终身学习、团队合作、沟通表达等通用职业素养，也需要判断、分析和决策的能力，更需要扎实的个人专业知识。我们可以通过沙盘竞技获得质的提升，但是专业知识我们只能通过学校的专业课程来学习。所以沙盘竞技再占用时间也不能影响专业知识的学习，两者应该是相辅相成的关系。

（二）基于参赛团队共同奋斗的决心

学校、老师和学生能够默契分工、通力合作也是团队综合竞技能力的重要方面。学校为竞技团队提供一切支援，指导教师和参赛队伍才能无后顾之忧，勇往直前去拼搏，这是最重要的前提保障。指导老师和学生的沟通和交流，可以更好地去引导学生树立竞赛观以及如何坦然面对竞赛带来的压力。只有学校和指导老师都到位了，学生才能够全身心投入比赛去争取最好的竞赛结果。

（三）基于现代化信息工具的运用

在学习环节中，学生运用手工计算来模拟经营，旨在通过最原始的计算方式让学生能够理解所有模拟运营背后的思维逻辑，这虽然有利于学生的学习和掌握，但是如果将此方式全数迁移至竞赛环节，那么更多的时间将被用于手工计算，而减少了分析和决策的时间，这对于团队的高效竞赛是不利的。

故在竞赛环节，我们需要按照团队实际情况以及现场竞赛环境，将一部分确实需要手工计算的部分保留，而将一些重复性的运算工作尽可能地交由现代化数据分析处理软件去完成，如当下比较主流的 WPS 和 Office Excel 软件。竞赛团队可以充分利用软件表格制作和公式函数的功能，将运营年份需要用的若干张表格制作成电子表格形式，有助于赛场分析决策，从而高效完成竞赛。

三、适应赛事变革

沙盘模拟企业经营项目最吸引师生参与的点在于通过岗位分工合作的形式,模拟企业运营的过程,进一步提升学生分析和决策的能力,有助于培养学生全局意识和就业创业意识。其核心是思维的提升。竞技沙盘近年来也一直谋求改革以期更好地提供展示学生风采的赛事平台,故一直都处于变革中。有志于竞赛的学习者必须要有适应赛事变革的心态。

2015 年至 2022 年,竞技沙盘的变革主要在于赛程赛制上,从原先的 6 年制运营,到 4 年制运营到目前的 5 年制运营,赛制上越来越公开、公正和公平,力求在能力和时间的把控上取得相对平衡。对于赛题和详细订单的发布也是逐步形成竞技沙盘的特有的时间线,争取为各级各类参赛队伍营造良好的竞赛机制、环境和氛围。

2023 年起,竞技沙盘的改革集中到了系统的发展和完善。原先的竞技沙盘更重视逻辑思维的运筹帷幄,2023 年竞技沙盘开始对系统进行更新,融入了更符合现代企业经营实际情况的功能。

(一) 运营规则更合理

一方面,旧系统很多费用都集中在年底计提,但实际上企业实际工作中很多的费用在年中运营的时候已经发生并计提了,如设备的折旧费和维护费。另一方面,企业运营随时都可能由于资金链的断链而破产,新系统充分考虑了持续经营的原则,随时随地需要计算权益值,更符合企业经营的实际。

(二) 模拟职能更细化

旧系统中主要体现了财务、采购、销售岗位的职能工作,仅在产品生产的过程中体现了人力成本的支出,生产线的运作只需要建造并支付相应的维护费用即可。但是实际运作过程中,所有的生产线运作是有运营成本的,故新系统则融入了生产线上人力资源管理的内容,生产线需要招聘工人才能运作,这也更符合企业生产过程中的实际情况。

(三) 融资途径更多样

旧系统主要融资手段包括长贷、短贷和应收款贴现等。但在实际运营过程中,实际上还有很多非金融机构的融资途径,所以新系统直接增加了直接融资的功能,随借随还,使融资可以更灵活便捷,为竞赛团队获取资金提供了更丰富的选择。

(四) 信息手段更丰富

旧系统对生产产品,一直坚持参考传统手工运营模式计算原材料订购和到货、上线生产和下线入库。但是随着科学技术的进步,智能化制造管理的手段越来越丰富,制造车间的管理已经不仅仅在于手工管理,更多地融入了现代化信息工具的使用。新系统也是充分结合了时代背景,增加了数字化管理的功能,在竞赛中可以选择手工运作产品的生产,也可以利用数字化管理来完成产品的生产。

(五) 财务分析更全面

旧系统年底只需要计算综合费用表、利润表和资产负债表三张财务报表。但是企业实际运营过程中更需要借助财务分析来进行决算和预算,这是很多现代化信息系统的最终目的。脱离了财务分析做出来的总结和规划都是缺乏依据的。所以新系统将财务指标纳入竞赛考核范围,竞赛团队每年底需要对各项财务指标进行计算,包括企业偿债能力、企业获利能力、企业发展能力和企业运营能力的计算等。

任务 9.2　践行沙盘赛事经典策略

虽说沙盘没有标准答案,只要是适合团队的并能为之带来最大收益的策略都是好的,但是综观各级各类竞技沙盘赛事,我们会发现仍然会有一些典型的策略广泛被各参赛团队采用。总之,参赛团队需要善于总结,善于结合典型策略并结合自己团队的特点和能力,进行改善和创新,勇创佳绩。

一、敢打敢拼,群雄争霸

(一) 策略概述

在沙盘开始之初,利用在刚开始所拥有的贷款限额筹到大量资金用于增加生产线,尽可能多地研发产品,扩大产能,使得总产能水平名列前茅,第 2 年以高广告策略大量夺取销售订单,在后续年份的竞争中始终保持主流产品销售量和综合销售量第一。后期仍用高广告策略争夺主导产品的最高价市场的龙头地位,保持权益最高,使对手望尘莫及,难以超越,最终拔得头筹。

(二) 运作要点

运作好此策略关键有两点:一是资本运作,使自己有充足的资金用于扩大产能,并能抵御强大的还款压力,使资金运转正常,所以此策略对财务经理要求很高。二是精确的产能测算与生产成本预算,如何最大限度地扩大产能? 如何尽可能地销售远高于市场平均需求量的产品? 这些将决定着最终的成败。

(三) 综合评价

此策略属于高风险高收益策略。采取此策略的团队要有相当的魄力,临场抗压能力要强,敢于破釜沉舟,谨小慎微者不宜采用。其优势在于一旦前期累积起优势,很难被超越;劣势在于如果资金或广告在某一环节出现失误,则会使自己陷入十分艰难的处境。过大的还款压力,可能将自己逼上破产的境地,所以此策略风险极高。

二、中规中矩,稳中求胜

(一) 策略概述

在沙盘运作之初,对市场预测进行全面分析,计算市场的平均需求量,严格按照每年市场需求的趋势分布产线,按照市场需求变化的节奏增加产能。每年在适当市场投放适量的广告,获取销售订单后销售产品,稳扎稳打,在累积资本后,争取厚积薄发,向市场竞争者发起挑战,争取获得更高的收益。

(二) 运作要点

运作好此策略的关键点在于"适度",根据市场需求增加适量的生产线,生产适量的产品,利用适量的广告促销产品。因为产能适中,千万不能投放过高或者过低的广告费。在后几年的运营中要找准机会自我发展,利用第一桶金研发产品、提高产能,缩小和排名靠前团队之间的差距,从而成为市场上一匹有竞争力的黑马。

(三) 综合评价

此策略是大部分团队会选择的策略,因为该策略可进可退,留给自己的余地更多。如果发展得当,能够向市场第一梯队的团队发起冲击;如果没有抓住机会,也能采取措施弥补,保持中游水平一直到运营结束,所以此策略胜在稳定。

三、小本经营,开源节流

(一) 策略概述

当分析市场预测后发现该市场产品毛利比较低,需求量又比较少的时候,可以采用此策略,通过"节流"的方式,保持适当的利润水平。一般这种市场背景下,团队可以选择比较节省费用的方式来经营企业,比如低费用的产线建设、厂房策略以及贷款策略。最初经营的年份尽可能以较低广告费获取市场上的销售订单,通过费用的降低,来提高利润。

(二) 运作要点

既然要"节流",重点就是控制费用的发生,首先是广告费。故此策略的运作重点是前期的广告费用一定要低,用最低的广告费把产品卖出去。其次是运营过程中的其他费用,如折旧费、维修费和财务费用,这些都是需要综合考量去尽可能降低的费用。

(三) 综合评价

此方案不是非常容易操控的。其优点是通过开源节流,增加利润。其缺点是由于需要节省费用,对于排单排产订购原材料的难度会提升,需要团队更默契地配合。尤其在第 2 年如果控制费用不当造成极低的利润或者亏损,那么后续企业就很难有发展的爆发力了。

连一连 9 - 1

请将下面各策略和适用情况连起来:

敢打敢拼,群雄争霸	根据市场平均需求水平,适当广告获得订单。
中规中矩,稳中求胜	利用大产能和高广告额,获取大量销售订单。
小本经营,开源节流	利用最低的广告额将生产的产品卖出去。

 项目小结

基于入门篇和提高篇的学习,又通过学习如何提升团队关键能力和竞技沙盘中的

典型策略,相信同学们对竞技沙盘有了初步的了解,这是一个充满了竞争和惊喜的沙场,每一次的竞技都会给我们带来不一样的体验。让我们通过"测一测"中2021年全国职业院校技能大赛"沙盘模拟企业经营"(中职组)的一套试题,小试一下身手吧。

测 一 测

9-1文档资源
模拟订单

请根据所给赛题相关资料,并扫描二维码获取9-1模拟订单,选择合适的策略制订第1年和第2年的运营计划,并在完成实战后进行完整复盘。

2021年全国职业院校技能大赛
"沙盘模拟企业经营"(中职组)试题一

说明:赛项规程中所有的规定,在出题时不可改变;样题中的各项参数为可变参数,出题时可以改变。本规则中除资金贴现的"季"指的是"账期",其余指的是"季度"。

一、融资、初始资本及管理费参数

贷款类型	年利息
长期贷款	9%
短期贷款	5%
资金贴现	7%(1季,2季),9%(3季,4季)

注:初始资本80万元、管理费每季度1万元。

二、厂房参数

厂房	买价	租金	售价	容量
大厂房	44万元	4万元/年	44万元	5条
中厂房	33万元	3万元/年	33万元	4条
小厂房	22万元	2万元/年	22万元	3条

三、生产线参数

生产线	购置费	安装周期	生产周期	总转产费	转产周期	维修费	残值
超级手工线	3万元	1季	2季	1万元	无	1万元/年	1万元
自动线	12万元	2季	1季	1万元	无	1万元/年	3万元

续 表

生产线	购置费	安装周期	生产周期	总转产费	转产周期	维修费	残值
柔性线	15万元	3季	1季	0万元	无	1万元/年	3万元
租赁线	0万元	无	1季	1万元	1季	6万元/年	−7万元

四、生产线折旧(平均年限法)

生产线	购置费	残值	建成第1年	建成第2年	建成第3年	建成第4年	建成第5年
超级手工线	3万元	1万元	0	1万元	1万元	0	0
自动线	12万元	3万元	0	3万元	3万元	3万元	0
柔性线	15万元	3万元	0	4万元	4万元	4万元	0

五、产品研发与结构参数

名称	开发费用	开发总额	开发周期	加工费	直接成本	产品组成
P1	1万元/季	1万元	1季	1万元/个	2万元/个	R1
P2	1万元/季	2万元	2季	1万元/个	3万元/个	R2+R3
P3	2万元/季	6万元	3季	1万元/个	4万元/个	R1+R3+R4
P4	2万元/季	8万元	4季	1万元/个	5万元/个	R2+R3+2R4

六、ISO 资格认证参数

ISO 类型	每年研发费用	年限	全部研发费用
ISO9000	2万元/年	1年	2万元
ISO14000	2万元/年	2年	4万元

七、市场开拓参数

市场	每年开拓费	开拓年限	全部开拓费用
亚洲	1万元/年	2年	2万元
国际	1万元/年	3年	3万元

注:本地、区域及国内市场在赛项规程中体现。

八、原料参数

名称	购买价格	提前期
R1	1万元/个	1季
R2	1万元/个	1季
R3	1万元/个	2季
R4	1万元/个	2季

九、市场需求量、均价及单数

1. 需求量（个数）

年份	产品／市场	本地	区域	国内	亚洲	国际
第2年	P1	147	0	0	0	0
	P2	0	120	70	0	0
	P3	38	43	58	0	0
	P4	0	0	0	0	0
第3年	P1	42	0	52	57	0
	P2	60	51	0	60	0
	P3	57	62	56	0	0
	P4	29	58	38	0	0
第4年	P1	101	67	0	0	0
	P2	45	54	0	0	120
	P3	46	105	41	0	0
	P4	0	44	54	109	0

2. 均价（万元）

年份	产品／市场	本地	区域	国内	亚洲	国际
第2年	P1	5.59	0	0	0	0
	P2	0	7.53	7.49	0	0

续 表

年份	产品＼市场	本地	区域	国内	亚洲	国际
第 2 年	P3	8.50	8.51	8.67	0	0
	P4	0	0	0	0	0
第 3 年	P1	5.55	0	5.65	5.61	0
	P2	7.65	7.53	0	7.65	0
	P3	8.58	8.58	8.57	0	0
	P4	10.59	10.60	10.71	0	0
第 4 年	P1	5.62	5.73	0	0	0
	P2	7.62	7.57	0	0	7.57
	P3	8.63	8.60	8.61	0	0
	P4	0	10.45	10.72	10.56	0

3. 单数（张数）

年份	产品＼市场	本地	区域	国内	亚洲	国际
第 2 年	P1	48	0	0	0	0
	P2	0	42	24	0	0
	P3	13	14	18	0	0
	P4	0	0	0	0	0
第 3 年	P1	17	0	21	19	0
	P2	19	20	0	19	0
	P3	20	21	19	0	0
	P4	12	21	15	0	0
第 4 年	P1	38	23	0	0	0
	P2	15	14	0	0	37
	P3	18	39	15	0	0
	P4	0	15	21	36	0

注：不包括详单。

请根据上述赛题运营规则和市场预测,结合在项目9中学习的典型策略,根据以下文本框指引,填写相关内容,制订竞赛方案,完成表9-1至表9-25的填写。

初始现金、长贷短贷和贴现的利率分析:

管理费、市场开拓、ISO、原材料分析:

生产线、厂房、产品研发分析:

竞赛方案:

_____

_____

_____

_____

表 9 - 1　第 1 年经营流程表

顺序	经营流程	运营记录		
年 初	新年度规划会议			
	广告投放			
	参加订货会选订单/登记订单			
	支付应付税			
	支付长贷利息			
	更新长期贷款/长期贷款还款			
	申请长期贷款			
1	季初盘点(请填余额)			
2	更新短期贷款/短期贷款还本付息			
3	申请短期贷款			
4	原材料入库/更新原料订单			
5	下原料订单			
6	购买/租用——厂房			
7	更新生产/完工入库			
8	新建/在建/转产/变卖——生产线			
9	紧急采购(随时进行)			
10	开始下一批生产			
11	更新应收款/应收款收现			
12	按订单交货			
13	产品研发投资			
14	厂房——出售(买转租)/退租/租转买			
15	新市场开拓/ISO 资格投资			
16	支付管理费/更新厂房租金			
17	出售库存			
18	厂房贴现			
19	应收款贴现			
20	季末收入合计			
21	季末支出合计			
22	季末数额对账[(1)+(20)-(21)]			
年 末	缴纳违约订单罚款			
	支付设备维护费			
	计提折旧			
	结账			

表9-2 订单登记表

订单号							合计
市场							
产品							
数量							
账期							
销售额							
成本							
毛利							
未售							

表9-3 综合费用表

项目	金额
管理费	
广告费	
设备维护费	
其他损失	
转产费	
厂房租金	
新市场开拓	
ISO资格认证	
产品研发	
信息费	
合计	

表9-4 利润表

项目	金额
销售收入	
直接成本	
毛利	
综合费用	
折旧前利润	
折旧	
支付利息前利润	
财务费用	
税前利润	
所得税	
年度净利润	

表9-5 资产负债表

项目	期初	期末	项目	期初	期末
现金			长期负债		
应收款			短期负债		
在制品			应交所得税		
产成品			——		
原材料			——		
流动资产合计			**负债合计**		
厂房			股东资本		
生产线			利润留存		
在建工程			年度净利		
固定资产合计			**所有者权益合计**		
资产总计			**负债和所有者权益总计**		

表 9 − 6　第 2 年经营流程表

顺序	经营流程	运营记录		
年初	新年度规划会议			
	广告投放			
	参加订货会选订单/登记订单			
	支付应付税			
	支付长贷利息			
	更新长期贷款/长期贷款还款			
	申请长期贷款			
1	季初盘点(请填余额)			
2	更新短期贷款/短期贷款还本付息			
3	申请短期贷款			
4	原材料入库/更新原料订单			
5	下原料订单			
6	购买/租用——厂房			
7	更新生产/完工入库			
8	新建/在建/转产/变卖——生产线			
9	紧急采购(随时进行)			
10	开始下一批生产			
11	更新应收款/应收款收现			
12	按订单交货			
13	产品研发投资			
14	厂房——出售(买转租)/退租/租转买			
15	新市场开拓/ISO 资格投资			
16	支付管理费/更新厂房租金			
17	出售库存			
18	厂房贴现			
19	应收款贴现			
20	季末收入合计			
21	季末支出合计			
22	季末数额对账[(1)+(20)−(21)]			
年末	缴纳违约订单罚款			
	支付设备维护费			
	计提折旧			
	结账			

表9-7 订单登记表

订单号							合计
市场							
产品							
数量							
账期							
销售额							
成本							
毛利							
未售							

表9-8 综合费用表

项目	金额
管理费	
广告费	
设备维护费	
其他损失	
转产费	
厂房租金	
新市场开拓	
ISO资格认证	
产品研发	
信息费	
合计	

表9-9 利润表

项目	金额
销售收入	
直接成本	
毛利	
综合费用	
折旧前利润	
折旧	
支付利息前利润	
财务费用	
税前利润	
所得税	
年度净利润	

表9-10 资产负债表

项目	期初	期末	项目	期初	期末
现金			长期负债		
应收款			短期负债		
在制品			应交所得税		
产成品			——		
原材料			——		
流动资产合计			**负债合计**		
厂房			股东资本		
生产线			利润留存		
在建工程			年度净利		
固定资产合计			**所有者权益合计**		
资产总计			**负债和所有者权益总计**		

表 9 - 11　第 3 年经营流程表

顺序	经营流程	运营记录		
年初	新年度规划会议			
	广告投放			
	参加订货会选订单/登记订单			
	支付应付税			
	支付长贷利息			
	更新长期贷款/长期贷款还款			
	申请长期贷款			
1	季初盘点(请填余额)			
2	更新短期贷款/短期贷款还本付息			
3	申请短期贷款			
4	原材料入库/更新原料订单			
5	下原料订单			
6	购买/租用——厂房			
7	更新生产/完工入库			
8	新建/在建/转产/变卖——生产线			
9	紧急采购(随时进行)			
10	开始下一批生产			
11	更新应收款/应收款收现			
12	按订单交货			
13	产品研发投资			
14	厂房——出售(买转租)/退租/租转买			
15	新市场开拓/ISO 资格投资			
16	支付管理费/更新厂房租金			
17	出售库存			
18	厂房贴现			
19	应收款贴现			
20	季末收入合计			
21	季末支出合计			
22	季末数额对账[(1)+(20)-(21)]			
年末	缴纳违约订单罚款			
	支付设备维护费			
	计提折旧			
	结账			

表 9-12 订单登记表

订单号								合计
市场								
产品								
数量								
账期								
销售额								
成本								
毛利								
未售								

表 9-13 综合费用表

项目	金额
管理费	
广告费	
设备维护费	
其他损失	
转产费	
厂房租金	
新市场开拓	
ISO 资格认证	
产品研发	
信息费	
合计	

表 9-14 利润表

项目	金额
销售收入	
直接成本	
毛利	
综合费用	
折旧前利润	
折旧	
支付利息前利润	
财务费用	
税前利润	
所得税	
年度净利润	

表 9-15 资产负债表

项目	期初	期末	项目	期初	期末
现金			长期负债		
应收款			短期负债		
在制品			应交所得税		
产成品			——		
原材料			——		
流动资产合计			**负债合计**		
厂房			股东资本		
生产线			利润留存		
在建工程			年度净利		
固定资产合计			**所有者权益合计**		
资产总计			**负债和所有者权益总计**		

表 9‑16　第 4 年经营流程表

顺序	经营流程	运营记录		
年初	新年度规划会议			
	广告投放			
	参加订货会选订单/登记订单			
	支付应付税			
	支付长贷利息			
	更新长期贷款/长期贷款还款			
	申请长期贷款			
1	季初盘点（请填余额）			
2	更新短期贷款/短期贷款还本付息			
3	申请短期贷款			
4	原材料入库/更新原料订单			
5	下原料订单			
6	购买/租用——厂房			
7	更新生产/完工入库			
8	新建/在建/转产/变卖——生产线			
9	紧急采购（随时进行）			
10	开始下一批生产			
11	更新应收款/应收款收现			
12	按订单交货			
13	产品研发投资			
14	厂房——出售（买转租）/退租/租转买			
15	新市场开拓/ISO 资格投资			
16	支付管理费/更新厂房租金			
17	出售库存			
18	厂房贴现			
19	应收款贴现			
20	季末收入合计			
21	季末支出合计			
22	季末数额对账[(1)+(20)-(21)]			
年末	缴纳违约订单罚款			
	支付设备维护费			
	计提折旧			
	结账			

表 9 - 17 订单登记表

订单号									合计
市场									
产品									
数量									
账期									
销售额									
成本									
毛利									
未售									

表 9 - 18 综合费用表

项目	金额
管理费	
广告费	
设备维护费	
其他损失	
转产费	
厂房租金	
新市场开拓	
ISO 资格认证	
产品研发	
信息费	
合计	

表 9 - 19 利 润 表

项目	金额
销售收入	
直接成本	
毛利	
综合费用	
折旧前利润	
折旧	
支付利息前利润	
财务费用	
税前利润	
所得税	
年度净利润	

表 9 - 20 资 产 负 债 表

项目	期初	期末	项目	期初	期末
现金			长期负债		
应收款			短期负债		
在制品			应交所得税		
产成品			——		
原材料			——		
流动资产合计			**负债合计**		
厂房			股东资本		
生产线			利润留存		
在建工程			年度净利		
固定资产合计			**所有者权益合计**		
资产总计			**负债和所有者权益总计**		

表 9‑21 第 5 年经营流程表

顺序	经营流程	运营记录		
年 初	新年度规划会议			
	广告投放			
	参加订货会选订单/登记订单			
	支付应付税			
	支付长贷利息			
	更新长期贷款/长期贷款还款			
	申请长期贷款			
1	季初盘点(请填余额)			
2	更新短期贷款/短期贷款还本付息			
3	申请短期贷款			
4	原材料入库/更新原料订单			
5	下原料订单			
6	购买/租用——厂房			
7	更新生产/完工入库			
8	新建/在建/转产/变卖——生产线			
9	紧急采购(随时进行)			
10	开始下一批生产			
11	更新应收款/应收款收现			
12	按订单交货			
13	产品研发投资			
14	厂房——出售(买转租)/退租/租转买			
15	新市场开拓/ISO 资格投资			
16	支付管理费/更新厂房租金			
17	出售库存			
18	厂房贴现			
19	应收款贴现			
20	季末收入合计			
21	季末支出合计			
22	季末数额对账[(1)+(20)-(21)]			
年 末	缴纳违约订单罚款			
	支付设备维护费			
	计提折旧			
	结账			

207

表 9 - 22 订单登记表

订单号								合计
市场								
产品								
数量								
账期								
销售额								
成本								
毛利								
未售								

表 9 - 23 综合费用表

项目	金额
管理费	
广告费	
设备维护费	
其他损失	
转产费	
厂房租金	
新市场开拓	
ISO 资格认证	
产品研发	
信息费	
合计	

表 9 - 24 利 润 表

项目	金额
销售收入	
直接成本	
毛利	
综合费用	
折旧前利润	
折旧	
支付利息前利润	
财务费用	
税前利润	
所得税	
年度净利润	

表 9 - 25 资产负债表

项目	期初	期末	项目	期初	期末
现金			长期负债		
应收款			短期负债		
在制品			应交所得税		
产成品			——		
原材料			——		
流动资产合计			**负债合计**		
厂房			股东资本		
生产线			利润留存		
在建工程			年度净利		
固定资产合计			**所有者权益合计**		
资产总计			**负债和所有者权益总计**		

评 一 评

请填写表9-26项目9学习评价表。

表9-26　项目9学习评价表

项目名称	评价指标	权重	评价方式		得分
			自评	互评	
优化竞赛策略	熟知沙盘竞技团队的关键能力	10	✓		
	复述沙盘竞技中的经典策略	10		✓	
	尝试结合赛题进行参数分析	10		✓	
	尝试结合赛题制定竞赛方案	10		✓	
	能够尝试制作工具表辅助运营	10	✓		
	能够团队合作完成完整运营实战	40		✓	
	提升勇于探索实践的创新精神,养成终身学习的习惯	10	✓		
合计		100	—	—	

学习体会:

教师评语:

项目 10 实战竞技沙盘

项目简介

　　本项目是本教材最后一个项目，提供 2021 年和 2022 年的国赛赛题（2023 年赛题与 2022 年类同），特邀连续两年参与全国职业院校技能大赛沙盘模拟企业经营项目（中职组）的获奖选手解析赛题，分享各自的参赛经验，为广大有志于参加竞技沙盘的学习者提供一定的赛场实战经验，并希望学生通过国赛题的模拟实战演练和复盘总结，进一步提升自身沙盘综合竞技能力。

项目导航

```
实战竞技沙盘 ─┬─ 2021年全国职业院校技能大赛赛题解析 ─┬─ 研读运营规则和市场预测
             │                                  └─ 解析竞赛方案
             │
             └─ 2022年全国职业院校技能大赛赛题解析 ─┬─ 研读运营规则和市场预测
                                                ├─ 分析订单详情
                                                └─ 解析竞赛方案
```

学习目标

○ **知识目标**
- 通过对沙盘赛事规程的研读，熟悉沙盘竞赛流程

○ **技能目标**
- 能够借他山之石，提升自身的沙盘竞技综合能力
- 能够根据团队实际情况，制定完整竞赛方案
- 能够根据已制定的竞赛方案，完成沙盘模拟企业经营竞赛

○ **素养目标**
- 学习获奖选手的赛场经验，培养一切从系统整体及其全过程出发的全局观念

项目导入

它山之石可以攻玉

本篇邀请的两位参赛选手都是来自上海商业会计学校的学生。一位是该校18级会计专业学生武雯欣,曾参与2021年上海市第九届"星光计划"职业技能大赛沙盘模拟企业经营项目获得一等奖,同年参与2021年全国职业院校技能大赛沙盘模拟企业经营项目(中职组)获得三等奖,在团队中担任财务经理职位。另一位是该校20级会计专业学生叶梓睿,曾参与2022年全国职业院校技能大赛沙盘模拟企业经营项目(中职组)获得一等奖,2023年参与上海市第十届"星光计划"职业技能大赛沙盘模拟企业经营项目获得一等奖,在团队中担任总经理职位。以上两位都是久经"沙"场的优秀沙盘选手,在接下来的内容里,她们将分享自己的参赛经验。让我们在充分感受了国赛备赛和竞赛体验后,带上合适自己的策略和方案放手一搏吧!

任务 10.1　2021 年全国职业院校技能大赛赛题解析

2021年6月24日,全国职业院校技能大赛中职组沙盘模拟企业经营赛项开幕式在济南拉开帷幕。来自全国各省、自治区、直辖市、新疆生产建设兵团的31支代表队参加了本次赛项。本次赛项由教育部、天津市人民政府、山东省人民政府等36个部委和单位联合主办,济南旅游学校承办,由新道科技股份有限公司提供技术支持。赛事于6月25日正式进行。大赛为各参赛选手提供了学习交流提升的平台。通过以赛促教,提升学生逻辑思维、开拓创新等综合素养能力。

一、研读运营规则和市场预测

请仔细研读以下赛题及二维码 10-1 和 10-2 相关资料。

10-1 文档资源
赛项规程

10-2 文档资源
比赛模拟详单

2021 年全国职业院校技能大赛
"沙盘模拟企业经营"(中职组)试题七

说明:赛项规程中所有的规定,在出题时不可改变;样题中的各项参数为可变参数，出题时可以改变。

一、融资、初始资本及管理费参数

贷款类型	年利息
长期贷款	11％
短期贷款	4.5％
资金贴现	9％(1季,2季),13％(3季,4季)

注：初始资本80万元、管理费每季度1万元。

二、厂房参数

厂房	买价	租金	售价	容量
大厂房	45万元	5万元/年	45万元	6条
中厂房	35万元	3万元/年	35万元	4条
小厂房	15万元	2万元/年	15万元	2条

三、生产线参数

生产线	购置费	安装周期	生产周期	总转产费	转产周期	维修费	残值
超级手工线	4万元	1季	2季	1万元	无	1万元/年	1万元
自动线	13万元	1季	1季	2万元	1季	1万元/年	4万元
柔性线	16万元	2季	1季	0万元	无	1万元/年	4万元
租赁线	0万元	无	1季	1万元	1季	6万元/年	−7万元

四、生产线折旧(平均年限法)

生产线	购置费	残值	建成第1年	建成第2年	建成第3年	建成第4年	建成第5年
超级手工线	4万元	1万元	0	1万元	1万元	1万元	0万元
自动线	13万元	4万元	0	3万元	3万元	3万元	0万元
柔性线	16万元	4万元	0	4万元	4万元	4万元	0万元

五、产品研发与结构参数

名称	开发费用	开发总额	开发周期	加工费	直接成本	产品组成
P1	2 万元/季	2 万元	1 季	1 万元/个	2 万元/个	R1
P2	1 万元/季	3 万元	3 季	1 万元/个	3 万元/个	R1＋R4
P3	1 万元/季	4 万元	4 季	1 万元/个	4 万元/个	R2＋R3＋R4
P4	2 万元/季	6 万元	3 季	1 万元/个	5 万元/个	R1＋2R2＋R4

六、ISO 资格认证参数

ISO 类型	每年研发费用	年限	全部研发费用
ISO9000	3 万元/年	1 年	3 万元
ISO14000	2 万元/年	2 年	4 万元

七、市场开拓参数

市场	每年开拓费	开拓年限	全部开拓费用
亚洲	1 万元/年	2 年	2 万元
国际	2 万元/年	3 年	6 万元

注：本地、区域及国内市场在赛项规程中体现。

八、原料参数

名称	购买价格	提前期
R1	1 万元/个	1 季
R2	1 万元/个	2 季
R3	1 万元/个	1 季
R4	1 万元/个	2 季

九、市场需求量、均价及单数

1. 需求量（个数）

年份	产品 \ 市场	本地	区域	国内	亚洲	国际
第2年	P1	71	64	36	0	0
	P2	30	60	68	0	0
	P3	33	0	30	0	0
	P4	0	0	0	0	0
第3年	P1	67	0	65	36	0
	P2	45	51	0	66	0
	P3	30	0	25	35	0
	P4	25	35	0	0	0
第4年	P1	54	51	43	30	0
	P2	28	0	35	55	60
	P3	43	32	22	41	0
	P4	44	0	41	0	36

2. 均价（万元）

年份	产品 \ 市场	本地	区域	国内	亚洲	国际
第2年	P1	4.51	4.70	5.19	0	0
	P2	6.80	6.50	6.34	0	0
	P3	7.61	0	7.77	0	0
	P4	0	0	0	0	0
第3年	P1	4.49	0	4.78	5.22	0
	P2	6.53	6.22	0	5.97	0
	P3	7.53	0	7.80	7.31	0
	P4	9.04	9.06	0	0	0

续　表

年份	产品＼市场	本地	区域	国内	亚洲	国际
第 4 年	P1	4.50	4.75	4.93	5.07	0
	P2	6.79	0	6.69	6.47	6.00
	P3	7.30	7.78	8.00	7.49	0
	P4	9.00	0	9.20	0	9.36

3.单数（张数）

年份	产品＼市场	本地	区域	国内	亚洲	国际
第 2 年	P1	21	19	15	0	0
	P2	13	20	22	0	0
	P3	18	0	15	0	0
	P4	0	0	0	0	0
第 3 年	P1	20	0	22	21	0
	P2	17	17	0	18	0
	P3	14	0	13	17	0
	P4	10	15	0	0	0
第 4 年	P1	15	15	20	20	0
	P2	13	0	15	15	17
	P3	15	13	11	15	0
	P4	15	0	13	0	13

注：不包括详单。

二、解析竞赛方案

我们知道每个竞技沙盘的参赛团队都会制订适合团队能力的竞赛方案，接下来我们通过采访 2021 年全国职业院校技能大赛沙盘模拟企业经营项目（中职组）参赛选手，了解他们备赛期间根据赛题分析后制订的竞赛方案。

你们团队在备赛期间对经营规则中的参数做了怎样的分析？

以下是我们队伍在备赛中做的参数分析。

1. 初始现金、长短贷和贴现的利率

本套规则初始现金为 80W，短期贷款利率为 4.5％，长期贷款利率为 11％，1 账期、2 账期贴现利率为 9％，3 账期、4 账期贴现利率为 13％。相比之下短贷和 1 账期、2 账期贴现的性价比较高，长贷略贵，但是 3 账期、4 账期的贴现利率比较高，故尽量不做贴现。

2. 管理费、市场开拓、ISO、原材料

这些基本是固定费用，除非根据订单详情选择放弃某一市场。在正常开发全部市场情况下，这些费用都是固定需要的。

3. 生产线、厂房、产品研发

这三者需要结合市场预测去进行分析和选择。

对于生产线，它的价格、安装周期、生产周期、转产周期、转产费用，以及维修折旧残值，都需要关注。① 手工线 4W 一条，生产周期 2Q，维修折旧残值 1W，都比较正常，但是它的安装周期需要 1Q 且转产是需要 1W，那么它的优势就很小了。② 自动线是 13W，安装周期为 1Q，其他数值都比较正常，优势在于安装周期只需要 1Q，就可以考虑是否第 1 年开始生产，及后续经营过程中可以适当预留加线的产能。③ 柔性线的数值也都比较正常，由于其折旧较贵且安装周期为 2Q，一般不会在第 1 年就用柔性线提前生产产品。④ 租赁线的维修费是 6W，残值为 −7W，在本套题中由于产品本身均价偏低，利润不高，需求量稳定，不适合使用租赁线。

厂房是根据实际产能进行匹配的。根据估算上限，采用 8 条生产线是可行的，根据市场预测最后一年用 9～10 条生产线基本也能达到平均产能，所以厂房选择上就自由一些，选用一大一小或两中或者两小一中都是可以的。

研发产品方面，要结合市场预测。第 2 年的产品需求集中在 P1 和 P2，第 3 年和第 4 年 P3 和 P4 的需求逐渐增加，如果只研发两种低端产品，利润不够高，且后续还是需要进 P3 和 P4，所以大部分队伍都会选择研发 P1、P2 和 P3 三种产品，P4 产品视第 2 年的发展情况再确定是否研发，配置 7～8 条生产线。

你们团队在备赛期间对市场预测做了怎样的分析？

市场预测有三张表，均价表、需求量表和订单数量表，拿到手后要对这些数据进行针对性的分析，具体内容如下。

1. 产品均价

产品均价方面，首先关注各个产品每年的整体趋势，再细看各个市场的分布状况。

本套产品的均价都是偏低的，所以产品的利润就普通不高，在做方案时要注意控制各项费用。

2. 需求量

需求量数据十分重要，通过需求量表，我们可以分析出市场上平均每队的需求量，及各个产品每一年需求量的增减变化情况。需求量关系着整个方案的制定和广告的投放。本套题中，假设一共16支队伍，那么第2年、第3年和第4年平均每队需求量为24个、30个和38个，这就为方案的制订提供了基础，我们选择的生产线产能首先要基本满足这3个数字，也就是需要7～8条生产线开局，后续可以再加2条或更多的生产线。再细看产品的需求趋势，P1和P2在第2年、第3年内的需求量变化不大，P3和P4呈增长趋势，那么方案就可以考虑P1、P2和P3布若干条自动线，加上部分柔性线，当然也可以考虑P1产品第1年就开始生产。第3年组均需求量从24增加到30，但8条线的产能即可满足，所以如果研发了P4，可以用柔性线去生产。第4年均需求量涨到38，所以第3年可以准备扩建1～2条生产线。

3. 订单数量

从各产品各市场的订单量，可以知道哪些市场订单量大，容易获取订单，哪些市场订单量少，风险较大，进而可以大致推测这个市场的广告呈现的趋势。本套题中基本所有队伍都会做P2产品，而第2年P2的本地市场有10张单，如果每支队伍都在本地投了广告，就会有6组不能获得订单，这时有的队会选择放弃本地市场，增投区域市场和国内市场，也有选择高投本地市场，低投区域市场和国内市场，这些不同的策略对投广告会有一定帮助。

4. 订单详情

订单详情都是竞赛当天在赛场发放的，拿到后需要关注详单中的整体情况，结合市场产品均价、订单数量和需求量，以及账期，再去结合自身方案准备竞赛广告策略。

 你们团队在备赛期间制定了怎样的竞赛方案？

我们团队通过对规则、市场的分析，选择的最终方案如下。

8条生产线开局，根据订单详情适当提前生产部分产品，其中6条自动线生产2个P1、2个P2和2个P3，2条柔性生产线根据订单详情确定产品。为此，我们计划购买2个小厂房，租1个中厂房或者租2个中厂房。第2年研发P4产品，第3年末扩建生产线。

想一想 10－1

如果您是参赛选手，根据上述2021年赛题运营规则、市场预测和模拟的订单详情，结合受访参赛选手的备赛思路，制定适合你们团队的总体竞赛策略。

初始现金、长贷短贷和贴现的利率分析：

管理费、市场开拓、ISO、原材料分析：

生产线、厂房、产品研发分析：

竞赛方案：

_____

_____

_____

_____

_____

_____

_____

任务 10.2 2022 年全国职业院校技能大赛赛题解析

2022 年 8 月 22 日，全国职业院校技能大赛中职组沙盘模拟企业经营赛项在日照科技中专市北实训基地隆重开赛，共有来自 29 个省、自治区、直辖市的 63 支代表队，以及企业技术人员和仲裁监督、专家裁判等 460 余人参加比赛活动。本次国赛沙盘模拟企业经营赛项分为方案设计、市场活动、企业运营、运营分析等 4 个竞赛环节，旨在考察参赛选手在会计事务、市场营销等专业领域的核心技能，全方位展示参赛选手在组织企业经营管理过程中各司其职、团队协作、创新思维、岗位通用技能等方面的职业素养。

一、研读运营规则和市场规则

请仔细研读下文所给赛题及二维码 10 - 3 相关资料。

10 - 3 资料
赛项规程

2022 年全国职业院校技能大赛
"沙盘模拟企业经营"(中职组)试题七

说明：赛项规程中所有的规定,在出题时不可改变;样题中的各项参数为可变参数,出题时可以改变。

一、融资、初始资本及管理费参数

贷款类型	年利息
长期贷款	10%
短期贷款	4%
资金贴现	4%(1 季,2 季),9%(3 季,4 季)

注：初始资本 78 万元、管理费每季度 1 万元。

二、厂房参数

厂房	买价	租金	售价	容量
大厂房	44 万元	5 万元/年	44 万元	5 条
中厂房	27 万元	3 万元/年	27 万元	3 条
小厂房	17 万元	2 万元/年	17 万元	2 条

三、生产线参数

生产线	购置费	安装周期	生产周期	总转产费	转产周期	维修费	残值
超级手工线	6 万元	无	2 季	0 万元	无	1 万元/年	2 万元
自动线	14 万元	1 季	1 季	1 万元	1 季	2 万元/年	2 万元
柔性线	21 万元	3 季	1 季	0 万元	无	3 万元/年	3 万元
租赁线	0 万元	无	1 季	1 万元	1 季	4 万元/年	—4 万元

四、生产线折旧(平均年限法)

生产线	购置费	残值	建成第1年	建成第2年	建成第3年	建成第4年	建成第5年
超级手工线	6万元	2万元	0	1万元	1万元	1万元	1万元
自动线	14万元	2万元	0	3万元	3万元	3万元	3万元
柔性线	21万元	3万元	0	6万元	4万元	4万元	0万元

五、产品研发与结构参数

名称	开发费用	开发总额	开发周期	加工费	直接成本	产品组成
P1	1万元/季	2万元	2季	1万元/个	2万元/个	R1
P2	1万元/季	3万元	3季	1万元/个	3万元/个	R1+R3
P3	2万元/季	8万元	4季	1万元/个	4万元/个	2R1+R3
P4	2万元/季	8万元	4季	1万元/个	5万元/个	R1+R3+2R4

六、ISO资格认证参数

ISO类型	每年研发费用	年限	全部研发费用
ISO9000	2万元/年	1年	2万元
ISO14000	4万元/年	3年	12万元

七、市场开拓参数

市场	每年开拓费	开拓年限	全部开拓费用
国内	1万元/年	1年	1万元
亚洲	2万元/年	2年	2万元
国际	3万元/年	3年	6万元

注：本地、区域及国内市场在赛项规程中体现。

八、原料参数

名称	购买价格	提前期
R1	1万元/个	1季
R2	1万元/个	1季
R3	1万元/个	2季
R4	1万元/个	1季

九、市场需求量、均价及单数

1. 需求量（个数）

年份	产品 市场	本地	区域	国内	亚洲	国际
第2年	P1	72	73	95	0	0
	P2	64	67	109	0	0
	P3	0	0	0	0	0
	P4	0	0	0	0	0
第3年	P1	44	49	69	0	0
	P2	54	61	58	0	0
	P3	72	62	51	0	0
	P4	39	26	24	0	0
第4年	P1	64	45	36	0	0
	P2	92	65	56	20	0
	P3	79	81	54	0	0
	P4	72	34	45	52	0
第5年	P1	72	46	26	0	0
	P2	88	66	46	38	0
	P3	68	39	54	0	41
	P4	61	47	50	59	0

2. 均价(万元)

年份	产品＼市场	本地	区域	国内	亚洲	国际
第2年	P1	5.06	5.04	6.02	0	0
	P2	6.02	5.16	6.95	0	0
	P3	0	0	0	0	0
	P4	0	0	0	0	0
第3年	P1	5	3.65	7.07	0	0
	P2	6.11	7.03	7.6	0	0
	P3	7.14	7.42	8.61	0	0
	P4	8.51	7.58	9.71	0	0
第4年	P1	3.78	5.13	5.92	0	0
	P2	7	7.49	8.43	9.95	0
	P3	7.15	7.52	8.33	0	0
	P4	7.33	7.47	8.58	12.21	0
第5年	P1	3.71	3.85	6.15	0	0
	P2	6.03	7.02	7.67	10.32	0
	P3	6.85	6.9	8.56	0	13.22
	P4	7.56	8.6	11.22	13.49	0

3. 单数(张数)

年份	产品＼市场	本地	区域	国内	亚洲	国际
第2年	P1	17	20	24	0	0
	P2	17	18	25	0	0
	P3	0	0	0	0	0
	P4	0	0	0	0	0
第3年	P1	12	13	17	0	0
	P2	14	16	19	0	0

续　表

年份	产品＼市场	本地	区域	国内	亚洲	国际
第 3 年	P3	19	16	14	0	0
	P4	11	6	6	0	0
第 4 年	P1	16	11	11	0	0
	P2	22	18	14	5	0
	P3	22	23	15	0	0
	P4	18	9	12	13	0
第 5 年	P1	22	11	8	0	0
	P2	24	16	10	12	0
	P3	18	12	16	0	10
	P4	16	15	14	15	0

二、分析订单详情

请分析订单详情。

订 单 详 情

序号	订单号	年份	市场	产品	数量	金额	账期	交货期	ISO
1	ZZ0001	第 2 年	本地	P1	5	27	1	2	—
2	ZZ0002	第 2 年	本地	P1	5	24	2	3	—
3	ZZ0003	第 2 年	本地	P1	4	20	0	1	—
4	ZZ0004	第 2 年	本地	P1	4	18	2	3	—
5	ZZ0005	第 2 年	本地	P1	6	30	2	4	—
6	ZZ0006	第 2 年	本地	P1	4	22	0	3	—
7	ZZ0007	第 2 年	本地	P1	6	32	4	4	—
8	ZZ0008	第 2 年	本地	P1	2	10	1	2	—
9	ZZ0009	第 2 年	本地	P1	4	17	4	3	—
10	ZZ0010	第 2 年	本地	P1	3	15	1	3	—

序号	订单号	年份	市场	产品	数量	金额	账期	交货期	ISO
11	ZZ0011	第2年	本地	P1	5	27	3	3	—
12	ZZ0012	第2年	本地	P1	4	20	3	4	—
13	ZZ0013	第2年	本地	P1	4	22	2	4	—
14	ZZ0014	第2年	本地	P1	4	22	4	4	—
15	ZZ0015	第2年	本地	P1	4	21	2	2	—
16	ZZ0016	第2年	本地	P1	3	15	0	3	—
17	ZZ0017	第2年	本地	P1	5	22	0	3	—
18	ZZ0018	第2年	本地	P2	5	30	0	3	9
19	ZZ0019	第2年	本地	P2	5	29	4	3	—
20	ZZ0020	第2年	本地	P2	6	38	2	3	9
21	ZZ0021	第2年	本地	P2	4	21	3	4	—
22	ZZ0022	第2年	本地	P2	2	14	2	3	—
23	ZZ0023	第2年	本地	P2	3	19	3	3	—
24	ZZ0024	第2年	本地	P2	2	12	0	2	—
25	ZZ0025	第2年	本地	P2	3	18	0	3	—
26	ZZ0026	第2年	本地	P2	5	30	0	4	9
27	ZZ0027	第2年	本地	P2	2	10	1	3	—
28	ZZ0028	第2年	本地	P2	5	30	1	4	9
29	ZZ0029	第2年	本地	P2	5	27	2	4	—
30	ZZ0030	第2年	本地	P2	2	13	3	3	—
31	ZZ0031	第2年	本地	P2	4	24	0	4	—
32	ZZ0032	第2年	本地	P2	4	25	3	3	—
33	ZZ0033	第2年	本地	P2	5	31	1	3	9
34	ZZ0034	第2年	本地	P2	2	14	1	3	—
35	ZZ0035	第2年	区域	P1	2	10	1	3	—
36	ZZ0036	第2年	区域	P1	4	19	3	3	—

序号	订单号	年份	市场	产品	数量	金额	账期	交货期	ISO
37	ZZ0037	第 2 年	区域	P1	3	14	4	4	—
38	ZZ0038	第 2 年	区域	P1	3	16	3	3	—
39	ZZ0039	第 2 年	区域	P1	4	19	3	4	—
40	ZZ0040	第 2 年	区域	P1	2	9	0	4	—
41	ZZ0041	第 2 年	区域	P1	4	21	2	3	—
42	ZZ0042	第 2 年	区域	P1	2	8	4	3	—
43	ZZ0043	第 2 年	区域	P1	1	6	2	4	—
44	ZZ0044	第 2 年	区域	P1	4	20	3	3	—
45	ZZ0045	第 2 年	区域	P1	4	21	2	3	—
46	ZZ0046	第 2 年	区域	P1	4	21	3	1	—
47	ZZ0047	第 2 年	区域	P1	4	19	2	2	—
48	ZZ0048	第 2 年	区域	P1	6	32	3	4	—
49	ZZ0049	第 2 年	区域	P1	5	23	1	3	—
50	ZZ0050	第 2 年	区域	P1	5	27	4	4	—
51	ZZ0051	第 2 年	区域	P1	5	25	2	3	—
52	ZZ0052	第 2 年	区域	P1	3	15	2	1	—
53	ZZ0053	第 2 年	区域	P1	5	26	0	2	—
54	ZZ0054	第 2 年	区域	P1	3	17	3	3	—
55	ZZ0055	第 2 年	区域	P2	5	25	3	4	—
56	ZZ0056	第 2 年	区域	P2	2	10	3	4	—
57	ZZ0057	第 2 年	区域	P2	1	6	2	2	—
58	ZZ0058	第 2 年	区域	P2	2	11	0	2	—
59	ZZ0059	第 2 年	区域	P2	3	15	0	4	—
60	ZZ0060	第 2 年	区域	P2	5	25	1	4	—
61	ZZ0061	第 2 年	区域	P2	5	25	2	4	—
62	ZZ0062	第 2 年	区域	P2	5	27	2	3	—

序号	订单号	年份	市场	产品	数量	金额	账期	交货期	ISO
63	ZZ0063	第2年	区域	P2	1	6	4	1	—
64	ZZ0064	第2年	区域	P2	6	32	2	4	—
65	ZZ0065	第2年	区域	P2	2	10	1	1	—
66	ZZ0066	第2年	区域	P2	5	25	1	4	—
67	ZZ0067	第2年	区域	P2	4	20	2	3	—
68	ZZ0068	第2年	区域	P2	3	15	1	3	—
69	ZZ0069	第2年	区域	P2	6	31	3	2	9
70	ZZ0070	第2年	区域	P2	5	26	2	4	—
71	ZZ0071	第2年	区域	P2	4	22	2	3	—
72	ZZ0072	第2年	区域	P2	3	15	0	3	—
73	ZZ0073	第2年	国内	P1	2	14	0	3	—
74	ZZ0074	第2年	国内	P1	1	5	3	3	—
75	ZZ0075	第2年	国内	P1	3	19	2	1	—
76	ZZ0076	第2年	国内	P1	4	25	1	4	—
77	ZZ0077	第2年	国内	P1	6	35	0	3	—
78	ZZ0078	第2年	国内	P1	4	23	3	2	—
79	ZZ0079	第2年	国内	P1	5	28	0	3	—
80	ZZ0080	第2年	国内	P1	1	5	2	1	—
81	ZZ0081	第2年	国内	P1	5	32	2	3	—
82	ZZ0082	第2年	国内	P1	5	28	0	2	—
83	ZZ0083	第2年	国内	P1	4	26	4	4	—
84	ZZ0084	第2年	国内	P1	5	32	2	3	—
85	ZZ0085	第2年	国内	P1	4	25	3	2	—
86	ZZ0086	第2年	国内	P1	5	29	2	3	—
87	ZZ0087	第2年	国内	P1	4	25	4	3	—
88	ZZ0088	第2年	国内	P1	3	19	4	3	—

序号	订单号	年份	市场	产品	数量	金额	账期	交货期	ISO
89	ZZ0089	第 2 年	国内	P1	3	16	3	2	—
90	ZZ0090	第 2 年	国内	P1	5	32	1	4	—
91	ZZ0091	第 2 年	国内	P1	4	24	1	3	—
92	ZZ0092	第 2 年	国内	P1	6	36	1	4	—
93	ZZ0093	第 2 年	国内	P1	4	23	3	2	—
94	ZZ0094	第 2 年	国内	P1	1	7	1	1	—
95	ZZ0095	第 2 年	国内	P1	5	28	0	3	—
96	ZZ0096	第 2 年	国内	P1	6	36	3	4	—
97	ZZ0097	第 2 年	国内	P2	6	44	1	4	—
98	ZZ0098	第 2 年	国内	P2	3	23	2	1	—
99	ZZ0099	第 2 年	国内	P2	5	34	0	2	9
100	ZZ0100	第 2 年	国内	P2	5	35	0	3	9
101	ZZ0101	第 2 年	国内	P2	5	35	3	4	9
102	ZZ0102	第 2 年	国内	P2	5	35	0	4	9
103	ZZ0103	第 2 年	国内	P2	2	14	0	4	—
104	ZZ0104	第 2 年	国内	P2	4	25	0	3	—
105	ZZ0105	第 2 年	国内	P2	4	26	2	3	—
106	ZZ0106	第 2 年	国内	P2	4	27	1	4	—
107	ZZ0107	第 2 年	国内	P2	1	7	4	4	—
108	ZZ0108	第 2 年	国内	P2	4	27	2	2	—
109	ZZ0109	第 2 年	国内	P2	4	28	1	3	—
110	ZZ0110	第 2 年	国内	P2	6	42	2	4	9
111	ZZ0111	第 2 年	国内	P2	3	20	3	4	—
112	ZZ0112	第 2 年	国内	P2	5	35	4	3	—
113	ZZ0113	第 2 年	国内	P2	4	29	4	4	—
114	ZZ0114	第 2 年	国内	P2	6	39	1	4	—

序号	订单号	年份	市场	产品	数量	金额	账期	交货期	ISO
115	ZZ0115	第2年	国内	P2	2	14	3	2	—
116	ZZ0116	第2年	国内	P2	5	39	1	2	9
117	ZZ0117	第2年	国内	P2	6	42	2	3	9
118	ZZ0118	第2年	国内	P2	6	37	2	3	—
119	ZZ0119	第2年	国内	P2	4	30	2	2	—
120	ZZ0120	第2年	国内	P2	5	36	4	4	9
121	ZZ0121	第2年	国内	P2	5	35	4	3	9
122	ZZ0122	第3年	本地	P1	5	27	3	3	—
123	ZZ0123	第3年	本地	P1	5	27	1	3	—
124	ZZ0124	第3年	本地	P1	2	12	0	2	—
125	ZZ0125	第3年	本地	P1	4	21	1	4	—
126	ZZ0126	第3年	本地	P1	3	12	1	2	—
127	ZZ0127	第3年	本地	P1	4	16	0	4	—
128	ZZ0128	第3年	本地	P1	2	10	2	1	—
129	ZZ0129	第3年	本地	P1	5	27	2	3	—
130	ZZ0130	第3年	本地	P1	4	21	2	3	—
131	ZZ0131	第3年	本地	P1	3	14	1	3	—
132	ZZ0132	第3年	本地	P1	4	20	0	3	—
133	ZZ0133	第3年	本地	P1	3	13	3	4	—
134	ZZ0134	第3年	本地	P2	5	28	1	4	—
135	ZZ0135	第3年	本地	P2	5	32	1	4	—
136	ZZ0136	第3年	本地	P2	5	32	0	4	—
137	ZZ0137	第3年	本地	P2	6	38	1	2	9
138	ZZ0138	第3年	本地	P2	4	24	0	4	—
139	ZZ0139	第3年	本地	P2	4	23	0	3	—
140	ZZ0140	第3年	本地	P2	4	24	3	4	—

续　表

序号	订单号	年份	市场	产品	数量	金额	账期	交货期	ISO
141	ZZ0141	第 3 年	本地	P2	5	30	2	3	—
142	ZZ0142	第 3 年	本地	P2	3	18	0	3	—
143	ZZ0143	第 3 年	本地	P2	1	7	0	4	—
144	ZZ0144	第 3 年	本地	P2	1	6	3	3	—
145	ZZ0145	第 3 年	本地	P2	5	31	0	4	—
146	ZZ0146	第 3 年	本地	P2	3	19	0	1	—
147	ZZ0147	第 3 年	本地	P2	3	18	3	2	—
148	ZZ0148	第 3 年	本地	P3	2	14	3	1	—
149	ZZ0149	第 3 年	本地	P3	4	30	2	3	—
150	ZZ0150	第 3 年	本地	P3	4	26	1	3	—
151	ZZ0151	第 3 年	本地	P3	4	27	1	3	—
152	ZZ0152	第 3 年	本地	P3	6	45	2	4	9
153	ZZ0153	第 3 年	本地	P3	4	29	0	3	—
154	ZZ0154	第 3 年	本地	P3	5	34	3	4	—
155	ZZ0155	第 3 年	本地	P3	6	38	3	3	—
156	ZZ0156	第 3 年	本地	P3	2	13	3	4	—
157	ZZ0157	第 3 年	本地	P3	5	38	1	4	9
158	ZZ0158	第 3 年	本地	P3	3	20	4	1	—
159	ZZ0159	第 3 年	本地	P3	4	32	3	4	—
160	ZZ0160	第 3 年	本地	P3	2	14	2	4	—
161	ZZ0161	第 3 年	本地	P3	3	21	2	4	—
162	ZZ0162	第 3 年	本地	P3	3	22	1	2	—
163	ZZ0163	第 3 年	本地	P3	3	24	3	3	—
164	ZZ0164	第 3 年	本地	P3	5	36	3	4	—
165	ZZ0165	第 3 年	本地	P3	4	29	1	4	—
166	ZZ0166	第 3 年	本地	P3	3	22	0	3	—

序号	订单号	年份	市场	产品	数量	金额	账期	交货期	ISO
167	ZZ0167	第 3 年	本地	P4	4	34	2	3	—
168	ZZ0168	第 3 年	本地	P4	4	37	4	2	—
169	ZZ0169	第 3 年	本地	P4	3	25	0	2	—
170	ZZ0170	第 3 年	本地	P4	3	24	2	3	—
171	ZZ0171	第 3 年	本地	P4	4	33	1	3	—
172	ZZ0172	第 3 年	本地	P4	2	18	4	2	—
173	ZZ0173	第 3 年	本地	P4	5	42	0	4	—
174	ZZ0174	第 3 年	本地	P4	5	41	0	3	—
175	ZZ0175	第 3 年	本地	P4	4	34	4	3	—
176	ZZ0176	第 3 年	本地	P4	3	27	4	2	—
177	ZZ0177	第 3 年	本地	P4	2	17	0	2	—
178	ZZ0178	第 3 年	区域	P1	4	14	0	4	—
179	ZZ0179	第 3 年	区域	P1	2	7	4	4	—
180	ZZ0180	第 3 年	区域	P1	5	18	3	4	—
181	ZZ0181	第 3 年	区域	P1	5	18	1	4	—
182	ZZ0182	第 3 年	区域	P1	1	4	2	3	—
183	ZZ0183	第 3 年	区域	P1	5	19	0	4	—
184	ZZ0184	第 3 年	区域	P1	3	11	4	2	—
185	ZZ0185	第 3 年	区域	P1	5	20	2	4	—
186	ZZ0186	第 3 年	区域	P1	4	14	3	4	—
187	ZZ0187	第 3 年	区域	P1	2	7	0	4	—
188	ZZ0188	第 3 年	区域	P1	6	21	3	3	—
189	ZZ0189	第 3 年	区域	P1	6	22	0	4	—
190	ZZ0190	第 3 年	区域	P1	1	4	1	1	—
191	ZZ0191	第 3 年	区域	P2	1	8	1	1	—
192	ZZ0192	第 3 年	区域	P2	3	21	3	4	—

序号	订单号	年份	市场	产品	数量	金额	账期	交货期	ISO
193	ZZ0193	第 3 年	区域	P2	4	26	2	4	—
194	ZZ0194	第 3 年	区域	P2	6	44	1	2	—
195	ZZ0195	第 3 年	区域	P2	3	22	0	3	—
196	ZZ0196	第 3 年	区域	P2	5	35	2	4	9
197	ZZ0197	第 3 年	区域	P2	6	43	3	4	9
198	ZZ0198	第 3 年	区域	P2	4	28	1	3	—
199	ZZ0199	第 3 年	区域	P2	5	35	2	4	9
200	ZZ0200	第 3 年	区域	P2	2	16	1	3	—
201	ZZ0201	第 3 年	区域	P2	3	21	0	2	—
202	ZZ0202	第 3 年	区域	P2	1	8	3	1	—
203	ZZ0203	第 3 年	区域	P2	5	33	3	4	—
204	ZZ0204	第 3 年	区域	P2	5	36	0	4	9
205	ZZ0205	第 3 年	区域	P2	4	26	1	4	—
206	ZZ0206	第 3 年	区域	P2	4	27	1	4	—
207	ZZ0207	第 3 年	区域	P3	4	27	1	3	—
208	ZZ0208	第 3 年	区域	P3	2	17	4	2	—
209	ZZ0209	第 3 年	区域	P3	3	25	2	3	—
210	ZZ0210	第 3 年	区域	P3	4	31	2	4	—
211	ZZ0211	第 3 年	区域	P3	6	45	0	4	9
212	ZZ0212	第 3 年	区域	P3	5	34	0	4	—
213	ZZ0213	第 3 年	区域	P3	6	44	2	4	—
214	ZZ0214	第 3 年	区域	P3	4	31	0	3	—
215	ZZ0215	第 3 年	区域	P3	3	21	3	3	—
216	ZZ0216	第 3 年	区域	P3	2	18	0	3	—
217	ZZ0217	第 3 年	区域	P3	3	23	1	2	—
218	ZZ0218	第 3 年	区域	P3	6	41	2	4	—

序号	订单号	年份	市场	产品	数量	金额	账期	交货期	ISO
219	ZZ0219	第 3 年	区域	P3	4	33	0	2	9
220	ZZ0220	第 3 年	区域	P3	5	32	1	3	—
221	ZZ0221	第 3 年	区域	P3	4	31	3	4	—
222	ZZ0222	第 3 年	区域	P3	1	7	2	1	—
223	ZZ0223	第 3 年	区域	P4	3	25	2	3	—
224	ZZ0224	第 3 年	区域	P4	3	23	0	2	—
225	ZZ0225	第 3 年	区域	P4	4	30	1	3	—
226	ZZ0226	第 3 年	区域	P4	5	37	2	4	—
227	ZZ0227	第 3 年	区域	P4	5	37	3	3	—
228	ZZ0228	第 3 年	区域	P4	6	45	2	3	—
229	ZZ0229	第 3 年	国内	P1	5	37	3	2	—
230	ZZ0230	第 3 年	国内	P1	4	29	1	4	—
231	ZZ0231	第 3 年	国内	P1	4	28	4	2	—
232	ZZ0232	第 3 年	国内	P1	5	32	2	4	—
233	ZZ0233	第 3 年	国内	P1	3	22	2	1	—
234	ZZ0234	第 3 年	国内	P1	4	29	0	3	—
235	ZZ0235	第 3 年	国内	P1	5	33	2	3	—
236	ZZ0236	第 3 年	国内	P1	5	34	4	3	—
237	ZZ0237	第 3 年	国内	P1	1	8	0	2	—
238	ZZ0238	第 3 年	国内	P1	3	21	3	4	—
239	ZZ0239	第 3 年	国内	P1	4	32	4	3	—
240	ZZ0240	第 3 年	国内	P1	4	29	1	4	—
241	ZZ0241	第 3 年	国内	P1	5	33	2	3	—
242	ZZ0242	第 3 年	国内	P1	4	31	0	2	—
243	ZZ0243	第 3 年	国内	P1	3	20	4	2	—
244	ZZ0244	第 3 年	国内	P1	6	43	1	3	—

序号	订单号	年份	市场	产品	数量	金额	账期	交货期	ISO
245	ZZ0245	第 3 年	国内	P1	4	27	4	2	—
246	ZZ0246	第 3 年	国内	P2	1	8	4	3	
247	ZZ0247	第 3 年	国内	P2	5	37	3	3	9
248	ZZ0248	第 3 年	国内	P2	5	40	0	2	9
249	ZZ0249	第 3 年	国内	P2	1	8	4	4	—
250	ZZ0250	第 3 年	国内	P2	3	20	3	1	—
251	ZZ0251	第 3 年	国内	P2	3	21	4	2	—
252	ZZ0252	第 3 年	国内	P2	3	23	2	3	—
253	ZZ0253	第 3 年	国内	P2	4	34	2	4	—
254	ZZ0254	第 3 年	国内	P2	2	13	2	1	—
255	ZZ0255	第 3 年	国内	P2	5	39	4	3	—
256	ZZ0256	第 3 年	国内	P2	4	33	0	4	—
257	ZZ0257	第 3 年	国内	P2	2	13	2	3	—
258	ZZ0258	第 3 年	国内	P2	1	7	3	2	—
259	ZZ0259	第 3 年	国内	P2	3	21	2	3	—
260	ZZ0260	第 3 年	国内	P2	5	39	2	2	—
261	ZZ0261	第 3 年	国内	P2	4	31	2	3	—
262	ZZ0262	第 3 年	国内	P2	1	8	2	4	—
263	ZZ0263	第 3 年	国内	P2	3	23	1	2	—
264	ZZ0264	第 3 年	国内	P2	3	23	1	4	—
265	ZZ0265	第 3 年	国内	P3	3	23	2	4	—
266	ZZ0266	第 3 年	国内	P3	5	40	0	4	9
267	ZZ0267	第 3 年	国内	P3	5	46	2	3	—
268	ZZ0268	第 3 年	国内	P3	3	25	1	3	—
269	ZZ0269	第 3 年	国内	P3	4	35	3	2	9
270	ZZ0270	第 3 年	国内	P3	2	18	1	2	—

序号	订单号	年份	市场	产品	数量	金额	账期	交货期	ISO
271	ZZ0271	第 3 年	国内	P3	2	15	2	3	—
272	ZZ0272	第 3 年	国内	P3	4	34	1	4	—
273	ZZ0273	第 3 年	国内	P3	5	44	4	3	9
274	ZZ0274	第 3 年	国内	P3	4	37	4	2	9
275	ZZ0275	第 3 年	国内	P3	3	27	4	2	—
276	ZZ0276	第 3 年	国内	P3	2	17	3	3	—
277	ZZ0277	第 3 年	国内	P3	4	34	2	3	—
278	ZZ0278	第 3 年	国内	P3	5	44	4	3	9
279	ZZ0279	第 3 年	国内	P4	4	40	1	3	—
280	ZZ0280	第 3 年	国内	P4	5	44	4	2	—
281	ZZ0281	第 3 年	国内	P4	3	31	3	2	—
282	ZZ0282	第 3 年	国内	P4	4	38	2	4	—
283	ZZ0283	第 3 年	国内	P4	5	47	0	3	—
284	ZZ0284	第 3 年	国内	P4	3	33	1	4	—
285	ZZ0285	第 4 年	本地	P1	4	14	3	3	—
286	ZZ0286	第 4 年	本地	P1	6	24	2	4	9
287	ZZ0287	第 4 年	本地	P1	6	22	0	4	—
288	ZZ0288	第 4 年	本地	P1	4	14	3	3	—
289	ZZ0289	第 4 年	本地	P1	5	20	2	4	—
290	ZZ0290	第 4 年	本地	P1	4	16	3	3	—
291	ZZ0291	第 4 年	本地	P1	4	16	0	3	—
292	ZZ0292	第 4 年	本地	P1	5	19	3	4	—
293	ZZ0293	第 4 年	本地	P1	4	15	0	3	—
294	ZZ0294	第 4 年	本地	P1	3	10	3	3	—
295	ZZ0295	第 4 年	本地	P1	3	11	2	1	—
296	ZZ0296	第 4 年	本地	P1	3	11	4	2	—

序号	订单号	年份	市场	产品	数量	金额	账期	交货期	ISO
297	ZZ0297	第4年	本地	P1	4	15	3	4	—
298	ZZ0298	第4年	本地	P1	5	18	3	4	—
299	ZZ0299	第4年	本地	P1	3	12	0	2	—
300	ZZ0300	第4年	本地	P1	1	5	0	3	—
301	ZZ0301	第4年	本地	P2	6	40	0	4	—
302	ZZ0302	第4年	本地	P2	4	27	2	4	—
303	ZZ0303	第4年	本地	P2	4	25	4	3	—
304	ZZ0304	第4年	本地	P2	5	34	3	4	—
305	ZZ0305	第4年	本地	P2	4	28	0	4	—
306	ZZ0306	第4年	本地	P2	5	37	0	4	9
307	ZZ0307	第4年	本地	P2	1	8	2	3	—
308	ZZ0308	第4年	本地	P2	2	13	3	4	—
309	ZZ0309	第4年	本地	P2	4	29	0	3	—
310	ZZ0310	第4年	本地	P2	5	34	2	4	—
311	ZZ0311	第4年	本地	P2	5	37	4	4	9
312	ZZ0312	第4年	本地	P2	6	44	1	3	9
313	ZZ0313	第4年	本地	P2	4	27	1	4	—
314	ZZ0314	第4年	本地	P2	5	38	0	4	9
315	ZZ0315	第4年	本地	P2	5	36	1	3	—
316	ZZ0316	第4年	本地	P2	2	14	2	2	—
317	ZZ0317	第4年	本地	P2	3	20	4	3	—
318	ZZ0318	第4年	本地	P2	5	35	3	4	—
319	ZZ0319	第4年	本地	P2	5	34	2	3	—
320	ZZ0320	第4年	本地	P2	4	27	4	4	—
321	ZZ0321	第4年	本地	P2	5	36	0	3	—
322	ZZ0322	第4年	本地	P2	3	21	3	3	—

续　表

序号	订单号	年份	市场	产品	数量	金额	账期	交货期	ISO
323	ZZ0323	第 4 年	本地	P3	3	21	3	1	—
324	ZZ0324	第 4 年	本地	P3	2	15	0	2	—
325	ZZ0325	第 4 年	本地	P3	2	15	2	3	—
326	ZZ0326	第 4 年	本地	P3	3	21	3	3	—
327	ZZ0327	第 4 年	本地	P3	3	22	1	2	—
328	ZZ0328	第 4 年	本地	P3	3	19	2	4	—
329	ZZ0329	第 4 年	本地	P3	4	29	3	2	—
330	ZZ0330	第 4 年	本地	P3	6	40	2	4	—
331	ZZ0331	第 4 年	本地	P3	4	28	1	3	—
332	ZZ0332	第 4 年	本地	P3	6	45	3	2	9
333	ZZ0333	第 4 年	本地	P3	4	27	2	4	—
334	ZZ0334	第 4 年	本地	P3	1	8	2	2	—
335	ZZ0335	第 4 年	本地	P3	5	37	4	4	—
336	ZZ0336	第 4 年	本地	P3	2	15	3	1	—
337	ZZ0337	第 4 年	本地	P3	4	28	3	3	—
338	ZZ0338	第 4 年	本地	P3	4	30	2	3	—
339	ZZ0339	第 4 年	本地	P3	5	35	4	4	—
340	ZZ0340	第 4 年	本地	P3	4	29	0	4	—
341	ZZ0341	第 4 年	本地	P3	4	30	2	4	—
342	ZZ0342	第 4 年	本地	P3	5	33	3	4	—
343	ZZ0343	第 4 年	本地	P3	1	8	2	3	—
344	ZZ0344	第 4 年	本地	P3	4	30	4	3	—
345	ZZ0345	第 4 年	本地	P4	5	37	4	3	—
346	ZZ0346	第 4 年	本地	P4	1	8	4	4	—
347	ZZ0347	第 4 年	本地	P4	4	30	0	3	—
348	ZZ0348	第 4 年	本地	P4	5	37	2	3	—

序号	订单号	年份	市场	产品	数量	金额	账期	交货期	ISO
349	ZZ0349	第 4 年	本地	P4	3	25	3	3	—
350	ZZ0350	第 4 年	本地	P4	4	28	4	3	—
351	ZZ0351	第 4 年	本地	P4	5	36	3	3	—
352	ZZ0352	第 4 年	本地	P4	4	28	1	4	—
353	ZZ0353	第 4 年	本地	P4	4	29	0	4	—
354	ZZ0354	第 4 年	本地	P4	4	28	2	3	—
355	ZZ0355	第 4 年	本地	P4	4	28	4	4	—
356	ZZ0356	第 4 年	本地	P4	3	24	1	4	—
357	ZZ0357	第 4 年	本地	P4	5	35	1	3	—
358	ZZ0358	第 4 年	本地	P4	4	27	0	4	—
359	ZZ0359	第 4 年	本地	P4	5	42	3	3	—
360	ZZ0360	第 4 年	本地	P4	4	28	0	3	—
361	ZZ0361	第 4 年	本地	P4	4	31	2	4	—
362	ZZ0362	第 4 年	本地	P4	4	27	0	3	—
363	ZZ0363	第 4 年	区域	P1	4	20	2	4	—
364	ZZ0364	第 4 年	区域	P1	5	25	2	4	9
365	ZZ0365	第 4 年	区域	P1	3	17	1	1	—
366	ZZ0366	第 4 年	区域	P1	6	33	3	3	—
367	ZZ0367	第 4 年	区域	P1	5	26	3	3	—
368	ZZ0368	第 4 年	区域	P1	5	24	1	4	—
369	ZZ0369	第 4 年	区域	P1	4	23	2	4	—
370	ZZ0370	第 4 年	区域	P1	3	15	0	2	—
371	ZZ0371	第 4 年	区域	P1	2	8	1	2	—
372	ZZ0372	第 4 年	区域	P1	4	20	0	2	—
373	ZZ0373	第 4 年	区域	P1	4	20	0	3	—
374	ZZ0374	第 4 年	区域	P2	2	17	2	2	—

序号	订单号	年份	市场	产品	数量	金额	账期	交货期	ISO
375	ZZ0375	第 4 年	区域	P2	3	22	4	1	—
376	ZZ0376	第 4 年	区域	P2	3	24	0	2	—
377	ZZ0377	第 4 年	区域	P2	4	30	3	3	—
378	ZZ0378	第 4 年	区域	P2	6	43	4	4	—
379	ZZ0379	第 4 年	区域	P2	4	28	1	4	—
380	ZZ0380	第 4 年	区域	P2	3	20	0	4	—
381	ZZ0381	第 4 年	区域	P2	4	32	1	3	—
382	ZZ0382	第 4 年	区域	P2	4	30	3	3	—
383	ZZ0383	第 4 年	区域	P2	6	42	1	3	—
384	ZZ0384	第 4 年	区域	P2	5	37	3	4	9
385	ZZ0385	第 4 年	区域	P2	3	23	3	3	—
386	ZZ0386	第 4 年	区域	P2	3	25	4	3	—
387	ZZ0387	第 4 年	区域	P2	2	14	4	2	—
388	ZZ0388	第 4 年	区域	P2	4	31	4	3	—
389	ZZ0389	第 4 年	区域	P2	3	23	4	2	—
390	ZZ0390	第 4 年	区域	P2	3	22	1	2	—
391	ZZ0391	第 4 年	区域	P2	3	24	0	2	—
392	ZZ0392	第 4 年	区域	P3	4	33	2	4	—
393	ZZ0393	第 4 年	区域	P3	4	29	1	4	—
394	ZZ0394	第 4 年	区域	P3	3	21	1	4	—
395	ZZ0395	第 4 年	区域	P3	2	14	1	1	—
396	ZZ0396	第 4 年	区域	P3	3	23	0	3	—
397	ZZ0397	第 4 年	区域	P3	4	30	2	2	—
398	ZZ0398	第 4 年	区域	P3	3	24	4	4	—
399	ZZ0399	第 4 年	区域	P3	3	23	4	4	—
400	ZZ0400	第 4 年	区域	P3	4	31	4	3	—

续　表

序号	订单号	年份	市场	产品	数量	金额	账期	交货期	ISO
401	ZZ0401	第4年	区域	P3	4	30	3	3	—
402	ZZ0402	第4年	区域	P3	4	30	3	4	—
403	ZZ0403	第4年	区域	P3	2	17	0	3	—
404	ZZ0404	第4年	区域	P3	3	27	2	4	—
405	ZZ0405	第4年	区域	P3	4	29	2	4	—
406	ZZ0406	第4年	区域	P3	2	14	0	3	—
407	ZZ0407	第4年	区域	P3	5	37	2	3	9
408	ZZ0408	第4年	区域	P3	4	29	0	2	—
409	ZZ0409	第4年	区域	P3	4	30	1	3	—
410	ZZ0410	第4年	区域	P3	3	22	0	4	—
411	ZZ0411	第4年	区域	P3	5	37	2	3	9
412	ZZ0412	第4年	区域	P3	6	42	0	4	—
413	ZZ0413	第4年	区域	P3	4	30	1	3	—
414	ZZ0414	第4年	区域	P3	1	7	3	2	—
415	ZZ0415	第4年	区域	P4	3	22	1	2	—
416	ZZ0416	第4年	区域	P4	4	31	1	4	—
417	ZZ0417	第4年	区域	P4	3	21	1	2	—
418	ZZ0418	第4年	区域	P4	5	37	2	3	—
419	ZZ0419	第4年	区域	P4	2	16	0	1	—
420	ZZ0420	第4年	区域	P4	3	24	4	2	—
421	ZZ0421	第4年	区域	P4	5	37	3	3	—
422	ZZ0422	第4年	区域	P4	5	36	1	3	—
423	ZZ0423	第4年	区域	P4	4	30	2	4	—
424	ZZ0424	第4年	国内	P1	4	23	0	4	9
425	ZZ0425	第4年	国内	P1	5	28	3	2	—
426	ZZ0426	第4年	国内	P1	5	29	3	2	9

序号	订单号	年份	市场	产品	数量	金额	账期	交货期	ISO
427	ZZ0427	第4年	国内	P1	5	28	0	3	—
428	ZZ0428	第4年	国内	P1	1	6	0	3	—
429	ZZ0429	第4年	国内	P1	4	24	4	4	—
430	ZZ0430	第4年	国内	P1	2	10	2	2	—
431	ZZ0431	第4年	国内	P1	1	7	2	4	—
432	ZZ0432	第4年	国内	P1	2	12	0	1	—
433	ZZ0433	第4年	国内	P1	4	27	1	3	9
434	ZZ0434	第4年	国内	P1	3	19	2	2	—
435	ZZ0435	第4年	国内	P2	6	50	0	2	14
436	ZZ0436	第4年	国内	P2	4	37	2	3	—
437	ZZ0437	第4年	国内	P2	2	17	3	1	—
438	ZZ0438	第4年	国内	P2	5	39	2	3	9
439	ZZ0439	第4年	国内	P2	3	25	2	3	—
440	ZZ0440	第4年	国内	P2	4	32	1	3	—
441	ZZ0441	第4年	国内	P2	4	31	3	3	—
442	ZZ0442	第4年	国内	P2	2	20	2	2	—
443	ZZ0443	第4年	国内	P2	4	35	1	4	—
444	ZZ0444	第4年	国内	P2	5	42	1	2	14
445	ZZ0445	第4年	国内	P2	5	41	2	3	9
446	ZZ0446	第4年	国内	P2	4	31	4	3	—
447	ZZ0447	第4年	国内	P2	5	43	4	3	14
448	ZZ0448	第4年	国内	P2	3	29	3	3	—
449	ZZ0449	第4年	国内	P3	2	17	1	2	—
450	ZZ0450	第4年	国内	P3	2	17	0	4	—
451	ZZ0451	第4年	国内	P3	4	34	3	2	—
452	ZZ0452	第4年	国内	P3	5	44	0	4	14

序号	订单号	年份	市场	产品	数量	金额	账期	交货期	ISO
453	ZZ0453	第 4 年	国内	P3	4	31	4	3	—
454	ZZ0454	第 4 年	国内	P3	1	9	0	3	—
455	ZZ0455	第 4 年	国内	P3	5	43	2	4	14
456	ZZ0456	第 4 年	国内	P3	5	44	0	4	14
457	ZZ0457	第 4 年	国内	P3	3	24	0	2	—
458	ZZ0458	第 4 年	国内	P3	5	41	0	2	9
459	ZZ0459	第 4 年	国内	P3	3	27	3	3	—
460	ZZ0460	第 4 年	国内	P3	3	25	4	3	—
461	ZZ0461	第 4 年	国内	P3	3	22	2	1	—
462	ZZ0462	第 4 年	国内	P3	5	41	4	3	9
463	ZZ0463	第 4 年	国内	P3	4	31	1	3	9
464	ZZ0464	第 4 年	国内	P4	4	35	3	4	—
465	ZZ0465	第 4 年	国内	P4	3	23	0	2	—
466	ZZ0466	第 4 年	国内	P4	2	17	3	3	—
467	ZZ0467	第 4 年	国内	P4	3	24	2	3	—
468	ZZ0468	第 4 年	国内	P4	5	41	4	3	—
469	ZZ0469	第 4 年	国内	P4	5	40	4	3	—
470	ZZ0470	第 4 年	国内	P4	6	55	0	4	—
471	ZZ0471	第 4 年	国内	P4	3	29	0	3	—
472	ZZ0472	第 4 年	国内	P4	3	26	0	2	—
473	ZZ0473	第 4 年	国内	P4	4	36	1	3	—
474	ZZ0474	第 4 年	国内	P4	6	52	2	4	—
475	ZZ0475	第 4 年	国内	P4	1	8	3	2	—
476	ZZ0476	第 4 年	亚洲	P2	4	42	2	2	—
477	ZZ0477	第 4 年	亚洲	P2	5	53	0	3	—
478	ZZ0478	第 4 年	亚洲	P2	4	38	2	2	—

序号	订单号	年份	市场	产品	数量	金额	账期	交货期	ISO
479	ZZ0479	第 4 年	亚洲	P2	4	40	4	4	—
480	ZZ0480	第 4 年	亚洲	P2	3	26	4	3	—
481	ZZ0481	第 4 年	亚洲	P4	3	37	0	2	—
482	ZZ0482	第 4 年	亚洲	P4	3	38	3	2	—
483	ZZ0483	第 4 年	亚洲	P4	4	49	1	2	—
484	ZZ0484	第 4 年	亚洲	P4	3	36	1	3	—
485	ZZ0485	第 4 年	亚洲	P4	5	60	2	4	—
486	ZZ0486	第 4 年	亚洲	P4	4	48	2	3	—
487	ZZ0487	第 4 年	亚洲	P4	2	24	0	4	—
488	ZZ0488	第 4 年	亚洲	P4	6	73	4	2	—
489	ZZ0489	第 4 年	亚洲	P4	5	64	2	3	—
490	ZZ0490	第 4 年	亚洲	P4	5	58	2	3	—
491	ZZ0491	第 4 年	亚洲	P4	4	51	3	2	—
492	ZZ0492	第 4 年	亚洲	P4	5	61	4	4	—
493	ZZ0493	第 4 年	亚洲	P4	3	36	2	2	—
494	ZZ0494	第 5 年	本地	P1	6	23	3	3	—
495	ZZ0495	第 5 年	本地	P1	4	15	0	4	—
496	ZZ0496	第 5 年	本地	P1	1	4	0	2	—
497	ZZ0497	第 5 年	本地	P1	5	18	1	4	—
498	ZZ0498	第 5 年	本地	P1	5	19	1	3	—
499	ZZ0499	第 5 年	本地	P1	1	4	2	3	—
500	ZZ0500	第 5 年	本地	P1	5	19	1	3	—
501	ZZ0501	第 5 年	本地	P1	3	11	4	2	—
502	ZZ0502	第 5 年	本地	P1	1	4	1	3	—
503	ZZ0503	第 5 年	本地	P1	2	7	0	4	—
504	ZZ0504	第 5 年	本地	P1	5	18	0	4	—

续　表

序号	订单号	年份	市场	产品	数量	金额	账期	交货期	ISO
505	ZZ0505	第 5 年	本地	P1	3	10	0	3	—
506	ZZ0506	第 5 年	本地	P1	5	18	1	4	—
507	ZZ0507	第 5 年	本地	P1	3	11	1	3	—
508	ZZ0508	第 5 年	本地	P1	4	15	2	2	—
509	ZZ0509	第 5 年	本地	P1	4	14	1	3	—
510	ZZ0510	第 5 年	本地	P1	3	12	0	2	—
511	ZZ0511	第 5 年	本地	P1	1	4	2	4	—
512	ZZ0512	第 5 年	本地	P1	5	18	1	3	—
513	ZZ0513	第 5 年	本地	P1	1	5	3	1	—
514	ZZ0514	第 5 年	本地	P1	2	7	1	2	—
515	ZZ0515	第 5 年	本地	P1	3	11	2	2	—
516	ZZ0516	第 5 年	本地	P2	3	15	1	1	—
517	ZZ0517	第 5 年	本地	P2	5	32	2	3	—
518	ZZ0518	第 5 年	本地	P2	2	11	2	1	—
519	ZZ0519	第 5 年	本地	P2	1	6	1	4	—
520	ZZ0520	第 5 年	本地	P2	2	12	2	3	—
521	ZZ0521	第 5 年	本地	P2	6	36	4	3	—
522	ZZ0522	第 5 年	本地	P2	5	29	3	4	—
523	ZZ0523	第 5 年	本地	P2	5	30	1	4	—
524	ZZ0524	第 5 年	本地	P2	4	23	0	4	—
525	ZZ0525	第 5 年	本地	P2	3	17	1	3	—
526	ZZ0526	第 5 年	本地	P2	5	32	0	2	—
527	ZZ0527	第 5 年	本地	P2	6	39	0	4	—
528	ZZ0528	第 5 年	本地	P2	2	12	4	2	—
529	ZZ0529	第 5 年	本地	P2	5	28	3	3	—
530	ZZ0530	第 5 年	本地	P2	4	23	1	3	—

序号	订单号	年份	市场	产品	数量	金额	账期	交货期	ISO
531	ZZ0531	第 5 年	本地	P2	3	20	2	2	—
532	ZZ0532	第 5 年	本地	P2	1	7	4	1	—
533	ZZ0533	第 5 年	本地	P2	4	23	1	3	—
534	ZZ0534	第 5 年	本地	P2	1	7	0	2	—
535	ZZ0535	第 5 年	本地	P2	3	17	0	4	—
536	ZZ0536	第 5 年	本地	P2	5	32	0	2	—
537	ZZ0537	第 5 年	本地	P2	4	23	3	3	—
538	ZZ0538	第 5 年	本地	P2	5	32	0	3	—
539	ZZ0539	第 5 年	本地	P2	4	25	4	4	—
540	ZZ0540	第 5 年	本地	P3	5	36	4	4	—
541	ZZ0541	第 5 年	本地	P3	3	21	3	1	—
542	ZZ0542	第 5 年	本地	P3	3	23	4	1	—
543	ZZ0543	第 5 年	本地	P3	5	32	1	4	—
544	ZZ0544	第 5 年	本地	P3	3	20	2	2	—
545	ZZ0545	第 5 年	本地	P3	2	15	1	2	—
546	ZZ0546	第 5 年	本地	P3	6	40	0	3	—
547	ZZ0547	第 5 年	本地	P3	5	33	2	3	—
548	ZZ0548	第 5 年	本地	P3	4	27	3	4	—
549	ZZ0549	第 5 年	本地	P3	5	34	3	4	—
550	ZZ0550	第 5 年	本地	P3	4	26	3	3	—
551	ZZ0551	第 5 年	本地	P3	3	22	4	4	—
552	ZZ0552	第 5 年	本地	P3	3	21	4	2	—
553	ZZ0553	第 5 年	本地	P3	3	21	0	4	—
554	ZZ0554	第 5 年	本地	P3	2	14	2	1	—
555	ZZ0555	第 5 年	本地	P3	2	12	4	2	—
556	ZZ0556	第 5 年	本地	P3	5	36	1	3	—

序号	订单号	年份	市场	产品	数量	金额	账期	交货期	ISO
557	ZZ0557	第 5 年	本地	P3	5	33	0	4	—
558	ZZ0558	第 5 年	本地	P4	6	47	2	4	—
559	ZZ0559	第 5 年	本地	P4	6	43	3	2	—
560	ZZ0560	第 5 年	本地	P4	3	23	1	3	—
561	ZZ0561	第 5 年	本地	P4	4	28	3	4	—
562	ZZ0562	第 5 年	本地	P4	5	41	3	3	—
563	ZZ0563	第 5 年	本地	P4	5	36	3	4	—
564	ZZ0564	第 5 年	本地	P4	1	9	4	4	—
565	ZZ0565	第 5 年	本地	P4	4	27	0	3	—
566	ZZ0566	第 5 年	本地	P4	6	45	1	3	—
567	ZZ0567	第 5 年	本地	P4	3	23	4	3	—
568	ZZ0568	第 5 年	本地	P4	5	39	2	3	—
569	ZZ0569	第 5 年	本地	P4	2	14	3	2	—
570	ZZ0570	第 5 年	本地	P4	3	25	2	3	—
571	ZZ0571	第 5 年	本地	P4	2	14	0	4	—
572	ZZ0572	第 5 年	本地	P4	3	23	0	3	—
573	ZZ0573	第 5 年	本地	P4	3	24	2	2	—
574	ZZ0574	第 5 年	区域	P1	5	19	1	3	—
575	ZZ0575	第 5 年	区域	P1	2	8	2	4	—
576	ZZ0576	第 5 年	区域	P1	5	18	2	4	—
577	ZZ0577	第 5 年	区域	P1	4	17	4	2	—
578	ZZ0578	第 5 年	区域	P1	3	11	0	4	—
579	ZZ0579	第 5 年	区域	P1	6	24	0	4	—
580	ZZ0580	第 5 年	区域	P1	4	15	2	3	—
581	ZZ0581	第 5 年	区域	P1	4	15	1	3	—
582	ZZ0582	第 5 年	区域	P1	4	15	2	3	—

序号	订单号	年份	市场	产品	数量	金额	账期	交货期	ISO
583	ZZ0583	第5年	区域	P1	3	12	2	1	—
584	ZZ0584	第5年	区域	P1	6	23	1	2	—
585	ZZ0585	第5年	区域	P2	3	22	4	3	—
586	ZZ0586	第5年	区域	P2	2	14	3	1	—
587	ZZ0587	第5年	区域	P2	5	35	3	3	9
588	ZZ0588	第5年	区域	P2	4	24	3	3	—
589	ZZ0589	第5年	区域	P2	6	44	3	3	9
590	ZZ0590	第5年	区域	P2	5	34	0	3	—
591	ZZ0591	第5年	区域	P2	4	29	1	3	—
592	ZZ0592	第5年	区域	P2	6	42	3	4	—
593	ZZ0593	第5年	区域	P2	3	22	1	4	—
594	ZZ0594	第5年	区域	P2	4	29	0	3	—
595	ZZ0595	第5年	区域	P2	3	21	3	3	—
596	ZZ0596	第5年	区域	P2	2	14	1	4	—
597	ZZ0597	第5年	区域	P2	5	36	2	4	9
598	ZZ0598	第5年	区域	P2	4	27	4	3	—
599	ZZ0599	第5年	区域	P2	5	34	1	3	9
600	ZZ0600	第5年	区域	P2	5	36	2	3	9
601	ZZ0601	第5年	区域	P3	1	6	2	3	—
602	ZZ0602	第5年	区域	P3	5	36	2	4	—
603	ZZ0603	第5年	区域	P3	3	20	3	3	—
604	ZZ0604	第5年	区域	P3	5	36	1	4	—
605	ZZ0605	第5年	区域	P3	2	14	4	2	—
606	ZZ0606	第5年	区域	P3	4	29	3	3	—
607	ZZ0607	第5年	区域	P3	1	8	0	1	—
608	ZZ0608	第5年	区域	P3	6	40	4	4	—

续　表

序号	订单号	年份	市场	产品	数量	金额	账期	交货期	ISO
609	ZZ0609	第 5 年	区域	P3	2	13	2	3	—
610	ZZ0610	第 5 年	区域	P3	2	12	4	4	—
611	ZZ0611	第 5 年	区域	P3	4	26	2	3	—
612	ZZ0612	第 5 年	区域	P3	4	29	2	4	—
613	ZZ0613	第 5 年	区域	P4	2	16	2	1	—
614	ZZ0614	第 5 年	区域	P4	3	24	4	3	—
615	ZZ0615	第 5 年	区域	P4	5	44	2	3	—
616	ZZ0616	第 5 年	区域	P4	4	34	3	3	—
617	ZZ0617	第 5 年	区域	P4	3	24	0	4	—
618	ZZ0618	第 5 年	区域	P4	2	17	3	3	—
619	ZZ0619	第 5 年	区域	P4	4	37	2	3	—
620	ZZ0620	第 5 年	区域	P4	1	8	2	2	—
621	ZZ0621	第 5 年	区域	P4	6	51	2	4	—
622	ZZ0622	第 5 年	区域	P4	5	43	4	4	—
623	ZZ0623	第 5 年	区域	P4	2	18	0	4	—
624	ZZ0624	第 5 年	区域	P4	4	34	1	4	—
625	ZZ0625	第 5 年	区域	P4	2	19	2	2	—
626	ZZ0626	第 5 年	区域	P4	2	19	4	2	—
627	ZZ0627	第 5 年	区域	P4	2	16	3	2	—
628	ZZ0628	第 5 年	国内	P1	2	13	2	2	—
629	ZZ0629	第 5 年	国内	P1	3	18	2	1	—
630	ZZ0630	第 5 年	国内	P1	2	13	0	1	—
631	ZZ0631	第 5 年	国内	P1	4	24	1	3	—
632	ZZ0632	第 5 年	国内	P1	5	29	3	2	—
633	ZZ0633	第 5 年	国内	P1	2	12	2	2	—
634	ZZ0634	第 5 年	国内	P1	3	17	0	2	—

序号	订单号	年份	市场	产品	数量	金额	账期	交货期	ISO
635	ZZ0635	第 5 年	国内	P1	5	34	0	3	9
636	ZZ0636	第 5 年	国内	P2	6	47	3	3	9
637	ZZ0637	第 5 年	国内	P2	6	46	2	3	14
638	ZZ0638	第 5 年	国内	P2	4	32	4	3	—
639	ZZ0639	第 5 年	国内	P2	5	39	4	4	14
640	ZZ0640	第 5 年	国内	P2	3	23	3	4	—
641	ZZ0641	第 5 年	国内	P2	6	43	3	4	—
642	ZZ0642	第 5 年	国内	P2	5	38	3	4	9
643	ZZ0643	第 5 年	国内	P2	4	30	1	3	—
644	ZZ0644	第 5 年	国内	P2	4	31	2	3	—
645	ZZ0645	第 5 年	国内	P2	3	24	3	3	—
646	ZZ0646	第 5 年	国内	P3	5	45	2	3	14
647	ZZ0647	第 5 年	国内	P3	5	43	1	4	14
648	ZZ0648	第 5 年	国内	P3	3	22	0	2	—
649	ZZ0649	第 5 年	国内	P3	2	17	3	2	—
650	ZZ0650	第 5 年	国内	P3	3	26	1	4	—
651	ZZ0651	第 5 年	国内	P3	5	41	0	3	9
652	ZZ0652	第 5 年	国内	P3	1	10	3	4	—
653	ZZ0653	第 5 年	国内	P3	1	9	2	4	—
654	ZZ0654	第 5 年	国内	P3	4	36	3	3	14
655	ZZ0655	第 5 年	国内	P3	4	30	1	3	—
656	ZZ0656	第 5 年	国内	P3	3	25	4	3	—
657	ZZ0657	第 5 年	国内	P3	3	26	3	2	—
658	ZZ0658	第 5 年	国内	P3	4	34	2	4	—
659	ZZ0659	第 5 年	国内	P3	2	18	0	2	—
660	ZZ0660	第 5 年	国内	P3	3	27	2	3	—

序号	订单号	年份	市场	产品	数量	金额	账期	交货期	ISO
661	ZZ0661	第 5 年	国内	P3	6	53	3	4	14
662	ZZ0662	第 5 年	国内	P4	3	34	0	1	——
663	ZZ0663	第 5 年	国内	P4	3	36	0	3	——
664	ZZ0664	第 5 年	国内	P4	3	34	0	3	——
665	ZZ0665	第 5 年	国内	P4	4	44	0	4	——
666	ZZ0666	第 5 年	国内	P4	4	46	0	4	——
667	ZZ0667	第 5 年	国内	P4	5	52	4	4	——
668	ZZ0668	第 5 年	国内	P4	2	23	0	2	——
669	ZZ0669	第 5 年	国内	P4	3	34	0	2	——
670	ZZ0670	第 5 年	国内	P4	2	26	4	3	——
671	ZZ0671	第 5 年	国内	P4	6	65	3	3	——
672	ZZ0672	第 5 年	国内	P4	3	35	0	3	——
673	ZZ0673	第 5 年	国内	P4	3	31	4	4	——
674	ZZ0674	第 5 年	国内	P4	4	47	3	2	——
675	ZZ0675	第 5 年	国内	P4	5	54	2	3	——
676	ZZ0676	第 5 年	亚洲	P2	2	19	3	1	——
677	ZZ0677	第 5 年	亚洲	P2	3	31	2	3	——
678	ZZ0678	第 5 年	亚洲	P2	2	19	0	3	——
679	ZZ0679	第 5 年	亚洲	P2	3	32	2	4	——
680	ZZ0680	第 5 年	亚洲	P2	3	29	4	4	——
681	ZZ0681	第 5 年	亚洲	P2	4	42	4	2	——
682	ZZ0682	第 5 年	亚洲	P2	4	39	2	3	——
683	ZZ0683	第 5 年	亚洲	P2	1	12	4	4	——
684	ZZ0684	第 5 年	亚洲	P2	3	31	2	3	——
685	ZZ0685	第 5 年	亚洲	P2	3	33	0	2	——
686	ZZ0686	第 5 年	亚洲	P2	5	54	0	3	14

序号	订单号	年份	市场	产品	数量	金额	账期	交货期	ISO
687	ZZ0687	第5年	亚洲	P2	5	51	1	4	9
688	ZZ0688	第5年	亚洲	P4	3	38	0	4	—
689	ZZ0689	第5年	亚洲	P4	3	38	2	2	—
690	ZZ0690	第5年	亚洲	P4	3	40	3	3	—
691	ZZ0691	第5年	亚洲	P4	5	70	2	3	—
692	ZZ0692	第5年	亚洲	P4	2	26	0	3	—
693	ZZ0693	第5年	亚洲	P4	5	64	3	3	—
694	ZZ0694	第5年	亚洲	P4	5	66	0	4	—
695	ZZ0695	第5年	亚洲	P4	6	81	1	3	—
696	ZZ0696	第5年	亚洲	P4	5	70	3	3	—
697	ZZ0697	第5年	亚洲	P4	4	55	0	3	—
698	ZZ0698	第5年	亚洲	P4	5	67	1	2	—
699	ZZ0699	第5年	亚洲	P4	5	68	3	3	—
700	ZZ0700	第5年	亚洲	P4	4	61	1	4	—
701	ZZ0701	第5年	亚洲	P4	3	39	3	2	—
702	ZZ0702	第5年	亚洲	P4	1	13	0	1	—
703	ZZ0703	第5年	国际	P3	4	57	3	3	14
704	ZZ0704	第5年	国际	P3	5	64	1	3	—
705	ZZ0705	第5年	国际	P3	4	53	3	4	14
706	ZZ0706	第5年	国际	P3	4	52	0	2	—
707	ZZ0707	第5年	国际	P3	2	24	1	2	—
708	ZZ0708	第5年	国际	P3	5	68	2	4	14
709	ZZ0709	第5年	国际	P3	3	41	4	1	—
710	ZZ0710	第5年	国际	P3	6	82	2	4	14
711	ZZ0711	第5年	国际	P3	5	61	3	3	—
712	ZZ0712	第5年	国际	P3	3	40	1	3	—

想一想 10 - 2

　　如果您是参赛选手，根据上述 2022 年赛题运营规则、市场预测和模拟的订单详情，尝试制定你们团队的总体竞赛策略。

　　参数分析：

_____

_____

_____

_____

_____

_____

　　竞赛方案：

_____

_____

_____

_____

_____

_____

三、解析竞赛方案

　　在分析订单详情中，我们邀请了参赛选手分享他们团队在备赛期间制订的竞赛方案，让我们了解了参赛选手如何在赛前进行备赛。在此，我们特邀请 2022 年全国职业院校技能大赛沙盘模拟企业经营项目（中职组）选手，分享团队制订的竞赛方案以及当天在赛场上经历的跌宕起伏。

在团队中你是什么角色？具体负责哪些工作？

我在团队中担任的是总经理，主要职责是带领团队成员共同决定企业发展计划并作出最终决策，同时需要时刻关注企业每个会计年度的财务状况，并和营销经理一起研究分析市场数据，确定销售策略等。因为作为团队中的最终决策人，为了让每个决策都能更接近于最优解，需要熟练掌握营销、财务、运营岗位的职能、工作重点等。

你们比赛当天抽到了那套题？最终获得了什么奖项？

这次国赛抽到的赛题是由样题七修改而来的。赛题特点是产品利润低、费用高、市场订单少，市场需求量供大于需。我们团队最终获得了国赛一等奖的成绩。

你们对经营规则中的参数做了怎样的分析？

在备赛期间，我们都做了如下的分析。

1. 融资

长期贷款10%的年利率属于正常，值得注意的是短期贷款4%的年利率还是相对划算的，通过计算可知12W及以下的贷款是不需要贷款利息的，如有需要可以适当利用。由于后期会使用大量租赁线提高产能，厂房在前期必然需要备好，最好的情况是能买就买，保住权益，提高后期贷款额度。贴现利率分别是4%、9%相对来说也是比较低的。

2. 厂房和产线

从市场需求量表我们可以得出第2年组均可以卖出20个产品，第3年、第4年、第5年分别是25个、33个、33个，总体并不算大市场。提前生产需要购买厂房并支出多余的产线维修费，综合考虑下来并不划算，所以我们队伍讨论后选择不获取1交期的订单。厂房从单价计算来看，最划算的应该是小厂，但是很显然如果都用小厂产能是跟不上的；性价比较高的就是大厂，同时还能兼顾产能需要。

3. 生产线

这套规则比较有亮点的是租赁线，年维修费只需要4W，且残值也是4W。柔性线年维修费最低40W，折旧费每年6W性价比很低。自动线折旧费3W，维修费2W，很显然在产能相同的情况下租赁线性价比最高。手工线6W有一点贵，不过，这是除了柔性线以外唯一可以使用的灵活产线了，且后期在市场需求量不上涨的情况下，添置几条手工线可以更加灵活地售卖产品。

4. 产品研发和原料参数

P1、P2、P3、P4产品的成本分别是2W、3W、4W、5W，是比较正常的成本，结合产品单价就会发现其实4个产品的最终利润差不多。这时候P3、P4因为前期的研发费用和成本都更贵，就并不划算了。第2年市场中也只有P1和P2，所以第1年我们选择研发了P1和P2。

5. ISO资格认证

在本次比赛的规则中提到ISO9000需要1年的研发周期，在详单中ISO9000的订单是在第2年就有出现，比较理想的情况就是在第1年的时候投入研发费用，这样第2年就可以在市场中正常使用了。而ISO14000需要研发3年，市场中从第4年出现需要ISO14000的订单，所以理想情况是从第1年开始投入研发，在第4年时正常使用。之所以说是理想情况是因为该套试题的研发费用总体来说偏高,如果前期运营不善,很可能会出现在研发周期内因为无法继续支出研发费用而导致研发被迫中断的情况。同时由于前期已经投入较大资金,研发中断会导致后期无法在理想时间正常使用以获取更多利润,对企业来说是非常吃亏的。

6. 市场开拓

市场的综合开发费用相对来说比较正常。需要注意的是计算好市场真正需要使用的时间,避免前期提早支付了市场开拓费用导致第 2 年贷款额度减少。比如,亚洲市场、国际市场都是可以第 2 年再开始研发的。

你们对市场预测做了怎样的分析?

我们对市场做了如下分析。

1. 产品均价

我们首先根据各个产品的"单一市场均价—成本"的公式得出该产品在该区域的平均利润。通过计算,可以得出这套试题的平均利润其实都不是很高。部分区域利润比较高,投放广告的时候要重点关注一下这几个区域。

2. 需求量

我们需要先通过"求和/组数"的公式计算出每年的平均需求量,这样可以看到每年市场的大概走势,以此来确定来年的广告投放以及原材料的预定。本套题组均需求量分别为 20 个、25 个、33 个和 33 个。同时,由于场上可能会出现破产的队伍,后期还需要根据场上的实际组数调整组均需求量。

3. 订单数量

通过市场订单数量预测表对比赛场上每个产品实际的组数,我们可以得知各个市场的订单分布。根据市场订单数量,我们会结合自己的产能、详单详情来决定每个市场需要什么样的订单,该订单在该市场中的排序大概处于什么位置。最后再结合实际经验,得出为拿到该排序需要投放多少的广告。

你们最终制定了怎样的竞赛方案?

根据市场预测以及各产品的成本、利润分析,我们选择以P1和P2双产品开局。具体做法如下。

通过计算市场每年的平均需求量,我们选择第 1 年预定 5P1、5P2 的原材料,同时抢单的时候需要注意 P2 和 P1 的原材料是互通的。

短贷方面,我们充分利用免息贷款,第 2 季度、第 3 季度和第 4 季度分别申请 12W 短贷。

第 2 年第 1 季度理想情况是购买 2 个大厂房，上 10 条租赁线，具体还是要看订单情况。

计算好市场开扩需要的时间，第 1 年先开扩本地、区域、国内这几个市场即可。

由于前期在训练时候的详单一直是全部都有 ISO 的，我们一直坚持全部理想化状态研发，训练环境中的竞争对手也全都是如此，相当于每队都有 ISO，每队前期的费用支出都很高。备赛期间我们在如此高费用的竞争环境是可以生存下来的，经商讨后，我们也决定继续实行"在第 1 年全部研发"的方案。

第 2 年年末注意要卖掉部分生产线。因为如果还是 10 条产线，第 3 年产能不算库存都会有 40 个，且 P1、P2 都是在缩小需求量，不卖生产线是产品肯定卖不光的。同时第 2 年需要进一个新产品，来分担销售压力。这套赛题 P3、P4 的利润差别不是很明显，选择哪个产品都差不多，人少的一方就有优势。同时鉴于我们有 ISO，结合详单，所以优先考虑必须拥有产品 P3。

比较理想的情况是第 2 年研发 P3，第 3 年研发 P4，第 4 年、第 5 年在广告合理的情况下，尽可能地多卖产品，抢占市场份额。

 当天赛场上看到详细订单以后发现了什么规律？竞赛方案做了什么调整？

 这套赛题的详单 ISO 只有个别产品以及个别市场才有，而且单价普遍都比较高，所以在赛场上开局决定"是否开发 ISO"、"怎么开发"是比较重要的。

通过详单可以得出 ISO9000 在第 2 年集中于国内的 P2 市场，平均单价能达到 7W；第 3 年集中于区域的 P2 市场和国内的 P3 市场；第 4 年在 P2 和 P3 的国内市场有较多的单子需要 ISO14000。国际市场开发需要 3 年共 9W 研发费用。但是只有第 5 年的 P3 才有国际市场，且平均利润可以达到 9W 一个产品，是非常高的，该市场中详单的 2/5 都需要 ISO14000。由此可见，开发 ISO，在投放广告时区域、国内、国际的市场以及产品 P2、P3 十分关键。

 赛场上后续运营顺利吗？发生了什么情况？做了什么战略调整？

 由于市场需求量供大于需，比赛前期我们和大部分选手一样在市场营销的广告方面付出高额费用，发现产品还是无法卖出或者卖出了也没有利润，我们团队前两年的经营成果十分惨淡……

我们在第 1 年的产品销售环节，因为在分析不同市场订单的毛利，没注意到选单网页不断跳动的秒数，差点错过了选单机会，是非常低级的新手错误。

因为前两年市场中只有两个产品，而且对于 ISO 需求的订单数量也不是很多，大家的差距并不明显。我们队伍也因为几个市场的广告被压制了，导致销售情况并不是很好,第 2 年末的排名只在中下游。

不过在第 3 年的询盘活动中,这个时候大部分队伍是否研发 ISO 的情况已经很明朗了。我们团队认真询盘分析了他们的企业报表,发现有 ISO9000 的有 15 家,有 ISO14000 的只有 8 家。很多队伍的排名之所以在我们前面是因为没有再继续研发 ISO 和国内、国际市场。我们 ISO 和市场全都开发了,这样看起来形势也不算太差。

因为前期投入研发 ISO 和开发市场,费用确实比较高,现金流和所有者权益还是挺紧张的,所以第 3 年按原计划要进一个 P4 产品的时候我们犹豫了。通过分析订单详情,我们发现 P4 产品的 ISO 占比非常少,而且市场上卖 P4 的队伍并不少,P4 总体的利润不如 P3,成本又高,所以我们放弃了研发 P4,第 4 年、第 5 年主要卖 P2 和 P3 产品,并重点关注 ISO 订单含量高的国内、亚洲、国际市场。

在第 4 年的订货会中,我们惊喜地发现有不少队伍虽然按广告排名在我们前面,本应有机会拿到比较好的订单。但是由于他们没有研发 ISO,他们只能选择相对差的订单,而我们广告排名虽然在他们后面,却幸运地获得了不错的订单。在发现这一现象后,我们意识到对于 ISO 占比较高市场的理想订单,可以相对降低广告的额度。

最后一年的询盘,证明我们不进 P4 的选择是对的。因为第 4 年先是破产了 2 个队伍,同时市场的需求量上升,大家的情况都有所好转,不少队伍选择了继续研发新产品,所以 P4 的组数明显增加,市场开始变得拥挤了。除此之外,我们发现 ISO9000 有 18 家,ISO14000 只有 5 家。最后一年,我们凭借"以较低的广告去占领更多需要 ISO 订单的市场"这一思路,成功在国内、亚洲和国际市场都吃到了高利润产品回单,实现了翻盘。

试 一 试

看了参赛选手的赛题分析和赛场实战经历,你是否需要完善之前制定的竞赛策略呢?请根据最终确定的团队竞赛策略制定 2 年的经营预算,并在完整的实战模拟后进行 5 年完整复盘,填写表 10-1 至表 10-25。

方案调整:

_____

_____

_____

_____

表 10－1　第 1 年经营流程表

顺序	经营流程	运营记录			
年初	新年度规划会议				
	广告投放				
	参加订货会选订单/登记订单				
	支付应付税				
	支付长贷利息				
	更新长期贷款/长期贷款还款				
	申请长期贷款				
1	季初盘点（请填余额）				
2	更新短期贷款/短期贷款还本付息				
3	申请短期贷款				
4	原材料入库/更新原料订单				
5	下原料订单				
6	购买/租用——厂房				
7	更新生产/完工入库				
8	新建/在建/转产/变卖——生产线				
9	紧急采购（随时进行）				
10	开始下一批生产				
11	更新应收款/应收款收现				
12	按订单交货				
13	产品研发投资				
14	厂房——出售（买转租）/退租/租转买				
15	新市场开拓/ISO 资格投资				
16	支付管理费/更新厂房租金				
17	出售库存				
18	厂房贴现				
19	应收款贴现				
20	季末收入合计				
21	季末支出合计				
22	季末数额对账[（1）+（20）－（21）]				
年末	缴纳违约订单罚款				
	支付设备维护费				
	计提折旧				
	结账				

表 10 - 2 订单登记表

订单号							合计
市 场							
产 品							
数 量							
账 期							
销售额							
成 本							
毛 利							
未 售							

表 10 - 3 综合费用表

项目	金额
管理费	
广告费	
设备维护费	
其他损失	
转产费	
厂房租金	
新市场开拓	
ISO 资格认证	
产品研发	
信息费	
合计	

表 10 - 4 利 润 表

项目	金额
销售收入	
直接成本	
毛利	
综合费用	
折旧前利润	
折旧	
支付利息前利润	
财务费用	
税前利润	
所得税	
年度净利润	

表 10 - 5 资 产 负 债 表

项目	期初	期末	项目	期初	期末
现金			长期负债		
应收款			短期负债		
在制品			应交所得税		
产成品			——		
原材料			——		
流动资产合计			**负债合计**		
厂房			股东资本		
生产线			利润留存		
在建工程			年度净利		
固定资产合计			**所有者权益合计**		
资产总计			**负债和所有者权益总计**		

表 10 - 6　第 2 年经营流程表

顺序	经营流程	运营记录		
年初	新年度规划会议			
	广告投放			
	参加订货会选订单/登记订单			
	支付应付税			
	支付长贷利息			
	更新长期贷款/长期贷款还款			
	申请长期贷款			
1	季初盘点(请填余额)			
2	更新短期贷款/短期贷款还本付息			
3	申请短期贷款			
4	原材料入库/更新原料订单			
5	下原料订单			
6	购买/租用——厂房			
7	更新生产/完工入库			
8	新建/在建/转产/变卖——生产线			
9	紧急采购(随时进行)			
10	开始下一批生产			
11	更新应收款/应收款收现			
12	按订单交货			
13	产品研发投资			
14	厂房——出售(买转租)/退租/租转买			
15	新市场开拓/ISO 资格投资			
16	支付管理费/更新厂房租金			
17	出售库存			
18	厂房贴现			
19	应收款贴现			
20	季末收入合计			
21	季末支出合计			
22	季末数额对账[(1)+(20)−(21)]			
年末	缴纳违约订单罚款			
	支付设备维护费			
	计提折旧			
	结账			

表10-7　订单登记表

订单号									合计
市 场									
产 品									
数 量									
账 期									
销售额									
成 本									
毛 利									
未 售									

表10-8　综合费用表

项目	金额
管理费	
广告费	
设备维护费	
其他损失	
转产费	
厂房租金	
新市场开拓	
ISO 资格认证	
产品研发	
信息费	
合计	

表10-9　利润表

项目	金额
销售收入	
直接成本	
毛利	
综合费用	
折旧前利润	
折旧	
支付利息前利润	
财务费用	
税前利润	
所得税	
年度净利润	

表10-10　资产负债表

项目	期初	期末	项目	期初	期末
现金			长期负债		
应收款			短期负债		
在制品			应交所得税		
产成品			———		
原材料			———		
流动资产合计			**负债合计**		
厂房			股东资本		
生产线			利润留存		
在建工程			年度净利		
固定资产合计			**所有者权益合计**		
资产总计			**负债和所有者权益总计**		

表 10－11　第 3 年经营流程表

顺序	经营流程	运营记录		
年初	新年度规划会议			
	广告投放			
	参加订货会选订单/登记订单			
	支付应付税			
	支付长贷利息			
	更新长期贷款/长期贷款还款			
	申请长期贷款			
1	季初盘点(请填余额)			
2	更新短期贷款/短期贷款还本付息			
3	申请短期贷款			
4	原材料入库/更新原料订单			
5	下原料订单			
6	购买/租用——厂房			
7	更新生产/完工入库			
8	新建/在建/转产/变卖——生产线			
9	紧急采购(随时进行)			
10	开始下一批生产			
11	更新应收款/应收款收现			
12	按订单交货			
13	产品研发投资			
14	厂房——出售(买转租)/退租/租转买			
15	新市场开拓/ISO 资格投资			
16	支付管理费/更新厂房租金			
17	出售库存			
18	厂房贴现			
19	应收款贴现			
20	季末收入合计			
21	季末支出合计			
22	季末数额对账[(1)+(20)-(21)]			
年末	缴纳违约订单罚款			
	支付设备维护费			
	计提折旧			
	结账			

表 10 - 12　订单登记表

订单号						合计
市场						
产品						
数量						
账期						
销售额						
成本						
毛利						
未售						

表 10 - 13　综合费用表

项目	金额
管理费	
广告费	
设备维护费	
其他损失	
转产费	
厂房租金	
新市场开拓	
ISO 资格认证	
产品研发	
信息费	
合计	

表 10 - 14　利 润 表

项目	金额
销售收入	
直接成本	
毛利	
综合费用	
折旧前利润	
折旧	
支付利息前利润	
财务费用	
税前利润	
所得税	
年度净利润	

表 10 - 15　资产负债表

项目	期初	期末	项目	期初	期末
现金			长期负债		
应收款			短期负债		
在制品			应交所得税		
产成品			——		
原材料			——		
流动资产合计			**负债合计**		
厂房			股东资本		
生产线			利润留存		
在建工程			年度净利		
固定资产合计			**所有者权益合计**		
资产总计			**负债和所有者权益总计**		

表 10-16　第 4 年经营流程表

顺序	经营流程	运营记录		
年初	新年度规划会议			
	广告投放			
	参加订货会选订单/登记订单			
	支付应付税			
	支付长贷利息			
	更新长期贷款/长期贷款还款			
	申请长期贷款			
1	季初盘点(请填余额)			
2	更新短期贷款/短期贷款还本付息			
3	申请短期贷款			
4	原材料入库/更新原料订单			
5	下原料订单			
6	购买/租用——厂房			
7	更新生产/完工入库			
8	新建/在建/转产/变卖——生产线			
9	紧急采购(随时进行)			
10	开始下一批生产			
11	更新应收款/应收款收现			
12	按订单交货			
13	产品研发投资			
14	厂房——出售(买转租)/退租/租转买			
15	新市场开拓/ISO 资格投资			
16	支付管理费/更新厂房租金			
17	出售库存			
18	厂房贴现			
19	应收款贴现			
20	季末收入合计			
21	季末支出合计			
22	季末数额对账[(1)+(20)-(21)]			
年末	缴纳违约订单罚款			
	支付设备维护费			
	计提折旧			
	结账			

表 10 - 17　订单登记表

订单号								合计
市场								
产品								
数量								
账期								
销售额								
成本								
毛利								
未售								

表 10 - 18　综合费用表

项目	金额
管理费	
广告费	
设备维护费	
其他损失	
转产费	
厂房租金	
新市场开拓	
ISO 资格认证	
产品研发	
信息费	
合计	

表 10 - 19　利 润 表

项目	金额
销售收入	
直接成本	
毛利	
综合费用	
折旧前利润	
折旧	
支付利息前利润	
财务费用	
税前利润	
所得税	
年度净利润	

表 10 - 20　资产负债表

项目	期初	期末	项目	期初	期末
现金			长期负债		
应收款			短期负债		
在制品			应交所得税		
产成品			——		
原材料			——		
流动资产合计			**负债合计**		
厂房			股东资本		
生产线			利润留存		
在建工程			年度净利		
固定资产合计			**所有者权益合计**		
资产总计			**负债和所有者权益总计**		

表 10-21　第 5 年经营流程表

顺序	经营流程	运营记录			
年初	新年度规划会议				
	广告投放				
	参加订货会选订单/登记订单				
	支付应付税				
	支付长贷利息				
	更新长期贷款/长期贷款还款				
	申请长期贷款				
1	季初盘点(请填余额)				
2	更新短期贷款/短期贷款还本付息				
3	申请短期贷款				
4	原材料入库/更新原料订单				
5	下原料订单				
6	购买/租用——厂房				
7	更新生产/完工入库				
8	新建/在建/转产/变卖——生产线				
9	紧急采购(随时进行)				
10	开始下一批生产				
11	更新应收款/应收款收现				
12	按订单交货				
13	产品研发投资				
14	厂房——出售(买转租)/退租/租转买				
15	新市场开拓/ISO 资格投资				
16	支付管理费/更新厂房租金				
17	出售库存				
18	厂房贴现				
19	应收款贴现				
20	季末收入合计				
21	季末支出合计				
22	季末数额对账[(1)+(20)-(21)]				
年末	缴纳违约订单罚款				
	支付设备维护费				
	计提折旧				
	结账				

表 10‑22　订单登记表

订单号								合计
市场								
产品								
数量								
账期								
销售额								
成本								
毛利								
未售								

表 10‑23　综合费用表

项目	金额
管理费	
广告费	
设备维护费	
其他损失	
转产费	
厂房租金	
新市场开拓	
ISO 资格认证	
产品研发	
信息费	
合计	

表 10‑24　利润表

项目	金额
销售收入	
直接成本	
毛利	
综合费用	
折旧前利润	
折旧	
支付利息前利润	
财务费用	
税前利润	
所得税	
年度净利润	

表 10‑25　资产负债表

项目	期初	期末	项目	期初	期末
现金			长期负债		
应收款			短期负债		
在制品			应交所得税		
产成品			——		
原材料			——		
流动资产合计			**负债合计**		
厂房			股东资本		
生产线			利润留存		
在建工程			年度净利		
固定资产合计			**所有者权益合计**		
资产总计			**负债和所有者权益总计**		

评 一 评

请填写表10-26项目10学习评价表。

表 10-26 项目10学习评价表

项目名称	评价指标	权重	评价方式		得分
			自评	互评	
演练模拟实战	研读沙盘项目赛事规程	5		✓	
	能够根据规则进行参数分析	5		✓	
	能够根据市场预测进行市场分析	5		✓	
	能够根据订单详情制定广告策略	5		✓	
	能够尝试制订竞赛方案	30		✓	
	能够进行完整年份的经营	50		✓	
合计		100	—	—	

学习体会：

_____

教师评语：

_____

附件：文档资源
2023 年赛项规程